· 本书获得 2018 年度贵州师范大学教材出版基金资助，并获贵州师范大学法学院省级重点学科建设项目的资助

· 本书是贵州省教育厅 2016 年度省级本科教学工程建设项目“以分析性而非描述性为导向的法律史教学改革研究”(项目编号：2016JG12)的最终成果之一

贵州师范大学法学文库
GUIZHOU SHIFAN DAXUE FAXUE WENKU

贵州高等法院裁判辑存【1935-1937】

程泽时　编

厦门大学出版社 国家一级出版社
XIAMEN UNIVERSITY PRESS 全国百佳图书出版单位

图书在版编目(CIP)数据

贵州高等法院裁判辑存.1935—1937/程泽时编.—厦门：厦门大学出版社，2020.1

(贵州师范大学法学文库)

ISBN 978-7-5615-7549-9

Ⅰ.①贵… Ⅱ.①程… Ⅲ.①法院—审判—法律文书—汇编—贵州—1935—1937 Ⅳ.①D927.730.613

中国版本图书馆 CIP 数据核字(2019)第 167961 号

出 版 人 郑文礼
责任编辑 甘世恒

出版发行 厦门大学出版社
社　　址 厦门市软件园二期望海路 39 号
邮政编码 361008
总　　机 0592-2181111 0592-2181406(传真)
营销中心 0592-2184458 0592-2181365
网　　址 http://www.xmupress.com
邮　　箱 xmup@xmupress.com
印　　刷 厦门集大印刷厂

开本 720 mm×1 000 mm 1/16
印张 19.5
插页 2
字数 272 千字
版次 2020 年 1 月第 1 版
印次 2020 年 1 月第 1 次印刷
定价 76.00 元

厦门大学出版社
微信二维码

厦门大学出版社
微博二维码

前　言

一、编辑缘起

辑录判例，形成法律及其学问（先是律学，后是法学）据以发展、完善的经验基础，是中国自古以来的法律传统。《尚书大传》称“夏刑三千条”，指的就是有关刑事处罚的判决数或判例数。秦始皇统一中国，主张“以法为本”和“皆有法式”，强调成文法典的作用，但也不轻视判例的独特作用。睡虎地秦简多处提到“廷行事”，即经过辑录、确认的律文之外的可以援引裁判的成案。汉代的“决事比”，亦是在律令科条无明确规定的情况下，可以已经判决并经朝廷认定的典型案例作为审判的依据。秦汉至隋唐的判例辑录作品，迄今发现较少。但宋代活字印刷术的发明和应用，一定程度上弥补了典籍佚亡湮灭而不得传世的缺憾。《名公书判清明集》是迄今发现较早的具有代表性的判例辑录作品。明清时期的判例辑录作品，就比较常见，因法曹或讼师经常为之。杨一凡先生先后主编出版了《历代判例判牍》（12册）、《古代判牍案例新编》。前者收入先秦至明清代表性的判例判牍文献43种和研究明代以前判例判牍相关的著名案例集10种，后者收入历代判牍、案例文献29种，包括元刻本1种、明刻本和明抄本6种。清末法制变革以降，辑录判例又一次成为一股法学学术潮流，推动了法制转型。其中，颇具影响力的作品当是《大理院判例要旨汇览》正、续两集[①]，以及民国著名法学家郭卫所辑录的《大理院判决例全书》了。

① 笔者曾在贵阳市档案馆的贵阳地方法院卷中，查到保存至今的《大理院判例要旨汇览》正集。

辑录判例，是推动中国法律史学科发展的基础性工作，尤其是进行“司法中心主义”的动态法律史研究的“不二法门”。民国大理院推事郑天挺曾指出“判例乃法官自由适用法律或条理之结果，且亦足以窥之法院之程度”①。郭卫先生所辑录的《大理院判决例全书》和《大理院解释例全文》，是研究民国北京政府时期法律史无法回避的经典作品。当代中国台湾地区法律史学家黄源盛，是继郭卫先生之后对民国时期司法判例辑录工作用力最著、成果最丰硕的学者之一。其《大理院刑事判例辑存(1912—1928)》《大理院民事判例辑存(1912—1928)》《平政院裁决录存(1914—1928)》《最高法院判例辑存(1928—1934)刑事编》等，皇皇大观，嘉惠学林，厥功甚伟。

笔者辑录、点校这本《贵州高等法院裁判辑存》，以及之前校订《贵州高等审判厅判词辑要(点校本)》②，既是出于效法法史先辈、继承学术传统的初衷，也是为笔者任职的贵州师范大学法学院法律史学科和硕士点“积攒一点家底”，以便法律史专业研究生“就地取材”，进行“接地气”的初步的地方法律史研究。

二、内容简介

此次辑录的贵州高等法院裁判文书，来源于存世的《贵州高等法院公报》1936 年第 1 卷第 1—4 期、第 6—9 期(疑似缺第 5 期)和 1937 年第 2 卷第 1—5 期、第 10—12 期(疑似缺第 6—9 期)，共计 16 期。

该公报每期设有“裁判”栏目，登载 2～6 份裁判文书。目录中所拟的裁判文书标题，常常是“当事人姓名 + 案由”，比如“徐张氏离婚一案”。但其正文中的标题，并不是“当事人姓名 + 案由”，而是代之以裁判文书的文号，比如“贵州高等法院民事判决二十四年度上字第五〇号”。

该刊两卷计 16 期，共登载了贵州高等法院民事裁判文书 64 份，其中重复登载 1 份。贵州高等法院民事判决二十五年度上字第三七二号，先后登

① 郑天挺:《大理院判例研究·序言》,《法律评论》第 38 期。

② 吴绪华署检:《贵州高等审判厅判词辑要(点校本)》,程泽时校订,法律出版社 2018 年版。

载于第 2 卷第 1 期和第 2 期。还登载了贵州高等法院刑事裁判文书 46 份、贵阳地方法院民事裁判文书 1 份，共计 110 份。最早作出的裁判文书是刑事判决二十四年覆字第八号，关于周孟林等杀人一案的，在 1935 年 10 月 25 日。最晚作出的裁判文书是刑事判决二十六年度上字第二号，关于张王氏因伤害案件上诉一案，估计在 1937 年 1 月。所以本次辑录案例的时间跨度为 1935 至 1937 年。

此次辑录的 110 个案例中，贵州高等法院受理并裁判的第二审上诉案件 104 个，占 94.55%。其中，不服贵阳地方法院一审裁判的上诉案件有 65 个，占 62.5%；贵州高等法院覆判兼理司法县政府刑事判决案件 4 个，占 3.64%；声请裁定民事案件 1 个，抗告民事裁定案件 1 个，各占 0.97%。可见，贵州高等法院主要履行审判监督职能。

此次辑录的民事案件 64 个。其中，涉及婚姻纠纷（婚姻、同居、别居、夫妻关系等）的案件 17 个，占民事案件总数的 26.57%；涉及继承纠纷（继承、立嗣、分膳田）案件 9 个，占 14.07%；涉及典权纠纷案件 6 个，占 9.38%；涉及田、地、房屋等不动产案件 12 个，占 18.75%。其余的案件涉及电影票房、票据、合会、股款、货款、商号、债务、水利等，约有 20 个，约占 31.25%。

此次辑录的刑事案件 46 个。其中，涉嫌杀人罪 12 个，占 26.09%；涉嫌伤害罪 6 个，占 13.04%；涉嫌窃盗罪 7 个，占 15.22%；涉嫌抢夺罪 4 个，占 8.70%；涉嫌妨害家庭罪 3 个，占 6.52%；涉嫌职务犯罪 2 个，占 4.35%；涉嫌诬告罪 2 个，占 4.35%；涉嫌妨害风化罪（卖淫）、妨害名誉罪、妨害公务罪、欺诈罪各 1 个，各占 2.18%。

该裁判文书在刊载前，应当经过一定程度的文字润色或技术性处理工作。贵州高等法院民事判决书二十五年度上字第三七二号，先后刊载两次，前后文字有细微的差异，但事实认定、法律定性没有变化，完全相同，或是经过不同推事对文字表述进行了斟酌修改。基于尊重历史事实原则，笔者保留这份文书的两个版本。

需要强调的是，这些裁判文书是真实可信的。比如，有文书记录了贵阳地方法院推事，不懂地方方言，无法和诉讼当事人进行交流，一味强压阻止当事人陈述、申辩。有文书甚至具名记录贵阳地方法院某推事一审中，不给一方当事人充分就审准备应诉时间，并以其缺席为由，作出不利的判决的细节，可谓直言不讳。因而具有较高的法律史研究价值。

三、史料价值

本次辑录的判例集，具有重要而独特的史料价值，不仅对于进行“司法中心主义”的法律史研究（民国时期贵州省的法律统一和司法统一）有意义，而且对于深入研究贵州1926—1937年这一时段的政治、经济、文化、社会史亦具有不可或缺的价值。

首先，这一时段是贵州军阀统治结束，中华民国南京政府直接控制贵州的转折时期。虽然作出裁判的时间是1935—1937年，但案件事实发生的时间要早于裁判时间。而且案件事实是经过质证的，较为可靠。裁判文书出现贵州重要政治人物袁总司令（袁祖铭）、黔军第五师长李晓炎、毛司令（光翔）、周主席（西成）等字眼，涉及其家庭关系、黔军入川入湘等。还出现红军长征，攻打遵义等事件的转述，等等。这些都有助于深化历史细节的理解。

其次，这一时段贵州经济也有一定程度的发展。裁判文书中记录了1931年贵州的永安车行购买汽车，重要商号、合会、账簿、票据、契约等经营信息，以及水碾仍旧是农村的“动力”。裁判文书对于质证环节的记述，对于我们了解账簿、票据、契约等商事习惯，不无裨益。

再次，这一时段贵州文化也有相当的发展。据裁判文书记录，应在1935年前后，贵州省省会贵阳出现了金筑影院，市民文化生活中出现了电影，贵阳文化名人凌秋鹗于1924年曾任安岳兴业社经理，等等，对于了解贵州文化史的细节是有价值的。

最后，这一时段也是贵州社会转型的时期。据裁判文书记录，婚姻、家庭、继承的观念和制度，有了多方面嬗变。比如，保持婚姻关系的别居制度，妻妾共存制度习惯，宗祧继承的废止等，还有烟片馆、暗娼的存续，稳定的职业律师群体的出现。

四、点校说明

本书裁判文书的排序，依据《贵州高等法院公报》两卷16期登载的先后顺序排列，未按照裁判文书的文号排序。

本书目录中，裁判文书的标题采用“当事人姓名＋案由＋一案＋（文号）”格式。《贵州高等法院公报》目录中原所拟的标题没有体现出案由或者案由不明确的，笔者增补之。比如，原拟“刘奉璋上诉驳回一案”，改为“刘奉璋票款上诉驳回一案（二十五年度上字第七二号）”。再如，“唐潘氏请求扶养一案”，改成“唐潘氏请求别居扶养一案（二十五年度上字第七一号）”。“毕润华与毕丁氏因请求解除关系及交付子女事件上诉一案”，“毕润华与毕丁氏因请求解除夫妻关系及交付子女事件上诉一案（二十五年度上字第五一八号）”。

原文中的异体字及不规范字，均直接改正。比如，指代女性的“他”，统一改正“她”；“採”改成“采”；“弁”改成“辩”。

原文中的明显脱漏之字，将脱漏之字置于“[ ]”之中。

原文中的疑似错别字，为慎重起见，在该字后添加“( )”，并在“( )”内添加点校者认为正确的字。

原文中字迹脱落或漫漶，无法辨识的，以“□”代替。

原文中存在大量的转引，采用「」来表示，且存在大量的错讹，一一改正，并以“”和‘’代替。

原文表述中有点校者认为可能有错误之处，以脚注的方式指出，供读者参考。

为了读者研究便利，附录了《贵州高等法院公报》第一卷第一号所刊载的《贵州高等法院职员录》《贵州高等法院检察处职员录》《贵阳地方法院职员录》《贵阳地方法院检察处职员录》。

由于水平有限，错误在所难免，还请读者批评指正。

程泽时

2019年11月11日

目　录

一　贵州高等法院民事裁判

二 贵州高等法院刑事裁判

三 附录

一 贵州高等法院民事裁判

1 贵州高等法院民事判决二十四年上字第五〇号

上 诉 人：徐张氏，年二十五岁，住贵阳县青岩，闲居。

被上诉人：徐老春，年二十四岁，住贵阳青岩大坝。

上列当事人间，请求离婚及返还契约事件，上诉人对于中华民国二十四年八月二十二日贵阳地方法院第一审判决，提起上诉，本院判决如下：

主文：原判决关于返还契约部分变更，余仍维持其效力。徐张氏应将徐赵氏之养膳田契约一张交还徐老春。徐老春应给徐张氏赡养费大洋二十五元。徐老春应将徐张氏之奁物交还徐张氏。徐张氏其他之上诉驳回。本审诉讼费用由两造平均负担。

事实：上诉人上诉要旨略谓"张氏嫁与徐老春已将五年，生有一女，名小乔妹，年仅两岁。本年四月初四，徐老幺到我家来要锄头，徐老春就诬我和徐老幺通奸，把徐老幺捆起，并串通他的堂弟徐老玉及徐连城、魏应祥作证。现在他既诬我通奸，我也愿和他离婚，不过要请判他给我的生活费。现在他在帮人，一个月有几元工钱，他家现有几十挑米的田。至我的妆奁，除徐老春承认的不算外，还有些请一并判还我。至徐赵氏的大小湾养老田，是徐老春把他（它）抵送李河洲、余明轩家，共抵六十五元，钱经我，拿我的钱去还了账，借字也在我手里。现在既要离婚，请判他还我的钱，我才还他的契纸。原审只判还二十五元，实不甘服。又小乔妹是徐家的人，请判他领去"等语。

被上诉人答辩及附带上诉要旨略谓"徐张氏嫁我不久，我就知道她与徐老幺通奸，不过不敢拿她。到今年四月初四，民知道他们又在通奸，民才与民的堂弟徐老玉去拿奸，徐老玉、徐连城、魏应祥均曾在贵地院证明。现在离婚原因既出于张徐氏，自不能负担生活费，并且我只有几十挑米的田，已经当出去了。现在民系帮工度日，每月只有工钱两三元，也无钱拿送她。至她的奁物，现只有床一间、衣柜二个、抽屉一张、椅子二把、凳子四个、大小脚盆各一个、桶子一个、脸架一个、桌子一张、板凳二条、镜箱一个、纸桶一个、锡壶一把，此外就没有了。又李余两家的账是拿当田业的钱去还的，现在她把揭回的借字和大小湾养膳田契拿去，说是她的钱还的，实是乱说，民实不能拿钱向她赎取。至小乔妹还未断乳，民也不能领去抚养”等语。

理由：本件关于离婚部分，双方均表示愿遵原判离婚，勿庸议。惟据上诉人主张离婚原因，出于被上诉人一造，请求被上诉人给付相当赡养费，等语。查被上诉人谓上诉人与徐老幺通奸，其所举证人仅系其同祖弟徐老玉，又不能赶徐老玉到庭证明，则其主张自难认为实在。况被上诉人所称，上诉人与徐老幺通奸时，该被上诉人系在其家中，而其家房屋又仅有三数间，则被上诉人所称通奸之语，亦不近情，是双方离婚之原因殊难认为系出于上诉人。现在上诉人既无职业，足资生活，被上诉人即应付给相当之赡养费。惟被上诉人现系佣工度日，其所称仅有田十余挑，并已典出之语，自属可信，则被上诉人之经济力量不甚充裕，其应付上诉人之赡养费，自属不能过多，兹由本院酌量判令被上诉人给付上诉人之赡养费大洋二十五元，以维持生活。至两造所生之女小乔妹，现仅两岁，自不能离母生活。原审判令由上诉人监护，俟满八岁，再交由被上诉人监护，尚无不合。又上诉人主张小乔妹如由该上诉人监护，由被上诉人负担生活费一节，查母对于子女应负有扶养义务，上诉人监护小乔妹时，自应由上诉人扶养。上诉人之主张，殊非有理，应予驳回。又上诉人追加请求返还奁物部分，查奁物系妻之私有财产，现在两造，既经离婚，上诉人请求被上诉人交还其所有奁物，自应认为有理由。惟上诉人之奁物，被上诉人仅承认有床一间、衣柜两个、抽屉一张、椅子二把、凳子四个、大小脚盆各一个、桶子一个、脸架一个、桌子一张、板凳二条、镜箱一个、纸桶一个、锡壶一把。上诉主张尚有其他奁物，既不能提出证据，以资证明，被上诉人自应仅就其承认现有之奁物，交还被上诉人。至被上诉人之母徐赵氏所有养膳田之契约一张，上诉人主张系其以私有之款六十五元，代被上诉人偿还李河洲、余明轩之债务所取获者，应由被上诉人备洋赎取，等语，但上诉人并不能提出证据，以证明其主张之为实在，依法自应无条件交还被上诉人。原审判令被上诉人备二十五元，向上诉人取回，殊有未当，被上诉人主张无条件交还契约，自应认为有理由。上诉人主张由被上诉人备洋赎取，自无理由，应将原判予以变更。据上论结，本件上诉一部为有理由，一部为无理由，附带上诉为有理由，依民事诉讼法第四百四十六条第一项、第四百四十七条及第七十九条判决如主文。

中华民国二十四年十一月二十七日

贵州高等法院民事庭

审判长推事　傅启奎

推事　梁兆麒

推事　丁　珩

本件上诉期间为二十日，当事人如有不服，应于上诉期间内提出上诉状于本院。上正本证明与原本无异。

中华民国二十四年十一月□日

2 贵州高等法院民事判决二十四年上字第六七号

上 诉 人：林白氏，年二十岁，贵阳县人。

被上诉人：林少五，年二十岁，贵阳县人。

上辅佐人：林少芝，年二十五岁，林少五之兄。

上列当事人因请求撤销婚姻事件，上诉人对于中华民国二十三年十月二十日贵阳地方法院第一审判决，提起上诉，本院判决如下：

主文：原判决废弃。林白氏与林少五之婚姻应予撤销。林少五应赔偿林白氏之损害大洋五十元。第一审二审诉讼费用由林少五负担。

事实：上诉人提起上诉请求废弃原判，其论旨略谓“氏是民国二十二年九月嫁林少五，过门后才知道林少五身有废疾，不能人道，从未性交。他家还想拿小叔来污我，我不答应，故于二十三年正月即来省帮人，并向地方法院起诉，地方法院叫个法警带林少五到省立医院检查，我未同去，回来时仅据法警报告认为林少五无病，驳回氏之告诉。氏不甘服，氏仍请将林少五送医院去鉴定，林少五实是不能人道，请求将婚姻撤销，并判令林少五赔偿损害”等语。

被上诉人答辩意旨略谓“民是二十二年九月娶林白氏，接过门后双方感情很好。到二十三年正月我去拜年了，她就跑出来，她家反来向民家要人，民进城来找，才在她姐姐王白氏找到，叫她回去，她总不去，反到地方法院去告民有病，民并未有病，是同她性交过的，现在她是嫌贫爱富，要想起心另嫁，民不能应允。民家年可收四五十挑谷子，都是几兄弟未分之业，请求判令林白氏转回同居”等语。

理由：按民法亲属编第九百九十五条载，当事人之一方于结婚时不能人道而不能治者，他方得向法院请求撤销之（下略）。本件经本院开庭审理，两造争执，各走极端，则上诉人之攻击被上诉人不能人道，是否属实，自非详加鉴定，不足以昭折服，当经函请贵州省立医院鉴定，去后兹准函覆认定，被上诉人系患阳痿病（见原函），是被上诉人不能人道已属实在。况查自结婚以至现今，为期已有二年有余之久，被上诉人既未诊治痊，可见其无可治之希望，亦已明了。依照上开法条，上诉人请求撤销婚姻，自属正当。至上诉人于结婚时所受损害，据称不过百余元，而被上诉人家既仅田业四五十挑，应由本院斟酌被上诉人之资力，依民法亲属编第九百九十九条规定，判令被上诉人给付上诉人大洋五十元，以为赔偿嫁奁及一切损害之费用，以断纠葛。

据上论结，本件上诉为有理由，依民法诉讼法第四百四十七条、第七十八条判决如主文。

中华民国二十四年十二月十日

贵州高等法院民庭

审判长推事　傅启奎　印

推事　鲍方汜　印

推事　丁　珩　印

上诉期间为二十日，提起上诉，应向本院提出上诉状为之。

上件证明与原本无异。

书记官　王锟声

中华民国二十四年十二月十九日

3 贵州高等法院民事判决二十五年上字第八四号

上 诉 人：李留芳，年二十五岁，贵阳县人，住正新街。

被上诉人：李徐氏，年二十三岁，贵阳县人，住堰塘坎。

辅 佐 人：徐汤氏，年五十一岁，贵阳县人，住堰塘坎。

上列当事人间因婚姻涉讼事件，上诉人对于中华民国二十四年十月三十日贵阳地方法院所为第一审判决提起上诉，本院审理判决如下：

主文：原判关于生活费部分变更，余仍维持其效力。上诉人应给被上诉人李徐氏赡养费大洋一百二十元。上诉人在本审提起之反诉驳回。本审诉讼费用由上诉人负担。

事实：上诉人之上诉意旨，要不外攻击被上诉人李徐氏，听其母徐汤氏唆估，将衣物、首饰、箱笼、器具一概搬住母家，遂捏词请求离异，原审未加详查，听其一方之请求，判其离异，并给与生活费二百元。至被上诉人李徐氏得去之金首饰，概不追还，犹有代借之款本利一百余元，并未根究，等情。被上诉人答辩要旨，以上诉人私与奴女苟合在外，娶娼为妾，对于发妻遗弃，不得已暂回母家。至于搬回嫁奁木器，均系上诉人之祖母等亲眼监视，并未携有金首饰等物，其污（诬）代借之款一百余元，毫无凭证。原审判准离异，给生活费二百元，并无不当。上诉人捏词上诉，不过希图拖累，各情。

理由：本案关于双方之婚姻关系，原审准予离异，彼此均无争执。惟对于给予李徐氏母女生活费二百元部分，在上诉人之主张，以请求离异，先由李徐氏之一方，不应给予生活费。殊知被上诉人李徐氏之请求，乃由上诉人先后纳妾，未获相当之待遇，自不能与上诉人同居，则被上诉人诚无过失之可言。原审判决令上诉人付被上诉人之生活费，自无不合。据供被上诉人携去金首饰等物，并谓事前蓄有外遇之心，诘其有无凭证，实不能举出确切之证据。至上诉人所指之证人周少全在庭供述，诸多惝恍之语，况与上诉人系属亲谊，殊不足信。惟查原审判给被上诉人李徐氏母女生活费二百元，兹上诉人已将其女领回，则其生活费自应酌减。核以上诉人家资之状况，应给被上诉人李徐氏离异后赡养费大洋一百二十元。至上诉人犹谓代徐汤氏借款本利一百余元等语，未经原审裁判，应不审究。本件上诉一部为有理由，一部为无理由，应将原判生活费变更。兹依民事诉讼法第四百四十六条一项、第四百四十七条，又同法第七十八条，爰为判决如主文。

中华民国二十五年元月二十一日

贵州高等法院民庭

审判长推事　傅启奎　印

推事　丁　珩　印

推事　梁兆麒　印

上件证明与原本无异。

书记官　王锟声

中华民国二十五年二月二十八日

4 贵州高等法院民事判决二十五年上字第七二号

上　诉　人： 刘奉璋，年三十岁，住赤水县。

诉讼代理人： 王　赦，律师。

被 上 诉 人： 刘明凤仙，年三十二岁，赤水县人。

诉讼代理人： 吕齐昌，律师。

上列当事人因票款涉讼事件，上诉人对于中华民国二十四年十月三十一日贵阳地方法院所为第一审之判决，提起上诉，本院判决如下：

主文： 上诉驳回；本审诉讼费用由上诉人负担。

事实： 本案事实与原审摘述无异，兹依民事诉讼法第四百五十一条之规定引用之。

理由： 本件上诉人之上诉意旨不外谓，被上诉人既未于期限内持票兑款，依票据法自应丧失追索权等语。不知此种主张系限于使用票据有其他前手者，方能适用，亦仅对于前手始有丧失追索权之可言。至本案既系发票人与持票人之直接关系，并无前手之可言，即无所谓丧失追索权，观于票据法第一百一十九条第四项之规定，已极明了。况查票据到期日起（二十三年二月十三日），迄今未满三年，依票据法第十九条第一项之规定，亦未因时效而消灭，原判令上诉人（刘隆德兴）应照票面付款给被上诉人本洋一千一百九十元，并应自到期日起给付年利百分之五之利息，于法亦无不合。兹上诉人提起上诉，殊无理由。至上诉人又谓，票载一千一百九十元，系属错算一节，并不能提出确切证据，以资证明，显系空言主张，亦难认为实在。

据上论结，本件上诉为无理由，爰依民事诉讼法第四百四十六条、第七十八条判决如主文。

中华民国二十五年□月□日

贵州高等法院民事庭

审判长推事　傅启奎　印

推事　丁　珩　印

推事　鲍方汜　印

本件上诉期间为二十日，当事人如有不服，应处于上诉期间内提出上诉状于本院。

上件证明与原本无异。

书记官　胡仿周

中华民国二十五年□月□日

5 贵州高等法院民事判决二十五年上字第一一三号

上　诉　人: 吴钟恩,年四十五岁,住贵阳县中华路。

诉讼代理人: 王　敉,律师。

被 上 诉 人: 袁藻丽,即照丽,年三十五岁,住贵阳县蔡家房。

诉讼代理人: 刘　淦,律师。

上列当事人间[因]清偿货款事件,上诉人对于中华民国二十五年一月二十日贵阳地方法院第一审判决,提起上诉,本院判决如下:

主文: 上诉驳回。本审诉讼费用由上诉人负担。

事实: 上诉人请求废弃原判决,判令被上诉人负担偿还货款一千元。其陈述要旨略谓"民开设第一社文具瓷器店,与第二十五军军部历有来往,至二十三年十一月袁藻丽接军部服务股长后,即与民交涉庶务股取用之货,应付之货款由袁藻丽私人负责清偿,不能借口公款拖欠不偿。二十四年四月双方清算,补交一千元,当由袁交民安顺支金库拨款凭单一张,载洋一千元,持往拨款无效,即于五月二日追还袁家,由其妻淑琴出有效收条为证,嗣后民向袁追偿货款,袁竟推为公款,不负责任。窃民最初与袁交涉时,虽未立有书面契约,亦无人见证,但取货之条,系尽盖袁私章,有取货条可凭。二十四年一月五日袁又写有便条,说明由其负责付款。五月一日、六月十七日及九月九日,袁又写有信给民,亦足以证明应由袁负责偿还之责,原审仅凭袁一面之词,谓民不能证明货款不清归袁负责之约定,将民请求驳回,实不甘服"等语。

被上诉人请求为驳回上诉之判决。其答辩要旨略谓"二十五军庶务股买文具、瓷器等项,历来系向上诉人所开第一社记账取用,民于二十三年接股长事后，仍系照旧例取用，应付货款仍由保款员杨德之陆续付款，与之结算报销，因便于防杜弊端，故约定‘非有民之私章，不能取货，否则不承认为庶务股之账，即不能负责出账’，并于二十四年元月五日用庶务股名义通知吴钟恩，至四月民约本股职员到该号查账，民任内应付之货款，均已付清，尚长余千余元，吴称作拨付杨德之旧欠，等语。五月一日，民闻吴得有安顺金库一千元凭单失效，民为吴之利益计，函知其向军部请求，加入凭单登记数内，可希望另裁拨款税单调换，殊至次日吴竟将千元拨款凭单交民家中，谓凭单系民所交出，应由民负责付还，等语。查庶务股之账已经结清，民亦未交凭单与吴钟恩，何能以他处所得之凭单，问民负责。即令系民所交付，然亦仅能向二十五军追问，何能向民索偿，原审将其请求驳回，实无不合，请将其上诉驳回，维持原判”等语。

理由：查被上诉人代第二十五军军部与上诉人订结买卖契约时，有无由被上诉人私人负支付价金之责任之约定，是为本案解决之关键。据上诉人主张，被上诉人接军部庶务股长后，与该上诉人订结买卖契约时，曾约定“由被上诉人私人负支付价金之责任”，现在作支付价金之拨款凭单既已失效，应由被上诉人补付价金，等语，但双方订结契约时，既未立有书面契约，亦未有人在场作证，则上诉人之主张自难认为实在。至上诉人提出，被上诉人元月五日所书之便条，既载明“查本股取用文件物品，月终开单核算，须将本已盖章取物条粘存送阅核对符合，始能出账，如非本已盖章条取之物品，决不负责”等语，显系谓非盖被上诉人私章所取之物，即不负责出账，实不能证明被上诉人有支付价金之责任。况此条系以庶务股名义通知上诉人，实足以反证被上诉人不负支付价金之责任，是此项便条实不足证明上诉人之主张，庶务股取货既应盖被上诉人之私章，则盖有被上诉人私章之取物条，自不能证明被上诉人有付价金之责任，上诉人提出之取物条虽盖有被上诉人之私章，亦难认为有证明力。又查上诉人提出被上诉人五月一日所书之函，核其内容，亦系被上诉人闻上诉人金库一千元之凭单失效，因知军部将登记未拨获款之凭单，汇请另裁拨款税单掉换，始函知上诉人转告杨德之，向徐科长加入凭单登记数内，是此函不惟不能证明被上诉人有负支付价金之责任，且亦不能证明上诉人所持凭单系由被上诉人所交付。至上诉人提出被上诉人于六月十七日、九月九日所书之函，又仅系说明被上诉人任内应付上诉人之货款，已经付清，上诉人所持凭单并非被上诉人所交付等语，亦不能证明上诉人之主张。上诉人既不能提出确证，以证明订结契约时，有由被上诉人私人支付价金之约定，则二十五军军部庶务股即令尚欠有上诉人价金，上诉人所持凭单确系被上诉人交付上诉人，作为价金之一部，依法上诉人亦只能向二十五军军部请求给付，不能向代表军部之被上诉人请求负责清偿，原审将上诉人之请求驳回，尚无不当，上诉论旨殊非有理。

据上论结，本件上诉为无理由，依民事诉讼法第四百四十六条第一项、第七十八条判决如主文。

中华民国二十五年□月□日

贵州高等法院民事庭

审判长推事　傅启奎　印

推事　梁兆麒　印

推事　丁　珩　印

本件上诉期间为二十日，当事人如有不服，应处于上诉期间内提出上诉状于本院。

书记官　胡仿周

中华民国二十五年□月□日

6 贵州高等法院民事判决二十五年上字第八五号

上　诉　人：李秉衡，年四十岁，住贵阳县珠潮井。

诉讼代理人：刘　淦，律师。

被 上 诉 人：袁幹臣，年六十八岁，住贵阳县新桥。

诉讼代理人：吕昌齐，律师。

上列当事人间，请求交还货款事件，上诉人对于中华民国二十四年十一月十五日贵阳地方法院第一审判决，提起上诉，本院判决如下：

主文：上诉驳回。本审诉讼费用由上诉人负担。

事实：上诉人请求废弃原审判决，驳回被上诉人在第一审之请求。其上诉要旨略谓“民于民国十五年充袁幹臣开设之泰昌号出庄先生，是年随货出湘，住长沙昌记公司，因袁幹臣之子袁总司令遇害，民即与友人姜保乾相商，将货物迁匿他所，其后商得刘慎记号同意，始搬出十五箱至刘慎记号，旋因民系泰昌号职员，被安民营长派队捕去。至十七年二月始得出狱，至长沙清理，始悉存刘慎记之货款，被殷少南、李少彝、姜保乾为营救民及姜保乾脱险，共用去洋一万零二百余元，当即函达泰昌号经理张复初，报告一切，并无回达。查民随货赴湘，适袁事变发生，为顾全袁之财产计，反受损害，生命几于不保，依法已尽善良管理人之责，当民及姜保乾被安民部拘捕，随军奔驰，顾命不暇，刘慎记之货款被殷等为救民及姜脱险用去，有刘慎记所出清单，并经同乡盖章证明可凭，民于事前又未预闻，何能责负，原审判民偿还殷李姜三人用去之货款，实不甘服，请求废弃原判，驳回袁幹臣之请求”等语。

被上诉人请求驳回上诉，维持第一审之判决。其答辩要旨略谓“民开设泰昌号，民国十五年李秉衡任本号出庄经理，运货至长沙出卖，所有货款据李秉衡称，殷少南用去七千一百七十六元三角，李少彝用去九百二十一元九角，姜保乾用去二千一百七十八元四角八分，但殷系本号一整烟工人，何能支用七千余元之巨；李、姜并非本号职员，何能支用本号货款，且均无支用之收据可以证明，系捏造账目，希图报销，此种捏造之用账，自应由李秉衡如数归还，原判令其偿还，自无不合，请将李秉衡之上诉驳回”等语。

理由：本件上诉人为被上诉人所开设泰昌号之出庄先生，泰昌号运货至长沙出售，系由上诉人一人经理，已为上诉人所承认，则上诉人对于货款之收支，自应负责经理。殷少南系泰昌号之一工人，月仅支薪十四元，自无支用七千余元之权利。李少彝、姜保乾并非泰昌号之职员，尤无支用号款之权利。上诉人对于泰昌号之货款既负有专责，则殷、李、姜三人不应支用货款，而任其支用，即被上诉人所称捏造账目，希图报销之语，并非实在，而其处理委任事务，亦不能不谓有过失，依法对于泰昌号亦应负赔偿之责（参照民法债编第五百四十四条），该上诉人虽谓袁总司令遇害，始由姜保乾将货运至刘慎记，随后被捕入狱，对于殷、李、姜三人之支用货款事前并未预闻，何能负责等语，以为卸责地步，但查运货至刘慎记系出于该上诉人之意（见上诉人在第一审所呈答辩状及上诉状），刘慎记清算货款亦系向上诉人清算，而上诉人对于刘慎记所报之账关于殷、李、姜三人之支账，不惟有否认之表示，且以之转报泰昌号，以图注销，此考上诉人谓为事前未预闻，显难置信，自不能以此为卸责之论据。至上诉人又谓殷、李、姜三人实已支用，此款且系为营救上诉人及姜保乾脱险，始行支用一节，查殷、李、姜三人支用货款，上诉人并无收据，足资证明，且未提出支用货款系作营救上诉人之用之证据，其主张自难认为实在，退步言之，即令支用之款确系为营救上诉人及姜保乾而支用，依法亦只得向泰昌号请求赔偿（参照民法债编第五百四十六条），不能径行支用货款，原审认殷、李、姜三人支用之款一万零二百七十六元六角八分应由上诉人负责，判令如数归还被上诉人，尚无不当，上诉论旨殊非有理。

据上论结，本件上诉为无理由，依民事诉讼法第四百四十六条第一项、

第七十八条判决如主文。

中华民国二十五年三月二日

贵州高等法院民事庭

审判长推事　傅启奎　印

推事　鲍方汜　印

推事　丁　珩　印

本件上诉期间为二十日，当事人如有不服，应处于上诉期间内提出上诉状于本院。

上件证明与原本无异。

书记官

中华民国二十五年三月□日

7 贵州高等法院民事判决二十五年上字第一四三号

上　诉　人: 蒋子明,年二十四岁,贵阳县人。

辅　佐　人: 蒋张氏,年五十五岁,蒋子明之母。

诉讼代理人: 刘　淦,律师。

被 上 诉 人: 叶素华,年十七岁,贵阳县人。

辅　佐　人: 叶陈氏,年五十四岁,叶素华之母。

诉讼代理人: 王　敉,律师。

上列当事人间,因撤销婚姻事件,上诉人对于中华民国二十五年三月十九日贵阳地方法院第一审判决,提起上诉,本院判决如下:

主文: 原判决废弃。被上诉人在第一审之请求驳回。第一、二审诉讼费用,由被上诉人负担。

事实: 上诉人提起上诉,请求废弃原判决。其陈述要旨略谓“民自来经商,囤卖药材,有黄绍季者在南京街开设药号,后面系叶茂春之烟馆,因收账常在铺内行坐,其先生顾华轩言及叶有一女名素华,如民愿意,自愿作伐,民当归告父母,得其同意,始请黄绍季及其夫人刘氏执柯、叶茂春许可,即于二十年下聘订婚后,叶素华之母来往调查十余次,民在街上遇见叶茂春,亦执子婿礼,即叶素华与民虽未交言,亦彼此认识,自订婚之后历四年并无异议。即黄绍季病故,又请戚和圃代媒。去岁六月十四日始行结婚,夫妻感情亦好。至七月十三日素华回娘家烧包,次日来换衣服去其三姑妈家(即甘叶氏)做客,阅一二日民家去接,云要多坐几日。殊至二十一日民未在屋,叶茂春之妻及其三姑妈突来民家,民母忙出招待,故意扯民母卧室闲谈,不妨叶素华随带使女暗入新屋,将箱子通开,将细软材料、金银首饰、现洋捆作两大包，飞跑外出，叶茂春之妻及其姑妈假意去追，一去不回，民母见此情形，莫名其妙。及民回屋，追至叶府询问，叶茂春云此女不知受何人刁唆，请宽待数日，当令回来，拿来金银首饰等物，完全负责，不致损失，请即放心等语，隔数日未见影响。民又请堂兄蒋伯秋去问叶茂春亦如前云，后毫无影响。民复请街绅刘荣先、戚好张荣初、刘文甫等先后去问，叶茂春总请缓缓劝解为词，民只有从缓，望其觉悟。殊知叶素华向地院起诉，原判认为欺诈婚姻，准予撤销。民有媒有证，何来诈欺，而掳去衣物及损失，毫不过问，实属不合”等语。

被上诉人提出答辩，请求驳回上诉。其陈述要旨略谓“有本市市民蒋培熙生有二子，长名子明，现年三十一岁；次名文繁，现年二十一岁。子明自来痴呆，不能自立，从未有女愿嫁之者，乃蒋竟欲为之娶妇，不惜坑陷他人女子，托媒到女生家，扬言为其次子求婚，是时女生仅十三岁，不知世事，父亲叶茂春为经营小贸、不识字之人，听信媒人如簧之舌，不得女生之同意而许放的，上早是说放与次子，当书记，年轻的那个，要精明一点，殊不知到去年嫁到他家，子明年龄又大，好吃纸烟，一样都不知，吃饭不会放碗，状类痴呆，我见着即头痛，回家去说父亲，又估逼起回去，简直他家是诈欺行为，现在我不愿意回去，要请求撤销。至于他家的东西，我只得他一对金戒指、一对金手圈、驼绒夹衫一件、印度绸衫一件。至于文明练及手表，他家是借来的，过门后不几天，就拿去还人了，我只得这点”等语。

理由：本案被上诉人所持以为请求撤销婚姻之理由者，不外以订婚时仅十三岁，虽经其父许可而未得其本人之同意，以及上诉人状类痴呆，系以弟打兄样，谓为有欺诈情事，是也。查上诉人与被上诉人订婚之时，无论已否得被上诉人之同意，但既经其行亲权之父许可而成立婚约，被上诉人如欲撤销，即应于达到结婚年龄之时提出请求。兹乃达到结婚年龄（十六岁），举行结婚仪式以后，始行主张婚约未经同意，其理由殊难成立。至谓上诉人状类痴呆各情，经本院当庭观察，上诉人之于诉讼上之演述能力，甚为清晰，并无痴呆情形，虽其为人老实忠厚，貌不甚扬，于法亦无撤销之理由。且经传集媒证顾华轩、黄刘氏、戚和圃等到场，证明当日订婚并无以弟打兄样事，而该证人等均与两造，或系至交，或系亲戚，其供述自足以供采取。原审并不传证证明，被上诉人又未能提出确切证据以证明其主张之真实，遽认上诉人之一方有欺诈为婚情事，竟将两造之婚姻予以撤销，其判断殊嫌草率，上诉人提起上诉，自应认为有理由。

据上论结，本件上诉为有理由，依民事诉讼法第四百四十七条、第八十七条第二项、第七十八条，判决如主文。

中华民国二十五年四月三十日

贵州高等法院民庭

审判长推事 鲍方汜 印

推事 庄 敬 印

推事 丁 珩 印

本件上诉期间为二十日，上诉状提出于本院。

上件证明与原本无异。

书记官 王锟声

中华民国二十五年五月四日

8 贵州高等法院民事判决二十五年上字第一四四号

上诉人： 刘柏青，即刘开云，年八十八岁，贵阳县人。

刘鼎臣，年五十四岁，贵阳县人。

参加人： 刘么妹，即刘慧英，年二十八岁，贵阳县人。

上诉人： 刘尚庆，即刘小卯，年二十一岁，贵阳县人。

上列当事人间，因赎业涉及继承事件，上诉人等不服贵阳地方法院中华民国二十五年三月六日所为第一审之判决，提起上诉，经本院审理判决如下：

主文： 原判决变更。刘尚庆与刘么妹对于诉争铜佛寺房屋有所有权，对于房屋所在之地基有地上权。诉争房屋应由刘尚庆、刘么妹照原当价向刘鼎臣及刘开云等分别赎回共有。刘尚庆在第一审其他之请求驳回。刘鼎臣等其他之上诉驳回。第一、二审诉讼费用，上诉人负担十分之六，被上诉人负担十分之四。

事实： 上诉人之上诉意旨，约分三点，略谓"民鼎臣之堂兄刘子林先建瓦楼房屋二间，于民等四房之公共地基上，长房亦建两间房屋于上，长房当出一间，价银十两，后由子林赎回，遂将此房移建于其房之侧，又另起三间住坐，招佃未几，子林相继亡故，仅遗女么妹、媳何氏、孙小卯。民国十年，先将瓦楼房二间，当与民鼎臣，价六十元。嗣于民国十二年，何氏姑嫂又将子林所建瓦楼正房三大间、厨房两间、外偏厦一间，出当与民鼎臣及开祥等，价二百二十元。因地基公有，故未立卖契，但约内载明公置祭祀产业，永远作为公用，是刘小卯无论是否随母下堂，均无赎取权。原审判令赎回，此不服者一。得房后即作刘氏支祠，子林家神主，亦在其内，并代伊家包坟立碑上，亦用阖族名义，足证小卯随母下堂。若小卯确系刘家子孙，族中岂不代为抚育。十数年来春秋祭扫，均未到场，显见早已断绝刘氏关系。原审不查，反谓民等不能提出确证，此不服者二。伊妄告赎取，欲卖公共祭产，果如原判有赎取权，试问此数十年代伊家供奉神主、春秋祭扫、包坟立碑等费，依法亦应判令照数赔偿。原审抹杀未判，此不服者三”等语，并提出碑文一纸为证。

被上诉人答辩意旨，亦分三点“一、查民间抵当习惯，得当者仅为暂有性质，民之当房不能例外。且该刘鼎臣谓因地基公有，故未立卖契，该鼎臣岂如此愚笨，以购买房屋而立当契。至刘鼎臣谓该房之地基为四家公地，亦与事实不符。该屋地基为民祖所置，经营多年，乃民祖与父先后弃世，该刘鼎臣等欺民母与姑孤弱，有意图业，始有地基为四家公有之说。果系公有，岂能轻易让民祖建房其上。二、刘鼎臣谓民随母下堂，早与刘氏断绝关系。缘民母下堂后，民以孤弱无依，就养于舅氏，学习铜匠，并未改姓，何能谓民早与刘氏断绝关系。又谓民家包坟立碑上，亦用阖族名义，民家未绝嗣，岂能以此而图人产业，且民祖父、祖母墓碑皆为民之名字。刘鼎臣以该房设为支嗣，乃当房后之事，自不能以此而妨民业权。三、刘鼎臣揹当图业，不得已而起诉，自非妄告赎取。今民赎取，即使出卖，亦与族人无关，何能谓为欲卖公共祭产，尤不能以供奉神主、春秋祭扫为词而强据民业。又谓民家供奉神主、包坟立碑等费，应照数赔偿。即有其事，受民家何人所托，此实刘鼎臣狡赖之词”云云，并提出墓碑文二纸为证。

理由：本案应解决之问题，即被上诉人对于诉争房屋之所有权及其房屋所在地基之地上权。又被上诉人对于此项房屋究竟有无赎取权之数者，是也。兹分两项说明如下：

（甲）关于房屋所有权及其所在地基之地上权部分，欲解决此问题，自应专凭证据。查上诉人缴案当契二张，一载“（上略）将到翁父（破损数字）瓦楼房二间（破损二字），地名北门外（破损二字）铜佛寺（中略）出当与鼎臣大叔名下管业，议定光洋陆拾伍元（下略）”，中批“易当易取”后署“刘何氏、刘么妹立”。一载“（上略）自愿将翁父在日于四家公地上建造之瓦楼正房三大间、厨房两间、外偏厦一间，当与开祥、开云叔祖及鼎臣堂叔名下（中略），议定当价洋二百二十元（下略）”，后署“侄孙媳何氏、侄孙女么妹、侄重孙小卯立”，以此观察，是被上诉人对于诉争房屋，其所在地基既属四家公地，于此公地上建筑房屋，则被上诉人仅能于房屋所在之地基上取得地上权，进一步而只（言）于此房屋有所有权，洵属明甚，乃被上诉人对于公共地基加以否认，固属不合。而上诉人竟以当契内载有“公置祭祀产业”字样，希图永远管业，揆以典卖不明仍许回赎之判例，上诉人所持理由，尤难成立。且对于批载明白“易当易取”之一契，亦拒绝其回赎，更属毫无理由。

（乙）关于被上诉人对于房屋究竟有无赎取权部分，被上诉人能否赎取先后当出之房屋，应以被上诉人是否为刘氏子孙为先决问题。查被上诉人提出墨拓墓碑文二张，一载“孙尚庆”，一载“孙小卯”等字样，又据证人戚树香供“民国十六年，由何子清的妇人送刘小卯来，与民学徒弟”，又据何子清供“我的妹子确是九岁送小卯来，挨我转送戚家学徒弟的”，又据参加人刘么妹供“刘尚庆也带孝供饭”（均见本院第一次辩论笔录）各等语，以此互相观察，是被上诉人既无刘氏断绝关系之事实，则被上诉人即为刘氏之继承财产人，即应有赎取该房屋之权，上诉人即应准其回赎，且该上诉人等当房时，尚须其母子署名立契，而于赎房时加以拒绝，并以十数年来春秋祭扫，被上诉人均未到场，谓为早已断绝关系，此等主张乃由该刘氏族人欺其幼小孤弱，弃之不顾，以致任其舅生成投师学艺，并未谓他人父，始终保存姓名，该上诉人等不咎己之放弃责任，而反借被上诉人无力奉祀，无从参加祭扫为口实，据指为与刘氏断绝关系，且更涉及其已故之父刘宝臣亦谓为非刘氏子孙，该刘氏族人对于宝臣生前既不表示异议，乃于其有取赎之继承人向其赎取当业，辄以种种无凭之词，为被上诉人无赎取权之主张，其理由自难认为成立。又上诉人谓代被上诉人家供奉神主、春秋祭扫、包坟立碑等费，应照数赔偿等语。关于此点纵令确有其事，亦属上诉人等片面之行为，事前既未得其子孙之承诺，即不能事后责令赔偿，此等主张亦无理由。

至参加人刘么妹即刘慧英者，既属刘子林亲生之女，先后出当房屋，曾共同书名立契，且被上诉人亦有“若剩有钱，我同么妹姑妈平分来过活”（见本院第二次辩论笔录）之主张，自应认为与被上诉人有共同房屋所有权、地上权及房屋赎取权，庶昭公允。

据上论结，上诉人等之上诉一部为有理由，一部为无理由，依民事诉讼法第四百四十六条第一项、第四百四十七条、第八十七条第二项、第七十九条，判决如主文。

中华民国二十五年五月二十五日作成

贵州高等法院民庭

审判长推事　傅启奎　印

推事　鲍方汜　印

推事　庄　敬　印

本件上诉期间为二十日，上诉状提出于本院。

上件证明与原本无异。

书记官　王锟声

中华民国二十五年□月□日

9 贵州高等法院民事判决二十五年上字第一一四号

上　诉　人：金筑电影院。

法定代理人：刘玉珊，年四十二岁，住贵阳县金井街。

蓝克安，年四十岁，住贵阳县公安路。

徐镜西，年四十五岁，住贵阳县金筑影院。

诉讼代理人：吕齐昌，律师。

项　鹏，律师。

被 上 诉 人：上江公司。

法定代理人：卢丕谟，年四十岁，四川人，现住贵阳县南华路。

诉讼代理人：王　敉，律师。

上列当事人因租映影片事件，上诉人等对于中华民国二十五年一月十八日贵阳地方法院第一审判决提起上诉，本院判决如下：

主文：原判决除西南公司租映影片与金筑电影院事件归广西梧州法院管辖部分外废弃。被上诉人在第一审之请求驳回。第一、二审诉讼费用由上诉人负担。

事实：上诉人提起上诉意旨，请求废弃原判。其论旨略谓"重庆上江公司欲图垄断全黔影业，遂借与上海制片公司定有契约，对于金筑影院所映《芭蕉叶上诗》一片认为偷映，金筑影院曾依租片来源函，复该公司，请其转向来处交涉，殊上江公司不依各有契约办理，竟妄谓上江公司曾与明星联华天一十二家公司订有专约，川滇黔三省区域上江公司有独家经理之发行、放映两权，并登报淆乱社会耳目，妄以侵害映权，请求贵阳地方法院扣留影片，制止放映。原法院并认上江公司对于明星等十二家公司所制影片在黔有独家经理映放权，殊不知电影事业原为提倡普及社会教育，并非出版物之有专利者可比。今上江公司称有划定全国为五大区域，是否获得法律上许可，既不可知，况金筑影院所租《芭蕉叶上诗》一片系向西南公司租来，西南得之合众，合众买之于天一，各有来历。天一既将版权出卖，买得者自有出租权，能租与否，权在西南，金筑影院只要有租金给付，除不犯国家禁令，不受任何人之意外契约拘束，西南公司是否越界租赁，金筑影院无从知悉，即使西南越界租赁，上江公司只能向西南公司诘问，全与金筑无关。然西南公司越界与否，又当视西南公司与合众及上海各影片公司所立契约如何，西南果有违约，亦惟有与之订立契约者之合众可得而干涉。今上江公司不向天一等制造公司交涉，而干涉金筑影院之第三者，殊无理由，应请将原判废弃，另为适法之判决”等语。

被上诉人之答辩意旨略谓“影片一物有时间性、空间性，非同其他商品可比，影片公司为顾全利益计，其业务有一定之区域，特设分公司或经理处，以资经营。上江公司经理十二家公司之影片，自当遵守所订条约办理。上江公司与金筑影院涉讼，系因天一公司来电，请扣留《芭蕉叶上诗》一片；联华公司曾来电，请扣留《归来风》影片而起。芭片系发现于金筑影院，是金筑影院有侵权行为，当然要请管辖法院扣留，而该片来源系天一公司售与合众，合众所结条约亦由天一总公司交来，内面所载并无黔省映权在内，业经抄呈地院，请检卷详查即可明了。至谓上江公司售与贵州影业，查上海制片公司有五六十家，而委托上江公司经理在川黔映权者仅十二家，此十二家之完全影片由上江公司经理，其他数十家之出品，上江则无权管理，金筑仅可租赁其他之出品而为放映，何谓垄断。今金筑影院竟敢公然偷租上江公司经理之影片放映，实属不合，请求维持原判”等语。

理由：本件关于广西梧州西南公司越界租赁影片与金筑影院，原法院认为应归广西梧州地方法院管辖一节，已为两造所不争，自应勿庸审究。兹所应解决者，即上江公司主张该公司曾与明星、天一、联华等十二家公司订立契约，在川黔等省有独家经理租映之权，因而请求扣留金筑电影院已放映之《芭蕉叶上诗》影片，原法院准其扣押，并将金筑影院向西南公司订租已到、未到之影片一律停止放映，其判决是否合法，是也。关于此点，本院查契约之成立，其拘束力惟及于契约当事人，前大理院十年一月二十日上字第三六号，早已着为判例。本件上江公司虽有与明星、联华、天一等各公司订有契约，于川黔等省有独家经理租赁放映影片之权，但此项契约之当事人既系明星、联华、天一等十二家公司与该上江公司，亦只能拘束明星、联华、天一十二家与该上江公司，而其居于第三人地位之金筑公司并不生若何之效力。金筑电影院无论向何公司租映影片，即无上江公司干涉之余地，上江公司如认为金筑电影院直接向该公司租映影片，有损该公司之权利，即应向曾与该上江公司订立契约之明星、联华、天一等十二家主张损害赔偿，不能径行对于有自由租映影片之第三者之金筑电影院而有所请求，原法院不予审查，竟认上江公司之请求为正当，将金筑电影院向西南公司租映之影片准予扣押及停止缓映，于法实属错误。兹就影片之性质言之，夫影片之推广放映，原为辅助社会教育之发展，与著作物之版权不同，即不能认为有专租专映之可能，此事理之断然者。被上诉人与上江公司、明星等十二家公司订立之契约，不过仅为代明星等十二家经理租赁影片事宜，不能谓非向该上江公司租赁影片，即不许其放映之理，至为明了。上江公司误认为有专租专映之权，向金筑影院提起诉讼，殊不合法。金筑电影院对于第一审判决不服，提起上诉，应认为有理由，应将原判决除西南公司租映影片与金筑电影院事件归广西梧州法院管辖部分外，均予废弃。

据上论结，本件上诉为有理由，爰依民事诉讼法第四百四十七条、第八十七条第二项、第七十八条判决如主文。

中华民国二十五年□月□日

贵州高等法院民事庭

审判长推事　傅启奎　印

推事　丁　珩　印

推事　鲍方汜　印

本件上诉期间为二十日，当事人如有不服，应处于上诉期间内提出上诉状于本院。

上件证明与原本无异。

书记官

中华民国二十五年三月□日

10 贵州高等法院民事判决二十五年上字第一四二号

上 诉 人：余培安，年四十一岁，住贵阳县西成路。

余胡氏，年三十岁，住同上。

诉讼代理人：罗时辙，律师。

被 上 诉 人：余辉忠，年二十六岁，住贵阳县小河坎。

余傅氏，年未详，住同上。

诉讼代理人：王　敉，律师。

上列当事人间，因继承遗产及分析典价事件，上诉人等对于中华民国二十二年七月三十一日贵阳地方法院第一审判决，提起上诉，经本院于中华民国二十四年一月二十六日判决，被上诉人等上诉最高法院，判决发回更为审判。本院判决如下：

主文：原判决废弃。余培安对于余松廷所遗县门口铺房一所、小河坎坐房一院，应继承五分之一，余辉忠与余傅氏将余松廷所遗县门口铺房典获大洋八百五十元，应分给余培安五分之一。余培安所得余辉忠大洋八十元，应于所得受之典价内扣除。第一、二、三审诉讼费用，由余辉忠负担。

事实：上诉人余培安之上诉意旨略谓"民父名松亭，原配李氏生民一人，后母傅氏生辉忠、辉文、辉武、辉甫等四人。民因不堪后母虐待，出外谋生，后由老父唤归，娶胡氏为妻，成家后仍不容于后母。至民国十四年父命搬出另住，以求两全。民搬出后，佣工度日。至十八年民父去世，临终时兄弟将民叫回，其时因办理丧事无钱，将县门口铺房当得三百元，民守孝在家，一切都由兄弟经管，葬后仍出外作生意，后因遭匪抢劫，只得向兄弟借洋八十元，并未立有字据。县门口铺房原当与杨焕章，现在兄弟又加当八百五十元。小河坎尚有坐房一所、铺房及小河坎坐宅，均系父亲遗下来，民都有份，他们现将铺房当出，既不同民商量，又不知会，我当然不承认，民现在不出而主张，将来等于放弃。至于那永断字，民实未写，惟得他八十元是有的，因为是他当家，这八十元是收房租，大家分用的，并没有写永断字据。至证人等是辉忠的亲姨父，其余石伯衡等均系辉忠的县府同事，设使真有和解情事，我的亲戚妻舅等，岂有不到场呢，是足证是他们伪造的，请求审查，废弃第二审原判”等语。

被上诉人余辉忠答辩意旨略谓“余培安是前母生的，家间因人口众多，环境困难，时常叫闹，且培安夫妇私有积蓄，兼有技能，就要搬出去住。家间生活非常艰苦，全是借贷过日，父亲死了安葬无钱，才拿县门口房子抵当杨家，得三百元来安葬，不够还由各亲友处借一些，培安夫妇都是知道的。辉忠自食其力，并与三兄弟办喜事，培安夫妇还吃过酒，第二年我结婚下帖子请，他不来，忽然请县政府的汪队长、阎队长来说要分家产，我说产业已当完了，惟无家产可分，而且反欠有外债，叫我请客就是他，又请他们苦苦来说，他实无办法，后经亲友相劝，叫我拿八十元给他，他写个和解字算了，我当时没有钱，还是朋友中筹借给他的，谁知他贪心不足，又到贵阳地方法院去告，经原法院判决，伊不服，又来上诉，现在实无钱可分了，请求驳回他的上诉”等语。

理由：查本件应行解决之点，即上诉人对于其父余松廷所遗县门口铺房一所、小河坎坐房一院是否有继承之权利，被上诉人所当县门口铺房之典价洋八百五十元，上诉人能否主张分析，是也。关于此点，又当以被上诉人所提出之永断关系字据，主张为上诉人之所立，能否认为实在，为先决问题。本院开庭审理，据上诉人当庭供述，对于永断字据极端否认，并称虽在原审曾有得过被上诉人八十元之供述，但系作房租，大家分用，因民未住房子，当时有黄玉书作中，随他们写一张字，叫我同妇人画押，只得依从画了，等语，此项供述，要不能谓上诉人所供之一张字者，即系永断字据，甚为明了，虽永断字据之列名人证供称，书有字据，然经本院详加核对，该永断字据中所书上诉人之姓名及押字，与上诉人历次在本院笔录内所书者，迥不相符，自难认为实在。纵退一步言之，即令实有此项字据，亦系乘该上诉人之急迫轻率而成立者，即非出自上诉人之自由意思表示，而显有失其公平之情形。被上诉人又未能提出上诉人事后合法追认之事实及证据，以资证明，于法亦不能不认为有请求撤销之原因，据此而论，是永断字据既不能认为合法成立，则上诉人对于其父亲余松廷所遗房屋，以及出当铺房所得之典价，即不能谓为业经抛弃继承及分析之权利，原审将其告诉驳回，殊有未当，应由本院将原判决废弃，另为判决。至上诉人所得被上诉人之八十元，应由上诉人所应分析之典价内扣除，以断纠葛。上诉人之上诉应认为有理由。

据上论结，本件上诉为有理由，爰依民事诉讼法第四百四十七条、第七十八条判决如主文。

中华民国二十五年六月三日

贵州高等法院民庭

审判长推事　傅启奎　印

推事　丁　珩　印

推事　鲍方汜　印

本件上诉期间为二十日，上诉状提出于本院。

上件证明与原本无异。

书记官　王锟声

中华民国二十五年六月十一日

11 贵州高等法院民事判决二十五年上字第一八一号

上　诉　人：恒兴益号，开设于贵阳中华路。

法定代理人：杨馥棠，年五十五岁，恒兴益经理。

诉讼代理人：王　救，律师。

被上诉人即附带上诉人：陶蔚滋，年五十三岁，平越县人，现住贵阳盐行路；

诉讼代理人：罗时辙，律师。

上列当事人间，因债务事件，经本院于中华民国二十四年十月一日为第二审判决，后被上诉人提起上诉，于最高法院判决发还，更为审判，本院判决如下：

主文：原判决关于驳回上诉人请求给付迟延利息之部分废弃。被上诉人除偿还上诉人本银三千八百三十六元二角外，并应自民国十八年十月二十二日起至执行终结之日止，给付上诉人周年百分之五之迟延利息。被上诉人之附带上诉驳回。本审暨第三审诉讼费用由被上诉人负担。

事实：上诉人提起上诉，请求于原判之外，并判令被上诉人给付迟延利息。其陈述要旨略谓“陶蔚滋说与曾锡章、吴希之打伙，实属捏词，并无证据明。而裕丰盐号对外系陶一人盖章负责，又将自己房契抵与商号，足以证明裕丰为陶一人独资经营，并非打伙生意，应请判令陶一人负清偿本利责任。至利息部分，应照周年二分计算，自误兑时起算，如利大于本，请判一本一利。今陶以已死之吴希之及贫穷之曾锡章捏为合伙，希图减轻责任，不合法”等语。

被上诉人提起附带上诉，其答辩要旨略谓“民之裕丰盐号，系与曾锡章、吴希之合伙开设，历来均系如此主张，此次曾锡章又到庭证明属实。现在虽曾锡章与已死之吴希之无偿还能力，但既系合伙债务，民只能负三分之一的责任，不能完全偿还。至于利息部分，抵借契约既未合法成立，当然不能据以算利，而票据上又未订有利息，自不应给付利息。况民虽素有产业，但经‘共匪’[①]蹂躏，动产已损失了，也无还账之能力，而恒兴益又复多年不开，原判判令民负全责，民不甘服，请求变更原判，将上诉人之上诉，予以驳回”等语。

理由：按民法债编施行前所发生之债务，依民法债编施行法第一条不适用民法债编之规定，应依当时之法例办理。查当时法例，合伙债务如合伙员中有逃避或确无清偿资力者，应由他合伙员代偿，其应分担之额，此纯为债权人一造利益而设，即所以使债权人得对于他合伙员之有资力者，求全部之清偿，不致受意外之损失。又金钱债权即无约定利息，而于债务人清偿迟延时，债权人亦得请求相当之迟延利息。本件债务之发生时期，系民国十七年，自在民法债编施行前，依照上开说明，当然适用当时之法例，以为判断之根据，已无研究之余地。兹所应解决者，上诉人主张于原判判令被上诉人（即附带上诉人以下，称被上诉人）偿还大洋三千八百三十六元三角之本银外，并请求判令被上诉人以抵借契约之年利二分给付迟延利息，是否合法，以及被上诉人主张以此项债务属合伙债务，该被上诉人只承认负担三分之一责任等，以票内并未载有利息，即不负给付迟延利息之责任，有无理由，是也。本院查此项债务，据曾锡章到庭供称，系属合伙债务，但合伙员中之吴希之既已死亡，该曾锡章现时处境贫困，实无清偿之资力，已为被上诉人之所承认，被上诉人既有房屋（即抵与恒兴益契约未成立者），则曾、吴二人所应分担债务之额数，即应由被上诉人代为清偿，被上诉人主张只负担偿还三分之一之责任，于法实属不合，原判判令内被上诉人负全数清偿责任，并无不当。至迟延利息部分，上诉人据未经正式成立之抵借契约，主张年利二分，虽属不合，但查此项债务系自民国十八年十月二十二

① 此处“共匪”称呼，系站在国民党政府的立场上，绝不代表编校者的观点，特加引号标识。此处系指长征途中红军攻占遵义。

日误兑，票内虽未载有约定利率，上诉人仍可请求借当之迟延利息，已如前述，应由本院酌量当时商场习惯，判令被上诉人给付上诉人周年百分之五之迟延利息，以符法律。被上诉人乃以票内未载利息为词，主张并不给付利息，其理由内殊非正当。

据上结论，本件上诉为有理由，附带上诉为无理由，依民事诉讼法第四百四十六条第一项、第四百四十七条、第八十七条第二项、第七十八条，判决如主文。

中华民国二十五年六月二十日

贵州高等法院民庭

审判长推事　傅启奎　印

推事　庄　敬　印

推事　鲍方汜　印

本件上诉期间为二十日，上诉状提出于本院。

上件证明与原本无异。

书记官　王锟声

中华民国二十五年七月四日

12 贵州高等法院民事判决二十五年上字第一六二号

上 诉 人: 岳衡一,年三十五岁,住龙里县大石板。

岳灵铭,年五十六岁,住龙里县大石板。

被上诉人: 刘顺科,即岳灵璧,年二十八岁,住龙里县比孟场。

上列当事人间,确认立嗣不成立事件,上诉人等对于中华民国二十五年四月十六日龙里县政府第一审民事部分之判决,提起上诉,本院判决如下:

主文: 上诉驳回。本审诉讼费用由上诉人等负担。

事实: 上诉人上诉要旨略谓“民等有亲族岳王氏,其夫名岳有德,于前清光绪三十年亡故,并无子嗣。当时民族中拟以岳灵鹤、岳灵祥立为嗣子,因岳王氏不愿立嗣致未成为事实,迄今三十余年,岳王氏均未立嗣,民族中亦相安无异。不料去岁刘顺科与尹治安等,逼岳王氏抱刘顺科为子,并将岳王氏所有契据、银物洗掠而去,民等拟今年三月清明前往清理,而岳王氏竟于三月初一日亡故,刘顺科即假充养子,将岳王氏安埋,岳王氏所有银物、契据均归刘顺科霸占。窃异姓不能乱宗,民族族谱曾载有明文。岳王氏抱刘顺科为子,即令未受逼迫,亦不能为有效。原审认刘顺科之继承为合法,实有未当。现在岳王氏已经亡故,民等亦不愿受她的产业,我们只请求召集亲族开会,帮岳有德立嗣,拿一部分产业作包坟立碑,一部分拿送嗣子。至民等确系与岳有德同宗,有德之父名儒臣,儒臣之父名增举,增举之父名扬名,扬名之祖名世达,世达以上之世系即不清楚,不过字辈均与民等之字辈相同,世达、增举等之名均在民祠堂内之牌位上供奉,有牌位可以证明,刘顺科谓民等非同宗,显系狡辩”等语,并提出族谱及墨拓墓碑牌位作证。

被上诉人答辩要旨谓“岳王氏并非亲族，因年老无人照拂始终。去年五月，凭地方父老抱民为子，更名岳灵璧，承顶岳姓宗祧，承受产业，立有抱约为凭。岳王氏并于今年正月为民完婚，至三月初一岳王氏病故，故民复设法安埋。殊岳衡一等冒称宗族，欲夺薄产，妄谓民系估逼岳王氏，抱继民为养子，并谓民将契据、银物洗掠而去，等语，实非事实。又岳衡一等谓，其祖人勋民、芳民系世达之子，与民之祖人扬名系弟兄，现民呈出世达墓碑碑文，世达之子并无勋民、芳民。该岳衡一等又谓勋民、芳民系世广之子等语，显系借词妄争，其非同族，尤属明了。原审判民承继为有效，并无不合，请将其上诉驳回”等语，并提出抱约及墓碑为证。

理由：查本件被继承人岳有德，系前清三十年亡故，其继承之开始系在民法继承编施行前，依继承编施行法第一条规定，不适用继承编之规定。按继承编施行前之法例，异姓乱宗，惟同宗而有继承权之人始能有告争之权，若并无继承之权或虽有而不欲实行，其权利如业有明示或默示之抛弃者，无论其相对人之承继合法与否，要与己无关，即无许其告争之余地。本件上诉人等虽不能说明其与岳有德之世系，以证明系岳有德之支属，但查其本身以上数辈之字辈，与岳有德本身以上数辈之字辈，均属相符，而上诉人等宗祠内之牌位，又有岳有德祖人之名在内，则上诉人等与岳有德自不能谓非同宗。惟查岳有德已经亡故三十余年，上诉人等并未出而告争继承，已可认为有默示之抛弃，且该上诉人等到庭之主张，又非为其自己或其直系卑属争继承，依照上开法例，则岳有德之妻岳王氏抱被上诉人为子，继承岳姓宗祧，无论是否合法，要与上诉人等无关，即无许其告争之余地。至上诉人等谓，岳王氏抱被上诉人为子，系受逼迫，等语，然不能提出证据以资证明，而被上诉人曾与岳王氏同居，并经岳王氏为其完婚，又足以证明其抱继并非逼迫，则上诉人等之主张系属借词妄争，备极明了。原审将上诉人之请求驳回，尚无不当，上诉论旨殊非有理。

据上论结，本件上诉为无理由，依民事诉讼法第四百四十六条第一项、第七十八条判决如主文。

中华民国二十五年六月二十七日

贵州高等法院民庭

审判长推事　傅启奎　印

推事　庄　敬　印

推事　鲍方汜　印

本件上诉期间为二十日，当事人如有不服，应于上诉期间内提出上诉状于本院。

上件证明与原本无异。

书记官　胡仿周

中华民国二十五年七月五日

13 贵州高等法院民事判决二十五年上字第一九六号[①]

上 诉 人：马正后，即马正厚，又即贯树保，年六十七岁，贵阳人，住黄泥堡。

被上诉人：马开发，即冯长生，年未详，贵阳人。

马么妹，年四十岁，贵阳人，住黄泥堡。

上列当事人间，因废继及继承遗产事件，上诉人不服贵阳地方法院中华民国二十五年二月二十六日所为第一审判决，提起上诉，本院判决如下：

主文：原判决废弃。马金华遗产应由马正后、马开发各承受二分之一。马仲香得当马金华开口、大秧地、大兴田三处之遗产，应由马正后、马开发共同备价赎取。被上诉人其他之请求驳回。第一、二审诉讼费用由两造平均负担。

事实：上诉人上诉之意旨，约分为四点，略谓“民年幼丧父，先母王氏再醮，继父马金华随带民下堂，抱为养子，更名马正后，已于前清光绪二十三年，经亲族立有抱约为凭，与民婚配，勤耕苦种，同居度日。不料继父娶汪氏后，强悍成性，与母亲王氏吵闹，民父才叫搬出。虽是另居，仍尽子职如常。后虽招得么妹之夫冯长生为子婿，系在民立抱之后，抱约并未失效。至继父遗产，除承受马永富两房之业外，凡属遗产数份，均与继父耕种齿积而来，民应有分受之权。原判竟判民为废继，不能分受遗产，完全归马么妹管理，使民应有权利一旦丧失，殊欠公平。至马么妹所说该欠的账，民只承认一百二十元”云云。

---

① 该判决书刊载于《贵州高等法院公报》1936年第1卷第7期，“裁判”栏目正文第9—11页。但该期目录却遗漏该判决书的记载。

被上诉人陈述答辩要旨略谓“马正后原名贾树保，是随王氏母亲来的，那时只五岁，因为他爱做气，于二十几岁还跟他娶亲。光绪二十三年老人抱他做儿子，二十四年嫂子爱同生母汪氏吵闹，他就搬出来，马金华是民国十三年才死，王氏母死也是我安埋，我招冯长生上门做半子半婿，当然有继承遗产的权。况我虽是女子，亦应有继承遗产的权，现我还该谢锦堂的一百五十元，是民国十三年借来葬父亲的，前年汪氏母亲死又向马仲香借大洋一百二十元，连前后借作家用的共五十元并利息，合成二百六十七元六角，现在已把开口、大秧地、大兴山三处，当与马仲香来还账，三个老人死都是我安埋的，马正后简直不管”云云。

理由：本件上诉人能否继承马金华遗产，应以上诉人是否继与马金华为嗣，以及曾否废继，抑或养子关系，为应先解决问题。本院查上诉人提出继单一纸，内载“（上略）立过继字与马金华父亲名下为子，当面改学名正厚，子媳早晚事奉父母（中略）后置新业，只有兄弟姊妹婚配接缘（误元）百年另居，田业不拘多少，弟兄均分（下略）”。又据证人马致和、马有光等供称，我们平日都喊他叫马正后，不得还宗，云云。又以被上诉人提出招婿字据，后有署名“马正厚”字样，互相观察，是上诉人以养子而抱继马金华为嗣子，已甚明了。虽上诉人于抱继后，分田另居，然至民国癸丑年（按即民国二年即招冯长生为婿之年）犹署名马正厚，是各证人未曾还宗之陈述，已属可信，而上诉人之并未废继，尤可断言。至被上诉人马开发即冯长生者，系为其女马么妹招赘为婿，并以作子，亦立有字据可凭，上诉人亦承认属实，则两造对于马金华遗产均有承受之权，原判认上诉人已经废继，无承受之权利，实属错误。又被上诉人马么妹主张女子有继承权一节，本院查马金华死亡系民国十三年，是其继承开始，既在民法继承编施行以前，应依当时之法例办理，而当时法例女子并无承继之权，被上诉人此点主张，殊非正当。再被上诉人马么妹所借债务，其中所借谢景堂一百五十元一项，上诉人既经否认，被上诉人谓系安葬其父所借，并不能提出确切物证，以资证明。况借债系民国十三年，距今已十余载，岂有债权人，从未索债，而其债额又岂无息，随而增涨之情理，诚难置信，惟以开口田三处田业出当与马仲香，其当价为二百六十七元六角，既经马仲香到庭证明属实，一俟典期届满之日，应由两造共同备价赎取，而上诉人仅只认为一百二十元，其余之数竟不承认，殊无理由。

据上论结，本件上诉为有理由，依民事诉讼法第四百四十七条、第八十七条第二项、第七十八条判决如主文。

中华民国二十五年六月三十日

贵州高等法院民庭

审判长推事　傅启奎　印

推事　鲍方汜　印

推事　庄　敬　印

本件上诉期间为二十日，上诉状提出于本院。

上件证明与原本无异。

书记官　王锟声

中华民国二十五年七月六日

14 贵州高等法院民事判决二十五年上字第一七七号

上 诉 人: 严少臣,年三十四岁,住贵阳县城六座碑,业商。

被上诉人: 严杜氏,年住均未详。

上列当事人间,请求离婚暨请求返还衣物事件,上诉人对于中华民国二十五年三月十八日贵阳地方法院第一审判决,提起上诉,本院判决如下:

主文: 原判决废弃。被上诉人在第一审之请求驳回。上诉人其余之上诉及在第一审提起之反诉均驳回。本审及第一审之诉讼费用由两造平均负担。

事实: 上诉人请求废弃原判决,驳回被上诉人之请求,并请求判令被上诉人交还其携去各物。其陈述要旨略谓"民于十七年在安顺与杜氏恋爱同居,并偕同返省居住。因民手中不甚宽裕,杜氏遂起离弃之心,曾将家中衣物席卷私逃,年余未归。民始于二十年娶邓照料家庭,其后杜氏复来同居。兹杜氏另有外遇,遂起诉请求离婚,一面将锁扭开,将衣被等物及钞票大洋、金箍子等件概行掳去,原审不查,反谓民虐待杜氏,判准离婚,并判民给付赡养费五十元。至杜氏掳去各物,又不判杜氏返还,实有未合。窃查杜氏告民虐待、毒杀及重婚等罪,于原法院检察处。关于虐待毒杀部分,并未起诉。重婚部分,虽经起诉处刑,但经第二审认民与杜氏未经正式结婚,不犯重婚罪,将原判撤销,并经确定在案,有卷可查,请调卷查核,依法平反。至民被掳去各物,仍请判令返还。又现在杜氏既不到庭请求,准民一造辩论而为判决,以免拖累"等语。

被上诉人未提出答辩状,亦未遵期到庭陈述。

理由: 本件被上诉人之住所不明。本院据上诉人之声请,将传票依法公示送达后，被上诉人并未遵期到庭辩论，并据被上诉人之声请，特由一造辩论而为判决。

本件被上诉人请求与上诉人离婚，并未请给付赡养费，其有无理由，应以双方曾否结婚为断。查双方同居时系在民法亲属编施行以前，依民法亲属编施行法第一条之规定，应适用当时之法例而为裁判。按当时之法例，婚姻关系之成立，以举行相当仪式为要件。据上诉人主张，其与被上诉人之在安顺时，系恋爱同居，于后偕同返省居住，经本院调阅上诉人重婚上诉事件卷宗，被上诉人亦曾供"结婚时未立婚书，也没有拜堂请客"等语，则双方并未举行相当之仪式，实属显然，双方既未经举行相当之仪式，其婚姻关系自属未经成立，依法即不能认为已经结婚，双方则既未结婚，被上诉人不欲同居，本属其自由，实无请求离婚之必要，被上诉人诉请离婚，原法院准予离婚，均属不合。至赡养费须限于夫妻无过失之一方，因判决离婚而陷于生活困难者，他方始得给与，民法亲属编第一千零五十七条已定有明文，双方既不能认为已经结婚，则被上诉人与上诉人自不生夫妻关系。该被上诉人不愿与上诉人同居，即不能依上开法条，请求由上诉人给付赡养费，原法院判令上诉人给被上诉人赡养费五十元，殊有未当，上诉人对于离婚及给付赡养费部分提起上诉，不能谓无理由。又关于返还衣物部分，查提起反诉，应预纳审判费，否则应认为不合程式，以裁定驳回之。上诉人在原法院提起反诉，请求被上诉人返还携去各物，并未缴纳审判费，原法院竟受理，一并就实体法上予以裁判，实有未合，原判关于返还衣物部分，仍应予以废弃。上诉人在第一审提起之反诉，应予以驳回。上诉人对于此部分，虽亦提起上诉，但其提起之反诉，既因不合法而驳回，则其对于此部分之上诉，亦应予以驳回。

据上论结，本件上诉一部分为有理由，一部分为无理由，依民事诉讼法第三百八十五条、第四百四十六条第一项、第四百四十七条、第七十九条，判决如主文。

中华民国二十五年七月二十五日

贵州高等法院民庭

审判长推事　傅启奎　印

推事　庄　敬　印

推事　丁　珩　印

本件上诉期间为二十日,当事人如有不服,应于上诉期间内向本院提出上诉状。

上件证明与原本无异。

书记官　王锟声

中华民国二十五年□月□日

15 贵州高等法院民事裁判二十五年上字第二号

上 诉 人：卢伦元，年未详，已故，开阳县人。

卢必灿，年未详，卢伦元之子，住同上。

诉讼代理人：王 敉，律师。

被 上 诉 人：即附带上诉人卢培元（即张老满），年未详，开阳人。

上列当事人间，因继承遗产事件，上诉人对于中华民国二十四年五月六日本院第二审判决提起上诉，于最高法院判决发回更为审判，本院判决如下：

主文：原判决废弃。被上诉人（即附带上诉人）在第一审之请求驳回。第一、二、三审诉讼费用，由被上诉人负担。

事实：上诉人等提起上诉，请求废弃原判决，将被上诉人之请求驳回。其陈述要旨略谓“民伦元之父文喜、叔父文仕，系同胞弟兄。前清光绪十年，民父文喜亡故，民母何氏于次年招文仕上门，原有妻妾刘、廖、李、林四人，均无子女。自上何氏门后，与刘氏抱继张老满为子，更名培元。光绪三十二年四月，文仕亡故。同年九月，婶母廖氏凭众立民次子卢必灿（即小弟）为玉堂嗣孙（即文仕号），有抱约为证，并将玉堂各种契约、执照交民父子收执，历由民父子耕管三十余年无异。张老满者幼时，虽曾立抱为玉堂嗣子，但成室之后，忤逆玉堂，被玉堂废继逐出，故光绪三十二年九月，张老满告诉前开州，经州主张汉判令不准妄争。宣统元年，张又与刘氏决裂，复经州主刘问竹传讯，将抱约烧毁，判令不准再行干涉。其兄张学林、张学文又递禀，接张老满还宗，各在案。自此以后，老满从未过问卢姓之事。民国四年，接刘氏继母与民同居，七年亡故，是民等安葬，所有东街房屋由民接管,至今二十年矣。刘氏在日曾将此房当与梁廷贵,是刘氏与民伦元出名立当,亦无异致。民国十四年族人卢元贵出头争产,经孔县长判决,归民父子管业。是玉堂所遗房业久经认定。民国二十二年,民移业就业,将东街之房卖与梁廷贵,张老满又出头妄争,第一审将玉堂遗产作为五股处分,民不甘服,民有抱约、堂谕抄白为证”等语。

据被上诉人提起附带上诉,请求废弃原判,陈述及答辩要旨略谓“民于幼小时,抱与卢文仕(即玉堂)为子,文仕有妻妾刘、廖、李、林四人,均无子嗣,才抱民为子,当时生才几天,更名培元。后至九岁时,书立抱约一张为凭。文仕曾为民娶妻,生有子女。光绪二十六年,继母刘氏诉民继父及各妾于原县,判民继父产业作五股均分。光绪三十二年,因民继父去世,由民点主安葬,民继父遗产均归其妻妾等经管无异。至民国八年,因贸易往湘,不幸中途遇匪,流落在外。前年(即二十一年)始行返里,殊继父之妻妾,均已先后去世,仅有民妻,亦早返回娘家。故民家契约家财一并被伦元霸为己有,并敢私将继父遗产卖与陈姓,民依法起诉于原县讯明,将继父遗产作为五股均分,民与伦元各占一股,一股留作超荐祖先,二股收归政府作为公益。查民被抱继为子已五十年,其遗产应归民一人承受,乃原判判作五股,实属不合。是以提起附带上诉,请求另为适法判决”等语。

理由:按当事人主张有利于己之事实,就其事实有举证之责任,民事诉讼法第二百七十七条有明文。又对于占有人告争所有权者,应由告争人负举证之责,如不能举出确切可信之凭证,则无论占有人能否举证,或所举证据有无瑕疵,均应认告争人之主张为不成立,迳予驳回,亦经最高法院着为判例。本件上诉人等所得继承卢文仕(即玉堂)耳环□产业及东街房屋,由光绪三十二年起,继续经管二十余年。被上诉人(即附带上诉人,以下称“被上诉人”)虽曾过继卢文仕为嗣,但其后因被上诉人忤逆文仕,文仕废继,并先后经前开州讯明,烧毁抱约,上诉人以其子卢必灿为文仕嗣孙,各情既有抱约及前清堂谕抄白呈验,而各业契据又为上诉人之所执掌,被上诉人亦承明于前清开州涉讼有案,而当时法例,异姓乱宗,禁令森严。是上诉人所称被上诉人之被废继还宗,已为不可掩之事实。借曰不然,被上诉人何以并无抱约呈验，而又任上诉人执有契约，管有文仕遗产数十年，何以并无异言？被上诉人主张经商流落在外，近始返里，又系空言主张，并无其他确切证据，以资证明，殊难认为实在。至上诉人之子卢必灿，被上诉人于最高法院提出答辩时，始提称其为幼年已死，此种主张被上诉人在第一审及本院并未提出，而卢必灿现尚存在，尤见其主张之不实。据上观察，上诉人等对于系争卢文仕遗产，既经继承管有数十年，断不容被上诉人徒以空言否认。退步言之，即令卢必灿之继承卢文仕为嗣孙为不实在，但由光绪三十二年起继续管有此项遗产，依据占有规定，亦应取得所有权。被上诉人迄今始行告争所有权，对于有利于己之事实，又并不能提出确切可信之凭证，依照上开说明，其主张自难认为成立。至第一审判令卢文仕遗产作为五股均分，亦属错误，上诉人对之提起上诉，应认为有理由。

据上论结，本件上诉为有理由，附带上诉为无理由，依民事诉讼法第四百四十六条第一项、第四百四十七条、第八十七条第二项、第七十八条，判决如主文。

中华民国二十五年八月十九日

贵州高等法院民事庭

审判长推事　傅启奎　印

推事　庄　敬　印

推事　鲍方汜　印

本件上诉期间为二十日，上诉状应提出于本院。

书记官　王锟声　印

上件证明与原件无异。

中华民国二十五年八月□日

16 贵州高等法院民事判决二十五年上字第七一号

上诉人即被上诉人:唐潘氏,年二十七岁,住贵阳县盐行路,无业。

诉 讼 代 理 人:王 敉,律师。

被上诉人即上诉人:唐文渊,即唐词浦,年三十三岁,住贵阳县三民路,闲居。

诉 讼 代 理 人:吕齐昌,律师。

上列当事人间,请求扶养事件,当事人两造对于中华民国二十五年六月十三日贵州地方法院第一审判决提起上诉,本院判决如下:

主文:原判决关于扶养费部分变更。唐文渊即唐词浦应自民国二十五年六月一日起,按月给付唐潘氏生活费用法币十二元。唐潘氏其余之上诉及唐文渊即唐词浦之上诉均驳回。本判决在确定前关于已到期之生活费用,准予假执行。

事实:上诉人即被上诉人唐潘氏请求变更原判,改判唐文渊一次给予生活费九千九百元。在判决确定前已到期之生活费用,并请准予假执行。其陈述要旨略谓"民国十五年氏嫁与唐文渊为妻,生子已死,最初尚属合好,随后渐失感情,常受文渊及其母之虐待。至二十年三月,氏不堪其虐待,始回母家居住,并肄业于遵义女子中学。二十二年毕业,有毕业证书可凭。二十三年至南京升学,因未获进学校,复于二十四年冬间回黔。今年四月来贵阳,寻文渊晤面,而后知悉文渊已另娶胡碧仙为室,氏请求文渊维持氏之生活,文渊竟置之不理,氏始诉请裁判,殊贵阳地方法院仅判文渊给氏扶养费五百元,实不足以维持氏之生活。窃文渊既不愿接氏回家同居,亦因文渊已娶胡碧仙,不愿与文渊同居,自应由文渊给氏生活费。氏现年二十七岁，即令仅活六十岁，尚有三十三岁，每年生活费三百元，应有九千九百元，原判数目实属过少，而唐文渊所有产业约值三四万元，给氏九千九百元，亦不为多，请将原判变更，依法裁判。至在起诉后，判决确定前，已到期之生活费，并请准予假执行，以维现在之生活”等语。

上诉人即被上诉人唐文渊请求废弃原判决，驳回唐潘氏之请求。其上诉及答辩要旨略谓“民国十九年、二十年，民与民父母均住在贵阳，至遵义家中即系唐潘氏一人料理。二十年正月，唐潘氏与其老表罗继武（即罗绳武）将遵义家中所有银钱什物，共有三千元，席卷私逃，民闻信，与民父至遵义清问，并起诉于遵义县，请求追还，因未寻获潘氏致无结果。至二十二年仍不知潘氏消息，始纳胡碧仙为妾，潘氏卷款背夫私逃，迄今五年并无音信，有无改嫁他人情事，实不可知，民自不能再负扶养责任。况民仅有田业五六十石，约值两千元，仅足给民一家之生活。民现在又系赋闲，原法院判令给潘氏扶养费五百元，亦属不合。潘氏上诉请求给九千九百元，愈无理由，请将原判废弃，驳回潘氏之请求”等语。

理由：查唐潘氏请求唐文渊一次给付生活费用，其起诉及提起上诉，竟以唐文渊之家属胡碧仙一并列为被告及被上诉人，于法自属不合，原审未予纠正，以胡碧仙列于被告栏内，实不合法。兹特予纠正，合先说明。

按妻有不能同居之正当理由而别居者，其别居之生活费用，在婚姻未离异以前，又未以契约订立夫妻财产制者，原则上仍应由夫支付，业经最高法院着为判例（参照最高法院二十一年上字第一一一号、第四三七号及二十三年上字第一六〇一号判例）。本件唐蒲氏与唐文渊夫妻间，虽不和谐，但双方并未离婚，已为唐文渊所不争之事实，则在未经离婚以前，夫妻之关系自应认为存在。唐文渊在婚姻关系存续中，另娶胡碧仙，无论为妻为妾，均得为请求离婚之原因，唐潘氏因此在外别居，即不能谓非正当理由。双方对于夫妻财产制，既未以契约订立，则唐潘氏在别居时之生活费用，依法自应由唐文渊支付。至唐文渊所称唐潘氏卷款私逃，已有数年，夫妻关系已经消灭，不应再负扶养责任等语。姑无论唐文渊，并（能）不能提出卷款私逃之证据，以资证明，即令私逃属实，然亦不能因唐潘氏旅居在外，未得唐文渊之同意，即谓夫妻关系已经消灭，唐文渊此项主张自难认为有理由。至生活费用之数额，查唐潘氏谓唐文渊有家产约值三四万元，但并无证据，以资证明，则其请求唐文渊一次给付九千九百元之生活费用，自有未当，而原法院判令唐文渊给与唐潘氏法币五百元，究系若干月日之生活费用，未加以与说明，亦属不合。兹由本院审酌唐潘氏实际上之需要，及唐文渊之支付能力，判令唐文渊自唐潘氏起诉后之次日，即民国二十五年六月一日起，按月给付唐潘氏生活费用法币十二元，本判决确定前关于已到期之生活费用，并准予假执行，以维生活。

据上论结，本件唐潘氏之上诉一部为有理由，一部为无理由，唐文渊之上诉为无理由，依民事诉讼法第四百四十六条第一项、第四百四十七条及第七十九条，判决如主文。

中华民国二十五年八月二十九日

贵州高等法院民事庭

审判长推事　傅启奎　印

推事　庄　敬　印

推事　丁　珩　印

本件上诉期间为二十日，当事人如有不服，应于上诉期间内提出上诉状于本院。

上正本证明与原本无异。

书记官　胡仿周

中华民国二十五年九月□日

17 贵州高等法院民事判决二十五年上字第五六号

上　诉　人：伍效高，住中华路恒兴益。

诉讼代理人：王　敉，律师。

被 上 诉 人：陈敬修，三十岁，石阡县人，住贵阳双槐树。

上列当事人间，因请求赔偿损害事件，上诉人对于中华民国二十五年六月十七日贵阳地方法院所为第一审判决，提起上诉，本院判决如下：

主文：原判决变更。伍效高应赔偿陈敬修法币一千一百元，并应自民国二十一年九月五日起，给付周年百分之五之利息，至执行完结之日止。第一、二审诉讼费用，伍效高负担十分之六，陈敬修负担十分之四。

事实：上诉人提起上诉请求，废弃原判决。其陈述要旨略谓“民于民国二十一年在洪江充恒兴益分号经理，陈敬修有裕福同（即赵元贞）八月底一千一百元红条一张，因陈敬修要离开洪江，所以将红条交民，请托到期代兑。嗣后民与汉口分庄赵俊川对调，也离开洪江，所有陈敬修的存条放在洪江号内，未曾兑数，事隔多年，忘记已久。今年（即二十五年）民到贵阳，陈敬修就向逼索未曾兑得之数。不知此款既未兑到，民又未受何种报酬，当然不负何种责任。至民在地院所陈述时一千一百元或一千三百元一节，因事隔多年，记忆不清，乃地院只开一次调解庭，既未宣读供词，又未宣告辩论终结，遽然判决，甚不合法。现民已写信到洪江，去把陈敬修的红条赶来，并将赵元贞来的信，足以证明款未兑获，应请废弃原判，驳回陈敬修之请求，并判令负担第一、二审讼费”云云。当先后提出红条照片及信函三封、信稿一本，又原红条一纸为证。

被上诉人之答辩具（并）陈述，要旨略谓“民国二十一年四月间，民要离开洪江时，交给伍效高裕福同记名六月底比一千三百元的红条一张，请他到期代兑，当时民并约出赵元贞当面对话，说妥到期照兑，伍效高还记在民的账上，殊民到省向该号取款，竟谓伍来信扣付此款，而伍来信与民又谓‘俟到期收妥作数，再函告’。民当时曾请该号去函，与伍效高讯明真相，速将原条退回，但迄今无只字答复。二十五年伍效高始回贵阳，民即托友讯问，并亲自交涉，初则谓无红条，嗣经民出其二十一年国历七月二十日来函证明该伍效高始认得民所交红条，嗣经民起诉地方法院，该伍效能在初审时，并将此种红条交出，今忽谓已寻出，且有出票人赵元贞有信证明，一再反复。如果伍既然没有兑到，应来信通知，并应将原条在有效期间退还，以便向前途交涉。既不通知，又不退还原条，而裕福同现又倒号，当然要负全责。至民交给伍效高红条是一千三百元，是民的抬头，这张不是民的原条，民的红条已交给伍效高，没有什么证明。他除应赔偿民款一千三百元外，所有利息请求依照该号成例按月一分五厘计算，第一审判的六厘实不合”云云。

理由：按受任人处理委任事务，应依委任人之指示，并与处理自己事务为同一之注意。又受任人因处理委任事务有过失所生之损害，对于委任人应负赔偿之责，此在民法第五百三十五条、第五百四十四条第一项，已有明白规定。本件上诉人受被上诉人委任，交与向裕福同赵元贞所出兑款红条，上诉人业已承认，则所应审究者，即兑款红条究为一千三百元抑为一千一百元，及上诉人应否负损害赔偿责任是也。本院查上诉人所呈兑款红条为一千一百元，被上诉人虽坚执为一千三百元，但未就其举出有利于己之事实，提出确切之证据以证明实为一千三百元，则上诉人所呈红条载“计存光洋一千一百元正，壬国历八月底比，洪江裕福同兑”，即为一千一百元之原条，已极明了。即以被上诉人在第一审提出上诉人信函载“赵元贞之存条，俟期收妥作数，再函告”，又后载“七月二十日”，又邮局图记为“二十一年七月二十一日”。查七月二十日发信，尚谓俟期收妥，则兑款期确为八月底比，更足证明被上诉人所称“系六月底比”为不实在，且足反证上诉人呈出之兑条为一千一百元，系属原条，尤无疑义。惟查上诉人受被上诉人委任，向裕福同赵元贞兑款，持有兑条，即到期未将兑款收获，乃不将原条即时退还，显见并未与处理自己事务为同一之注意，以致延至数年之久，而裕福同又复倒闭，被上诉人受此重大损害，应认为重大过失，而负损害赔偿之责任。上诉人徒以款未兑获及未受任何报酬，主张不负责任，显非有理。至上诉人应否赔偿利息一节，查被上诉人对于红条一方既未收获兑款，而于恒兴益一方所负之债务连同利息，一并为恒兴益所扣除，则上诉人除赔偿原本外，应赔偿其利息之损失，以昭平允。而其利率应如何计算，按民法第二百零二条载，应付利息之债务，其利率未经约定，亦无法律可据者，周年利率为百分之五。查上诉人对于应付赔偿利息，既未经约定，依上开法条，自应给付周年百分之五。又利息起算期日，查原条载“壬（按即二十一年）国历八月底比”依一般商场惯例，即为九月五日，即应自二十一年九月五日起算，原审判为照年六厘计算给付，而又未明定计算期日，殊嫌无据。

综上论结，本件上诉一部为有理由，一部为无理由，依民事诉讼法第四百四十六条第一项、第四百四十七条、第八十七条第二项、第七十九条，判决如主文。

中华民国二十五年九月□日

贵州高等法院民事庭

审判长推事　傅启奎　印

推事　鲍方汜　印

推事　庄　敬　印

本件上诉期间为二十日，当事人如有不服，应于上诉期间内提出上诉状于本院。

上件证明与原件无异。

书记官　刘德铭

中华民国二十五年九月□日

18 贵州高等法院民事判决二十五年又上字第一六号

上 诉 人:杨绍虞,年四十六岁,天柱县人。

杨昌年,年二十六岁,住同上。

被上诉人:欧阳大坤,年未详,天柱县人。

欧阳大英,年住同上。

上列当事人间,因请求确认不动产所有权事件,上诉人对于中华民国二十五年三月二十八日贵阳地方法院第二审判决,提起上诉,本院判决如下:

主文:原判决废弃,发回贵阳地方法院更为审判。

理由:按民事诉讼法第三审法院,应以第二审判决确定之事实为判决基础,故第三审无审理事实之职权。若因原审判决基础事实欠缺职权上应尽之能事,以致事实关系未臻明了,不能不认为有发回更审之原因。又法院许当事人声请一造辩论而为判决,须不到场之当事人已于相当时期受有合法之传唤者为限,方能适用。反之,如不到场之当事人未予相当时期受合法之传唤,法院应用以裁定驳回其到场当事人之声请,并延展辩论期日,民事诉讼法第四百七十三条第一项、第三百八十六条第一款定有明文。本件两造因请求确认不动产所有权事件,上诉人对于贵阳地方法院所为审理一造之判决,提起上诉到院,本院查核原卷,原法院于二十四年八月九日开庭审理,定期后饬吏票传,据吏报称“上诉人并未来省”等语,是上诉人并未于相当期内受有合法之传唤。依照上开说明,原法院即应以裁定驳回被上诉人之声请,并延展辩论期日,另行传唤,不能适用一造辩论而为判决之规定,至极明了,乃原法院不加审慎,遽予为一造判决,定难谓为已尽职权之能事，以致事实关系未臻明了，自应认为有发回更审之原因，上诉人提起上诉，不能谓无理由。

据上论结，本件上诉为有理由，依民事诉讼法第四百七十四条第一项、第四百七十五条第一项判决如主文。

贵州高等法院民庭

审判长推事　傅启奎　印

推事　庄　敬　印

推事　鲍方汜　印

上正本证明与原本无异。

书记官　刘德铭

中华民国二十五年九月□日

19 贵州高等法院民事判决二十五年上字第五〇号

上 诉 人：葛德容，年二十八岁，住贵阳三山路，无业。

辅 佐 人：罗时徽，律师。

被上诉人：夏玉书，年三十岁，住贵阳火药局，业商。

上列当事人因婚姻及生活费事件，上诉人对于中华民国二十五年六月十五日贵阳地方法院第一审判决提起上诉，被上诉人亦提起附带上诉，本院判决如下：

主文：原判决关于赡养费部分变更。被上诉人应补给上诉人生活教养等费法币一百元。本审诉讼费用由上诉人负担十分之八，被上诉人负担十分之二。

事实：上诉人请求废弃原判关于赡养费及驳回其余之诉部分，改判被上诉人给赡养费一千元，子女生活费二千元及返还款项、金饰、书画、皮衣等物。其陈述要旨略谓"民国十九年废历七月，夏玉书请黄李氏、杜管氏二人作媒，与氏订婚。十月十六日，双方在都司桥举行旧式结婚礼，结婚时有多数宾客在场，并由玉书书立抚养字据，愿抚养氏前夫之子女，有抚养字可凭。其后氏生二女，长女名元元，次女兆祥已夭亡。二十三年，玉书在遵义任检查所所员，遂与晏淑祥姘识，去年一同来省寄居旅馆。玉书对于氏之衣食，遂完全不管，只有约隔十几天到家里来一下就去了，直到现在均未在家里住过。殊玉书伪造离婚字据，并刻氏名章，盖在字据上，谓已与氏离婚，氏又得一千元的生活费，并谓氏在公安局所领李淮瀛赎房及还来之五百五十元，是玉书拨给氏收之生活费。查李淮瀛之房，虽系玉书之名得当，但系氏之银得当。至借款一百元亦系氏之款，且系氏之名义出借，何能谓此款系玉书所有拨归氏收作生活费。现在氏亦愿与玉书离婚，元元氏亦愿抚养监护，惟请求判给氏生活费一千元及子女生活费二千元。又氏先后交有一千六百元与玉书，其中之六百元系交由玉书借给张仲甫，有张仲甫可质。氏之金手钏一对、戒指四对，亦经玉书先后得去，有金店包票可证。又氏之字画、古扇，经玉书命白修灿携去，有白修灿可质。又有皮衫二件，玉书得均请逐一追还”等语，提出抚养字包票作证。

被上诉人请求驳回上诉人之上诉，并将附带上诉请求废弃，原判关于赡养费部分。其陈述要旨略谓“民国十九年，民与葛德容姘识，虽经往来数载，但未结婚。葛德容谓十九年十月与民在贵阳结婚，殊是时民正在印江差次，有委状及令文可以证明。二十三年民至遵义工作，即与葛德容断绝关系。去年八月转省，葛德容又时来寻滋闹，民不得已，始经亲友调解，由民给葛德容一千元作其生活费及女孩之教养、抚养、嫁奁费用，并先经葛德容亲书调解成立之字据，交民为据。至十二月十一日，始经项鹏、黄继虞、马伯英、阎继华等，在其姐尹葛氏家书立协议解除婚姻契约，将字据书就后，因葛德容携有名章，始经其亲盖名章，故未盖指印，当由民将得当李淮瀛房契一张，计载当价四百五十元；借约一张，载洋一百元，交由项鹏转交葛德容，直接向李淮瀛收取。此外，又交现款三百八十元及拨由黄继虞兑交之短期兑条七十元，足成一千元之数，亦经项鹏转交葛德容收清，有项鹏及黄继虞等可质，嗣后并曾登报声明。而李淮瀛之典价及借款，因先与民在公安局为赎业涉讼，当由民请公安局准将典价及借款交与葛德容具领，有公安局卷宗可以考查。殊葛德容至今年又起诉请求扶养，希图翻异，而原审竟认解除婚姻契约未经成立，判民再补偿葛德容三百元，实不甘服。至葛德容谓民得去其款一千六百元、金手钏、戒指及字画、古扇、皮衣等物，全属虚构，原审予以驳回，实无不当，请驳回其上诉”等语，提出调解成立字据、解除婚姻字据、委任状、令文、报纸等作证。

理由：本案关于离婚及监护元元部分，双方均无争议，应勿庸议。兹所应解决者，即被上诉人应给上诉人之生活费及元元等之教养、嫁奁以及上诉人请求被上诉人返还款项、金饰及字画、古扇、皮衣等件，有无理由，是已。关于生活及教养等费部分，查双方曾于民国十九年结婚，有媒人黄李氏、杜管氏之证言可以证明。该被上诉人虽提出委任状、令文等件，以证明订婚及结婚时正在印江差次，但不能证明是时并未来贵阳，被上诉人以此为未经结婚之理由，主张不应给付生活等费，自非正当。惟查当事人互相让步，以终止争执或防争执发生，而合法成立和解契约，有使当事人抛弃之权利消灭，及使当事人取得和解契约所订明权利之效力，已经最高法院着为判例（二十四年度上字第一二一四号判例）。本件双方所成立之解除婚姻契约，虽因约内记明以盖指印为契约成立之方式，而双方仅系盖章，并未盖指印，于约定方式稍有不符，究非必要之点，即不能认为契约未经成立。而双方确经亲友调解，由被上诉人给上诉人洋一千元作上诉人生活费，及女孩元元之教养、嫁奁费，不惟有上诉人之姐尹葛氏在贵阳地方法院检察处之证言，及项鹏、马伯英、阎继华等在本院之证言可证，且有上诉人所书调解成立之字据可凭，则双方已经和解成立，实无可疑。上诉人虽谓此项证据系被上诉人所假造，但经本院核对，上诉人当庭所书字迹，其姿势、间架均属一致，亦不能任其否认。双方本于成议而订立解除婚姻之契约，并已由被上诉人将现款三百八十元、兑条七十元交项鹏转交上诉人。又以得当李淮瀛房屋之当契，计当价四百五十元，李淮瀛借约，计载洋一百元，仍交由项鹏转交上诉人，在公安局领取，以足一千元之数。又有项鹏、马伯英、阎继华等之证言及公安局卷宗可以证明，则双方已经协议离婚，并已照约履行，备极显然。故解除婚姻契约，上诉人虽以未盖指印否认成立，并谓未经调解，亦无订约及收款一千元情事，显属借词翻异。惟查被上诉人所交李淮瀛之当契及借约，据上诉人供系其私有之款所当所借，实非夏之款等语。查当契系用被上诉人之名，又上诉人已经承认，该上诉人既无证据以证明当价系其所私有，自应认为被上诉人所有。至李淮瀛之借约，查阅公安局卷宗，李淮瀛领回借约之领条，于借约一张之旁，证明“郭（葛）德容”字样，则上诉人谓系其名义出借，自属可信。此项债务自应认上诉人之私款，不能由被上诉人以之充生活、教养等费之一部，被上诉人依和解应给上诉人一千元，除已付九百元外，应补一百元，以昭公允。原审误认借款一百元为被上诉人之款，至命被上诉人补偿上诉人三百元，均有未当，应予变更。上诉人请求被上诉人给付生活费一千元、教养费二千元，均难认为有理由。至上诉人请求返还款项、金饰、字画、古扇、皮衣部分，查款项中之六百元，据上诉人供系二十二年交与被上诉人借给张仲甫，经本院传质张仲甫，据称今年始于夏玉书认识，并未向夏玉书借款等语，则上诉人之主张自难认为实在。此外之一千元及金饰、皮衣等，上诉人并未提出证据，以资证明，依法亦难认为实在。上诉人虽提出金店之包票以证明有金饰，不能证明已将金饰交与被上诉人，自不能认为有证据力。至字画、古扇等件，上诉人所举证人白修灿又因住所不明，无从传质。此外，又无其他证据以资证明，依法亦难认为实在，原审将其请求驳回，尚无不合，此部分上诉亦难认为有理。

据上论结，本件上诉一部为无理由，一部为有理由，附带上诉为有理由，依民事诉讼法第四百四十六条第一项、第四百四十七条及第七十九条，判决如主文。

中华民国二十五年九月十六日

贵州高等法院民事庭

审判长推事　傅启奎　印

推事　胡天锡　印

推事　庄　敬　印

本件上诉期间为二十日，当事人如有不服，应于上诉期间内提出上诉状于本院。

上件证明与原件无异。

书记官　王锟声

中华民国二十五年九月□日

20 贵州高等法院民事判决二十五年上字第九四号

上 诉 人: 倪文兴，即开榜，年二十五岁，住贵阳黔明路五十号。

被上诉人: 罗桂二，即倪耀章，年七十岁，住贵定县城。

上列当事人间因产业及确认身份事件，上诉人等对于中华民国二十五年四月九日贵定县政府所为第一审判决提起上诉，本院判决如下:

主文: 原判决废弃。被上诉人在第一审之请求驳回。第一、二审诉讼费用由上诉人负担。

事实: 上诉人倪文兴等之上诉意旨略谓“罗桂二不是姓倪，是我家光明祖于光绪七年找来看马的，因时间久了，他假我五叔祖耀彰的名义，想来占光明祖的财产。去年因家兄死了，他就以从前偷得的印册，串通王甫宽来霸占，说他是倪光明之儿，叫倪耀章，第一审判决错误，民来上诉。至这些业事乃死者的灵魂、生者的命脉，民等当然都承认是光明祖的业事，如果不承认，在第一审也不会将契约拿来，四叔祖的房子租给别人所收的租钱，四叔祖在生时，已经声明所有的业事作祭扫之用，以后四叔祖去世，四叔祖母恐将来乏人料理，就将这些业事当在天后宫，作为修造祠堂之用。至民国九年，民等方将牛王庙脚田赎回。罗桂二系四叔祖喜欢养马，在做训导时，带在任上看马的。至光绪十七八年间，已将他赶出，现因王甫宽前在民家办丧事的时候，将印册偷去了两张，和罗桂二勾通，告到区公所，要文兴拿十几块钱给他们，文兴想他们既不是倪家子孙，为什么要钱给他们，因此罗桂二又告到县府承审员，并不查明究竟，遽予判决，民等不服，请求庭上审核，废弃第一审原判”等语。

被上诉人之答辩意旨略谓“民父光明，同治五年在贵阳候委，娶妾杨氏，六年生民。七年苗乱，杨氏就死了，民即回到贵定，后来送民读书，并且还考过武。民父在光绪二十年死后，民即出去谋衣食，那时民有三十多岁，民嫡母张氏还在世，至民国十四年才回来，他们说我不是倪光明的儿子，在县里证人些都证明我是姓倪的，如果民是看马的，决不会叫民去读书，民所争的是牛王庙脚田，每年可收四十多挑谷，请庭上维持第一审判决”等语。

理由：被上诉人是否倪光明之子，实为本件解决之关键。查本件被上诉人谓系倪光明之子，名耀章，有倪应寿之墓碑及产业印册可凭，王甫宽之证言可证。查被上诉人倪应寿之墓碑载有“耀章”字样，以与上诉人等提出倪应寿之墓碑比较，耀章之章字系此“彰”字，但查两碑文字及字之大小、笔迹等项，全符合。又查上诉人等所呈之墓碑耀彰之“彰”字，系与煊、彬、晖三字均匀排列，而被上诉人提出之墓碑，其耀章之章字与彬字距离较宽，而章字又较瘦长。据此考查，则上诉人谓被上诉人系将彰字三撇掩去所拓之碑文，自属可信。[被]上诉人谓名为倪耀章，以此碑文证明其系倪光明之子，显属不实。而王甫宽之供述，虽谓被上诉人系倪光明之子，但其年龄小被上诉人十余岁，何从知被上诉人系光明之妾杨氏所生，其证言亦难置信。至产业印册两页，虽在被上诉人手中，然亦不足证明被上诉人系光明之子，是被上诉人主张之事实，并无相当之证明，已难认为实在。况据被上诉人供“倪光明系同治五年在贵阳候补时纳杨氏为妾，六年生民，七年杨氏即死”等语，证人王甫宽亦大致相同，但查倪光明系同治四年入学，同治六年十月初十日始行补廪，有上诉人等提出倪光明之贡照、廪照可凭，则上诉人所称“光明于同治五年，在贵阳候补娶其生母杨氏为妾”之语，显不实在。又查倪光明及其妻何氏之墓碑并无被上诉人之名，均系载耀奎等字样，该被上诉人于民国十四年即已转家，并云年年均至坟上祭扫。该被上诉人果系光明之子，何以不予追究，而光明之田业虽已当出，但尚有三房间，系由上诉人族中经管，租与他人居住。该被上诉人经济既不充裕，于民国十四年转家后，何以不收回居住或收取租金。据此种种考查，被上诉人谓系光明之子，殊难置信。该被上诉人既不能认为光明之子，则光明之遗产自不能过问。原审以揣想之词，推定被上诉人为倪光明之子，将光明所有遗产判为被上诉人继承管理，自有未当，应将原判决废弃，驳回被上诉人第一审之请求。

据上论结，本件上诉为有理由，依民事诉讼法第四百四十七条、第七十八条判决如主文。

中华民国二十五年九月二十九日

贵州高等法院民事庭

审判长推事　傅启奎　印

推事　丁　珩　印

推事　鲍方汜　印

本件上诉期间为二十日，当事人如有不服，应于上诉期间内提出上诉状于本院。

上件证明与原件无异。

书记官　刘德铭

中华民国二十五年九月□日

21 贵州高等法院民事判决二十五年上字第一四二号

上　诉　人： 全福兴号，开设于贵阳广东路。
　　　　　　德厚福号，开设于贵阳南京路。

诉讼代理人： 刘　淦，律师。

被 上 诉 人： 陈凤阶，年未详，贵阳县人。
　　　　　　陈念夷，年四十六岁，贵阳县人。
　　　　　　陈渔沧，年五十三岁，同上。
　　　　　　陶让虞，年六十一岁，同上。
　　　　　　于子勤，年五十三岁，同上。

诉讼代理人： 王　敉，律师。

上列当事人间，因请求偿还事件，上诉人等对于中华民国二十五年五月三十日贵阳地方法院第一审判决，提起上诉，本院判决如下：

主文： 上诉驳回。本审诉讼费用由上诉人负担。

事实： 上诉人提起上诉，请求废弃原判决，判令被上诉人等五人负连带责任。其陈述要旨略谓“商等于二十一年八月存到萃丰商号洋三千元一纸，限期九月半期，二千元一纸，九月底比期，均到期，拖延未付。不久该号停业，号东五人清算账目，商车幹甫（即全福兴号主人）从场结算，对于票款均云结清付还，嗣后如何结算，亦未深悉，屡次催问，仍以未结清为辞。当起诉之前，经友好夏少琪、双芷澄二人调和，亦无结果，有二人之信可证。殊彼等昧心，否认合伙，由陈凤阶一人承认独资经营，彼等虽将萃丰簿据缴出，对于内账概不呈缴，只交往来总登及流水，抽割不全，何能为证？查商号内账，必须制备。原审不查，亦不发交商会审查，迳据陈凤阶之承认而为判决。该凤阶并无资力，令彼一人承担，商等胜诉而无执行之可能。况商等所持之票，系陈念夷盖章，而陈凤阶自供为其代理，原判亦认为[属]实，亦不究其盖章之形式上有无代理或经手字样。如该号非彼等伙开，票面应著(注)明经手或代理字样，不能于立票之末，迳行盖章，足见伙贸不虚，故退一步言之，即其他三人不负责任，而陈念夷既经盖章票内，不能不负责任。原判于念夷之责，亦为剔除，实属不合。商等心不甘服”等语。

被上诉人等提出答辩，其陈诉要旨略谓“民凤阶独资开设萃丰，并无其他伙友，后因出门，请堂弟陈念夷代为经理。至萃丰之失败，由于民将特货运至洪江，受意外之损失，其给付之不能，实为债务人意料所不及，自应不负责任。且票据自立票之日起，经过三年，依法即失效力。况票本无给付之可能，更谈不上利息，原判令民负偿还本利责任，实有不服。民之上诉，虽因未缴审判费，致被驳回，民仍提起附带上诉，等语。至民念夷系以弟兄关系，与凤阶所开之萃丰，始有存款往来，载于萃丰簿内，足见并非股东，故当萃丰歇业之时，尚欠民有尾数，立有结单，交民收执为凭。票面虽盖有民之章，不过因民兄凤阶出外，请民代为经理，暂代一时，所有收交，设法应付，俟渠转省，自行料理。是民只有代理行为，并无何等责任，其利害关系仍应凤阶本人负责。又民渔沧、让虞、子勤三人与萃丰，亦仅有存款往来关系。二十一年年终，该号倒闭，尚欠民等有尾数，均各立有账单可凭，而萃丰账簿亦有记载，足见与该号更无合伙关系。原判判令凤阶一人负责偿还责任，认民念夷、渔沧、让虞、子勤四人不负责任，并无不合”等语。

理由：按事实之认定，应凭证据，而证据之搜集，除法院因确定诉讼关系，须尽职权内应为之能事外，当事人就其有利于已之主张，应负举证之责任，故其所主张之事实，若并无证据或虽有证据而不能证明其主张事实之存在者，则法院衡情认定该当事人主张之非真正，自无不当。又经理人为有为商号管理事务及为其签名之权利之人，就其权限为商号出立票据，应由商号负责，经理人不自负票据上之责任，此经最高法院二十二年上字第一七二号及第二七九号着为判例。本件关于债务之实在，已为不争之事实。兹所应解决者，即上诉人等主张此项债务，应由被上诉人等负连带偿还责任，有无理由，是也。关于此点，又当以萃丰商号为被上诉人陈凤阶独资经营，抑为被上诉人五人合伙开设，以为断。查合伙虽非要式行[为]，不必订立书据，然亦须有其他事实足以证明其合伙关系之存在，始能认为合伙。本件萃丰商号为被上诉人陈凤阶独资经营，已据该陈凤阶及其诉讼代理人于第一审及本院当庭供认属实，此种不利于己之自认，依法自可采为判断基础。而被上诉人陈念夷、陈渔沧、陶让虞、于子勤四人，与萃丰商号，仅因存款关系之往来，并据提出被上诉人陈凤阶于十八年开设萃丰时，所立往来总登及流水簿据，以资证明。及二十一年萃丰歇业。又各立有结账单据，交陈念夷等四人收执，是萃丰为被上诉人陈凤阶一人所开设，被上诉人陈念夷等四人并非伙友。被上诉人等一方，既有相当之证明。上诉人主张为合伙开设，并未提出确切之证据，以资证明。又无其他足以证明其合伙关系存在之事实，以供佐证，徒以空言攻击被上诉人陈凤阶之簿据为抽割不全，且谓其有内账，殊无理由。又上诉人谓"当萃丰停业，被上诉人等结账之时，该全福兴之主人车斡甫在场，知萃丰为五人开设"等语。如果属实，上诉人何不于即时提出偿还之请求，乃竟迄至今日，始行主张，已殊不近人情。至上诉人谓双方未起诉之先，经友好夏少琪、双芷澄和解，并无结果，有二人之信件为证一节，查和解既无结果，则夏、双二人之信函纵令属实，亦无证明力之可言。上诉人以此为证，亦非正当。再被上诉人陈念夷一人，于存款票内之萃丰字号立票之下，盖有一章，已据被上诉人陈凤阶供称，因贸易出门，请被上诉人陈念夷代为经理。而被上诉人陈念夷之非伙友，既有账簿账单可以证明，已如前述，则被上诉人陈念夷之代为经理萃丰商号，即有代其主人签名之权利，是其为萃丰商号所出票据，仍应由该商号负责，并无疑义。上诉人乃谓退一步言之，即令被上诉人陈渔沧、陶让虞、于子勤不负责任，被上诉人陈念夷既经盖章，亦应与被上诉人陈凤阶共同负责，亦不足采。据此观察，是被上诉人等主张萃丰之非合伙开设，既有相当之证据，而上诉人对于有利于己之事实，并不提出何项确切之事实及证据，以资证明。原判判令此项债务应由被上诉人陈凤阶一人负偿还本利之责，并无不合。上诉人等徒以空言攻击原判之不当，殊无理由。再被上诉人陈凤阶之诉讼代理人当庭附带上诉一节，核系曾于上诉期间内提起上诉所主张者，因逾期不缴审判费用，经本院裁定予以驳回。既未据提起抗告，依法即属确定，兹仍以同一事由附带上诉，本院应不予审究。据上论结，本件上诉为无理由，依民事诉讼[法]第四百四十六条第一项、第七十八条判决如主文。

中华民国二十五年十月十七日

贵州高等法院民事庭

审判长推事　傅启奎

推事　鲍方汜

推事　丁　珩

本件上诉期间为二十日，上诉状应提出于本院。

上件证明与原本无异。

书记官

中华民国二十五年十一月□日

22 贵州高等法院民事判决二十五年上字第一六九号

上　诉　人：江方氏，年未详，住贵阳县蔡家房。

诉讼代理人：刘　淦，律师。

被 上 诉 人：胡月仙，年二十岁，住贵阳南明路。

上列当事人间，请求撤销婚姻事件，上诉人对于中华民国二十五年八月十八日，贵阳地方法院第一审判决提起上诉，本院判决如下：

主文：上诉驳回。本审诉讼费用，由上诉人负担。

事实：上诉人上诉要旨略谓"氏子江运闿已娶令狐氏为妻，去年复私行在贵阳与胡月仙成婚，此种婚姻实不合法。氏系运闿之母，特以胡月仙为被告起诉，请求撤销胡月仙之婚姻，殊原法院谓氏非利害关系人，将氏之诉驳回，实不甘服，请求原判决废弃，将胡月仙之婚姻撤销"等语。

被上诉人答辩要旨略谓"江运闿已娶令狐氏为妻，复与氏结婚，固不合法，但江方氏非利害关系人，不能请求撤销婚姻，且不能以氏一人为被告，原法院将其诉驳回实无不合，请求将其上诉驳回"等语。

理由：按由第三人提起撤销婚姻之诉，应以夫妻为共同被告，否则，系当事人适格，有所欠缺，法院应以裁定驳回其诉，民事诉讼法第五百六十五条第二项、第二百四十九条第六款定有明文。本件上诉人请求撤销被上诉人与江运闿之婚姻，仅以被上诉人一人为被告，依照上开说明，自应认为被告不适格。原判决理由虽有未当，但其驳回上诉人之诉尚无不合，上诉人提起上诉，仍难认为有理由。

据上论结，本件上诉为无理由，依民事诉讼法第四百四十六条、第七十八条，判决如主文。

中华民国二十五年十月二十日

贵州高等法院民事庭

审判长推事　傅启奎（印）

推事　庄　敬（印）

推事　鲍方汜（印）

本件上诉期间为二十日，当事人如有不服，应于上诉期间内提出上诉状于本院。

上件证明与原本无异。

书记官

中华民国二十五年十一月□日

23 贵州高等法院民事判决二十五年上字第一七六号

上　诉　人：江运闾，年未详，住贵阳县禹门路。

江方氏，年未详，住同右，江运闾之母。

诉讼代理人：刘　淦，律师。

被 上 诉 人：胡月仙，年二十岁，住贵阳县南明路。

诉讼代理人：罗时辙，律师。

上列当事人间，请求撤销婚姻事件，上诉人对于中华民国二十五年八月十八日，贵阳地方法院第一审判决提起上诉，本院判决如下：

主文：原判决废弃，发回贵阳地方法院更为审判。

事实：上诉人上诉要旨略谓“运闾之住所，系在桐梓县，胡月仙请求撤销运闾与胡月仙之婚姻，应专属桐梓县政府管辖，原法院受理裁判实不合法。况原法院对于本案，并未依法传唤，运闾因未受合法之传唤，未得到庭辩论，原法院遂予判决，诉讼程序实有重大之瑕疵，亦应请将原判决废弃，发回原法院更为审判”等语。

理由：本案解决之点有二：（一）原法院对于本案有无管辖权。（二）上诉人在原法院是否受有合法传唤，本案应否发回原法院，是也。关于第一点，查上诉人之诉讼代理人江方氏即上诉人之母，核阅江方氏与被上诉人撤销婚姻事件卷宗，江方氏之起诉状内载有“氏子运闾与胡月仙私行在外成婚，氏母得知其事，饬其来家共居（指贵阳之家）”“氏最近由桐梓归来，适来家寻闹”等语。据此考查，则上诉人之家已移住于贵阳，实属显然。上诉人之住所地既在贵阳，则原法院对于本件诉讼自有管辖权。上诉人谓本件诉讼应属桐梓县政府管辖，殊非有理。关于第二点，核阅原卷，原法院定期于二十五年六月十一日辩论，并未传唤上诉人到庭辩论，上诉人亦未到庭，被上诉人于辩论期日声请由其一造辩论而为判决，并以上诉人有隐匿不到情事，声请准将传票公示送达，原法院予以准许后，即于六月十二日将上诉人之传票公示送达，但此后并未开庭辩论，遽［依］被上诉人一人于六月十一日之辩论，予以判决。查上诉人系住贵阳禹门路，并非送达之处所不明，原法院不于上诉人之住所为送达，遽准被上诉人之声请为公示送达，于法已属不合。即令延展辩论之新期日，已经被上诉人一造辩论，依民事诉讼法第三百八十六条第一款之规定，亦不应准许被上诉人一造辩论而为判决，殊原法院将传票公示送达后，并未开庭辩论，即贸然予以判决，于法尤属违背。原法院之诉讼程序，实属有重大之瑕疵，上诉人请求废弃原判决，将本件发回原法院更为审判，以维持审级之利益，不能谓无理由。

据上论结，本件上诉为有理由，依民事诉讼法第四百四十八条第一项、第四百五十条，判决如主文。

中华民国二十五年十月二十一日

贵阳高等法院民事庭

审判长推事　傅启奎　印

推事　庄　敬　印

推事　鲍方汜　印

本件上诉期间为二十日，提出上诉状之法院为本院。

上件证明与原本无异。

书记官

中华民国二十五年十一月□日

24 贵州高等法院民事判决二十五年上字第一三四号

上　诉　人：庞张氏，年二十三岁，住贵阳县九道坎，无业。

诉讼代理人：项　鹏，律师。

被 上 诉 人：庞子凤，年五十一岁，住贵阳县中华路，业商。

诉讼代理人：刘　淦，律师。

上列当事人间，请求给付生活费用及交还奁物事件，上诉人对于中华民国二十五年七月三日，贵阳地方法院第一审判决提起上诉，本院判决如下：

主文：原判决关于被上诉人应给上诉人之生活费用，着自二十五年六月二十二日起算，其已到期之生活费用并准假执行。其他之上诉及附带上诉均驳回。本审诉讼费用由上诉人负担十分之七，被上诉人负担十分之三。

事实：上诉人上诉要旨略谓“二十四年四月初十日，氏凭媒张李氏夫妇，嫁与庞子凤为妻，有结婚像可凭。氏与子凤之住房系在子凤所开凤祥银楼之楼上，因氏育孕，不便生产，子凤始另佃九道坎任姓房屋居住。今年二月十七日，即在任姓房内生一小孩，至阴历四月十八，子凤谓将回湖北，命氏迁回银楼。十九日，氏即命人将木器箱子等件搬回银楼，殊氏正在任姓房内照拂搬床之际，子凤即将氏衣柜箱子内之物完全掳去，并谓氏系重婚。经交涉不谐，氏始仍住任姓房屋内，子凤不惟不将氏之木器、衣物等件交还，对氏之生活亦置之不顾，氏始起诉于原法院。原法院虽判令子凤按月给付氏抚养费五十元，但氏有一小孩、一乳母，月给五十元，实不敷用。子凤系凤祥银楼之主人，资本在四五万元以上，并非资力薄弱者可比，请求增加抚养费为按月一百元，并请求宣告假执行，以维生活至扶养之起算日期，原审并未确定，请判令自阴历四月十九日起算。又氏被掳之衣物及木器等件，原判仅谓‘如果为氏所持有之物，而子凤实已搜去，应即如数返还’等语。究竟所持之物及子凤搜去之物系属何物，原判并未裁判，请求一并补充判命子凤照氏所开清单交还”等语，并呈出结婚像片一张，以为证明。

被上诉人答辩及附带上诉要旨略谓“去年民接庞张氏时，仪节甚属简单，仅请有客一桌，与庞张氏合照一像，殊张氏尚有夫陆子芳在，陆子芳并来信恐吓，民实受张氏之诈欺，后因张氏烧毁民之衣被，街邻恐发生火灾，勒令迁移。民始佃九道坎房屋与张氏居住，按月供给食用。张氏平空吵闹，索钱不休，双方曾迭次抓打。民正诉请判张氏之重婚罪，张氏反诉请判民负担扶养费。原法院不查，竟判民按月给付扶养费五十元，不知据何理由。窃查凤祥银楼系民与杨雨生、刘玉芳等合伙开设，资本仅有五千元。民在银楼内经理，月仅支薪二十元，何能负按月五十元之抚养费？张氏复上诉增加为一百元，尤无理由，况民与张氏之婚姻不合法，民已诉请撤销，自不应再负担张氏之生活费用，应请将原判予以废弃，驳回张氏之请求。至张氏并无何项奁物，其所开清单内之木器，亦系银楼之物。至所有金饰仍在张氏手中，民实无物可以交还，请一并予以驳回”等语，并提出创业合同为证。

理由：本件经原法院判决后，当事人两造均提起上诉，被上诉人上诉部分因逾限不缴审判费，经本院裁定驳回上诉后，被上诉人并未提起抗告，则被上诉人之上诉部分，依法即属确定。兹被上诉人仍以上诉所主张之事由提起附带上诉，显不合法，应先予以驳回。次查，上诉人上诉部分关于家庭生活费用，上诉人主张增加为一百元之理由，不外谓“被上诉人系凤祥银楼之主人，其资本在四五万元以，上诉人有一子、一乳母，每月五十元实不足以资生活”等语。查凤祥银楼系被上诉人与杨雨生等合伙开设，非被上诉人独有经营，其资本仅有五千元，被上诉人有其所执凤祥银楼之创业合同足证，则上诉人之主张，已难认为实在。退步言之，即令凤祥银楼系被上诉人一人所开设，然以贵阳之生活程度而论，该被上诉人与一子、一乳母三人每月给予五十元之家庭生活费用，实亦足以敷用。原判判令按月给付五十元，尚无不当。上诉人请求增加为一百元，殊嫌过奢。惟查民法于夫妻相互间之扶养义务并无规定，而被上诉人所给上诉人之费用，系属其所应负担之家庭生活费用，原判误称为扶养费，于法不合，应予更正。又上诉人起诉以后，被上诉人即未给予家庭生活费用，已为被上诉人所供认，该被上诉人虽谓上诉人常在银楼内取去油盐等物，亦未提出证据以资证明，则被上诉人应给上诉人之家庭生活费用，自应自上诉人起诉之日（即本年六月二十二日）起算，原判未予以明白记明，亦嫌疏略。又此项费用应否宣告假执行一节，查此项费用既系家庭生活之必需费用，自与扶养费用相类似，其已到期之部分，实有宣示假执行之必要。上诉人请求宣告假执行，不能谓无理由。至关于交还奁物部分，查原判主文栏内，并未记载其理由，栏内亦仅载“如果为原告（指上诉人）所持有之物，而经被告（指被上诉人）搜去，应即如数返还”等语，究竟上诉人所持有之物及被上诉人搜去之物系属何物，原判并未裁判，本院自不能越级予以审究。本件系属请求给付家庭生活费用之诉讼，依法亦不能于第二审合并请求，上诉人请求并予裁判，于法亦属不合，自应予以驳回。

据上论结，本件上诉一部为有理由，一部为无理由，依民事诉讼法第四百四十五条第一项、第四百四十六条及第七十九条，判决如主文。

中华民国二十五年十月三十一日

贵阳高等法院民事庭

审判长推事　傅启奎　印

推事　庄　敬　印

推事　丁　珩　印

上件证明与原本无异。

本件上诉期间为二十日，提出上诉状之法院为本院。

书记官

中华民国二十五年十一月□日

25 贵州高等法院民事判决二十六年上字第二六八号

上　诉　人: 谢化之,年未详,贵阳县人。

上诉代理人: 谢鹤龄,年四十岁,住同右,谢化之之弟。

被 上 诉 人: 聂泽之,年三十岁,贵阳县人。

诉讼代理人: 聂张氏,年三十岁,住同右,聂泽之之妻。

上列当事人间,因请求偿还债务事件,上诉人对于中华民国二十五年十月十七日贵阳地方法院第一审判决提起上诉,本院判决如下:

主文: 原判决废弃,被上诉人第一审之请求驳回。第二审诉讼费用,由被上诉人负担。

事实: 上诉人提起上诉,请求废弃原判决,将被上诉人第一审之请求驳回。其陈述要旨略谓“聂泽之存有一千元在我们铺里,继因生意不好,请集各债权人会议议决摊成分还,先还五成,其余之五成,过五年起每一年还一成,停止利息,当时聂泽之是同意的。后来在同苍药房,经凭夏雨澄、郭志澄还聂泽之现款五百元,并立分期偿还二百五十元之期条一张,聂泽之只揭还存条五张,尚有三百元之一张,未揭此三百元是在一千元存款内,已经议决分期偿还。现在实无能对,原判决实不合法,是以提起上诉”等语。

被上诉人答辩意旨略谓“民之存款先后共一千三百元,利息是有簿子的。他请客,民完全不知道。钱是陆陆续续存的,这三百元,有个别性。谢化之还民五百元,是说其余五百元,陆续偿还,其先还五百元之款,是在同苍药房还的。若三百元是在一千元之内,就应该叫民出个三百元期条作证。现在请饬他还民这三百元就了清手续,他就不得该民的什么钱了”等语。

理由: 本案解决之点,即被上诉人请求偿之存款三百元,是否在一千元分期偿还之内是也。关于此点，上诉人主张被上诉人存款为一千元，经众决议，先还五成，其余五成，五年后一年还一成，被上诉人业经同意，以及在同苍药房还被上诉人五百元，被上诉人不将三百元之一张存条揭还，等语。核与证人夏雨澄、郭志澄之供述，均属相符。是上诉人所称此三百元存款，即在一千元之内，既有相当之证明，自应认为属实。而被上诉人仅既收过五百元，乃在本院庭供，如果上诉人再还此三百元即了清手续，已属自相矛盾，不足凭信。况查所称此三百元在一千元之外一节，并不能提出五年后分期偿还之期条五百元，以证明此三百元实在一千元之外，乃竟持此以为请求即时偿还之根据，亦难认为有理由。原法院并不考查，判令上诉人偿还被上诉人存款三百元，并自二十五年七月起照认利息，至执行终结之日为止，而置分期偿还之议决于不顾，匆怪上诉人之不服也。上诉人提起上诉，自应认为有理由。

据上论结，本件上诉为有理由，依民事诉讼法第四百四十七条，第八十七条第二项，第七十八条，判决如主文。

中华民国二十六年元月十五日

审判长推事　鲍方汜

推事　庄　敬

推事　丁　珩

书记官　王锟声

中华民国二十六年元月十八日

26 贵州高等法院民事判决二十六年上字第一八六号

上 诉 人：曾乐山，年四十五岁，定番县人。

被上诉人：黄学盛，年六十岁，住同上。

黄云先，年三十五岁，住同右，黄学盛之子。

上列当事人间，因请确认不动产所有权事件，上诉人对于中华民国二十五年八月十四日定番县政府第一审判决，提起上诉，本院判决如下：

主文：上诉驳回。本审诉讼费用由上诉人负担。

事实：本件事实，核与原第一审判决事实项下，所摘述者无异，依民事诉讼法第四百五十一条之规定，引用之。

理由：本件上诉人得买吴海之之业，先当与被上诉人黄云先，而黄云先亦愿赎取与上诉人，已为不争之事实。兹所应解决者，即上诉人得买之业，系在墙内，抑在墙外，是也。本院查墙内园圃全型，为上诉人家之所有。被上诉人既有契据可凭，即上诉人亦谓该园圃为被上诉人之所有，不过谓其所买之业，一幅系在墙内，有草房数间，为被上诉人所折毁，另行打墙，等语。查此种称述如果属实，上诉人于当折毁之时，既不出而申明异议，迄今始行主张，已属不足凭信。即上诉人所提出之证据，又不能得确实之证明，其主张自难认为属实。况查上诉人在本院庭称“所买之业，上以厕所，下以转角为界”之语，核与上诉人契内所载相符，则上诉人所买之业，显在墙外而非墙内，明矣。且经原县审讯之时，已据该处邻证彭麟书及附近住居年久之人证明，上诉人所买吴海之之业（即园圃地基），即上诉人现在新立瓦房之处，其有业内本有草房四间，实因筑路被折（撤）。至所争墙内地基，确为被上诉人家之所有，等语，尤足证明上诉人所买之业，实属墙外之地，更无疑义。原县判决并无不合，上诉人提起上诉殊无理由。据上论结，本件上诉为无理由，依民事诉讼法第四百四十六条第一项、第七十八条，判决如主文。

中华民国二十六年元月二十六日

贵州高等法院民事庭

审判长推事　傅启奎

推事　庄　敬

推事　鲍方汜

上件证明与原本无异。

书记官　王锟声

中华民国二十六年元月三十日

27 贵州高等法院民事判决二十六年上字第三五八号

上 诉 人: 顾赵氏,年六十一岁,住贵阳县箭道街。

辅 佐 人: 罗时辙,律师。

被上诉人: 顾老六,年五十岁,住贵阳县箭道街。

顾老四,年未详,住贵阳县王宽寨。

顾小么,年三十八岁,住同上。

上列当事人间,请求分析膳田及膳谷事件,上诉人对于中华民国二十五年十一月五日贵阳地方法院第一审判决,提起上诉,本院判决如下:

主文: 原判决关于长冲养膳田作祭祀之用及诉讼费用部分,废弃。诉争顾李氏长冲养膳田,应准顾赵氏与顾老四、顾老六、顾小么平均分析承受。顾赵氏其余之上诉驳回。第一、二审诉讼费用,由两造平均负担。

事实: 上诉人上诉要旨略谓"氏先姑顾李氏在时,系由氏及被上诉人等每家奉养七日。顾李氏所有长冲养膳田一份,每年收花三石,向系氏经手存放。民国七年,氏移居省城,即将膳田及积谷三十五石,移交顾老六料理,有陈炳全眼见,可以证明。迄今将及二十年,均系顾老六经管。民国二十三年,顾李氏亡故,顾老四、顾老六、顾小么将膳谷吞没。又私将膳田抵徐姓洋一百五十元,并不使氏知道。历年所收膳谷,亦不清算。特起诉请求命顾老六将氏所移交之膳谷,及历年所收膳谷交出来分析。至膳田亦请求由氏与顾老四、顾老六、顾小么四股平分。殊原法院竟谓,氏愿将养膳田作为祭祀之用,膳谷已经顾李氏用完,实不甘服,请将原判决废弃,另外判决"等语。

被上诉人答辩要旨略谓"顾赵氏之夫毛狗,系民顾老四、顾老六之长兄，顾小么之大伯。长兄在时，诉争膳田及契约，概归长兄经管。长兄故后，即系顾赵氏经管。长兄在时，曾私将此田当票银五十两，嗣经民等凑银赎回，交顾李氏收花谷，作为零用。至顾李氏之生活，即由民等三家轮流奉养，顾赵氏并未奉养。二十三年顾李氏身故，民等始将膳田当洋一百五十元，作为丧葬之费，旋经民等共同赎回，以作春秋祭祀之用。此项膳田，年仅收谷二三石，约售银十元左右，仅能敷顾李氏之零用。顾赵氏谓'民国七年交谷三十五石与顾老六，民国七年以后亦系顾老六经管'，均系捏造事实。至膳田，固应由顾赵氏与民等四股均分，但应由顾赵氏还出典银五十两，并由膳田内扣除丧葬费一百五十元，始能四股平分"等语。

理由：本件诉争顾李氏长冲养膳田一份，应由上诉人顾赵氏与被上诉人顾老四、顾老六、顾小么平均分驳承受，双方已无争执。惟被上诉人等主张，上诉人之夫顾毛狗在时，曾将此业当获银五十两，后经被上诉人等共同赎回，顾李氏故后，被上诉人等曾将此业当获洋一百五十元，作丧葬费，旋经被上诉人赎回，故应由上诉人还出银五十两，并在养膳田内扣除一百五十元，始能平均分析。惟赎回之当契均已焚毁，等语。而上诉人则极端否认有此种事实。查上诉人之夫毛狗是否确将诉争养膳田当获银五十两，既无赎田之当契可以证明，又不能赶当主到庭作证，而当业时之中人，又据称已经忘却，徒以空言争执，自难认为实在。至此项养膳田，既属上诉人与被上诉人等公同共有之业，则对于此业之处分，依法非得公同共有人全体之同意，不得为之。被上诉人等出当此业，既未取得上诉人之同意，自非适法。被上诉人等主张由此业内扣除当价一百五十元，再四股平分，殊非有理（顾李氏之丧葬费，应如何负担，非本案争点，应不予审究）。上诉人请求无条件分析，不能谓无理由。原法院认上诉人已当庭表示愿以此业作为祭祀之用，而笔录内又无此项记载，殊无根据，应将原判关于此部分废弃，此业仍由两造四股平均分析承受。次查膳谷部分，上诉人主张民国七年曾交膳谷三十五石，给被上诉人顾老六经管，虽举出陈炳全作证，但经本院传陈炳全到庭质讯，其所称上诉人移交膳谷情形，又与上诉人之供述完全矛盾，其所为证言，自难予采取。至谓"民国七年以后，由顾老六经理膳田,保存膳谷"一节,亦无丝毫证据,以资证明,则上诉人之主张,已难置信。况盾(质)诸被上诉人顾小么据称,顾李氏系由被上诉人三家轮流奉养,其养膳田系佃与他人耕种,每年所收租谷,可售洋十元左右,系由顾李氏收作零用,并未由何人代为管理,等语。按诸人情,亦属近理。据此考查,愈足证上诉人之主张为不实。原法院将上诉人此部之请求驳回,尚无不当,上诉人提起上诉,殊无理由。

据上论结,本件上诉一部为有理由,一部为无理由,依民事诉讼法第四百四十六条第一项、第四百四十七条及第七十九条,判决如主文。

中华民国二十六年二月三日

贵州高等法院民事庭

审判长推事　傅启奎　印

推事　庄　敬　印

推事　鲍方汜　印

本件(件)上诉期间为二十日,提出上诉状之法院为本院。

上件证明与原本无异。

书记官

中华民国二十六年二月□日

28 贵州高等法院民事判决二十六年上字第三七二号

上　诉　人: 王培仁，年五十岁，贵定县人。

诉讼代理人: 项　鹏，律师。

被 上 诉 人: 黄万兴，年未详，贵定县人。

黄东山，年住同上。

上列当事人间，因请求确认典权事件，上诉人对于中华民国二十五年十二月十二日贵定县政府第一审判决，提起上诉，本院判决如下:

主文: 原判决废弃。已故黄学友与黄培仁得典陆兆麟之水碾，应归王培仁一人使用收益。第一、二审诉讼费用，由被上诉人等负担。

事实: 上诉人提起上诉，请求废弃原判，判令已故黄学友与上诉人得典陆兆麟之水碾，归上诉人一人使用收益。其陈述要旨略谓“已故黄学友，向民商同，伙当陆兆麒之水碾，价一百二十元。学友之一半，仅交定银一元，其余无出，立券向民借大洋五十元，交付陆姓，尚欠九元，亦由民代付。由陆姓于当契上批明‘为学友与民二人同当，学友借民之洋，行息二分半，以水碾一半作抵’。殊学友于去岁七月病故，其兄黄万兴、黄东山故意不理，与民算账，民持出借券及代付九元当价证明。经贵定第一区区公所理论，赶业主陆姓到区作证，区长叶芸田及乡长王昆权、罗幼齐等剖令，将学友所当之一半水碾，合并归民一人管理，由民将借券交给黄东山焚毁，所有民代付之九元及五十元之利息，劝东山给黄氏吃亏，等大洋二十元，[1]安葬学友，议妥，区长令将借券及大洋二十元交由区转交，并将借券焚毁，于二十五年九月九日，令书记于当契批明‘民与学友所合伙当之碾房，于民国二十五年

① 疑似脱漏多字。

七月二十四日，因学友病故，由民补出黄姓得当之半价，交与学友之兄黄万兴、黄东山二人，埋葬学友，此碾房一并归民管理，黄姓无份，日后陆姓直接向民赎取，不与黄姓相干’等语，并加盖第一区公所图记，在区了结月余，黄姓听人刁唆，往霸水碾，民告诉于公安局及县政府，审判官不将区公所所批之字看明，而将水碾判为黄王二姓合当，不知何所根据，并断令黄姓还民洋五十元，且谓学友借民五十元债务之时，当以谷十二石作抵，判民退还，不知学友有谷十二石，可以即时出售，何反向民借洋。至于黄姓借民之五十元及利息，已经断作水碾半价，民亦不能再向黄姓求价也，何劳判还”等语。

被上诉人迟误言词辩论期日，并未提出答辩。

理由：本件被上诉人已于相当时期，受本院合法之传唤，及至言词辩论期日，竟迟误不到。兹据上诉人之诉讼代理人，当庭请求一造辩论，而为判决，依民事诉讼法第三百八十五条第一项之规定，应予准许，特此说明于此。

本件上诉人先与已故黄学友，共同伙典陆兆麟之水碾，其时黄学友因无钱交付一半之典价，尚与上诉人立券借得大洋五十元，一并交付陆姓，由陆姓于典契内批明“黄王二人得当”，已为双方所承认之事实，自应勿庸予以审究。兹将应解决者，即上诉人主张，此项伙典之水碾，因黄学友对于五十元之本银及利息并未偿还，故黄学友死后，被上诉人等为黄学友之兄，经凭贵定第一区区长理剖，令上诉人将借券退还，并补被上诉人等二十元，以作安埋黄学友之用费，双方允许调解，上诉人即将借券及洋二十元付给被上诉人等，故由区公所批明，此项水碾一并归上诉人管理，黄姓无份，日后陆姓直接向上诉人赎取，不与黄姓相干，是否属实，是也。如果属实，自系业经调解允协之件，无论何造，均不能再行翻异。本院查核典契内经贵定县第一区区公所，于调解允协之后，批载明白，并盖有区公所之图记，与上诉人之主张者，实相符合。是黄学友得典之一半水碾，已于调解允协之时，由上诉退还五十元之借券，及给付二十元之数，与被上诉人等，而生移转为上诉人一人之所得典之效力，当然由上诉人一人占有，而有使用收益之权，被上诉人等即不能从后再行翻异。原第一审并不查明调解情形，竟判令此项水碾仍为黄王二姓共同得典，实属错误，并认被上诉人等所称黄学友向上诉人借五十元债务之时，曾以谷十二石作抵之言为真实，判令被上诉人等偿还上诉人洋五十元，上诉人退还被上诉人等谷十二石，殊无根据。上诉人不服，提起上诉，请求废弃，应认为有理由。至上诉人所称，系争水碾原审并未据当事人之请求，予以查封，此种处分，自属违法，请求本院一并裁判一节，本院查核原卷，对于查封水碾，并无若何之记载，自不能认为有所处分，即无庸予以裁判之必要，上诉人此项请求，应勿庸议。

据上论结，本件上诉为有理由，依民事诉讼法第四百四十七条、第八十七条第二项、第七十八条，判决如主文。

中华民国二十六年三月四日

贵州高等法院民事庭

审判长推事　鲍方汜　印

推事　庄　敬　印

推事　丁　珩　印

上件证明与原本无异。

书记官　王锟声

中华民国二十六年三月四日

29 贵州高等法院民事判决二十六年上字第三四七号

上　诉　人：马龙渊，年二十五岁，清镇县人，住猫坡。

马龙涛，年未详，同上。

马饶氏，年四十五岁，同上。

诉讼代理人：熊永龙，律师

被上诉人即附带上诉人：马何氏即王何氏，年三十六岁，清镇县人，住猫坡。

马素华，年九岁，籍住同居(上)，马何氏之女。

诉讼代理人：项　鹏，律师。

上列当事人间，因继承遗产事件，上诉人对于中华民国二十五年不计日期清镇县政府第一审判决提起上诉，本院判决如下：

主文：原判决关于“马何氏有他故时，得由马素华全部继承”部分废弃。上诉人等之上诉驳回。本判决诉讼费用，上诉人等负担。

事实：上诉人等求为废弃原判决，其上诉要旨略谓“民之嫡堂叔仅文富(按马炳清)、文贵、文学三人，贵、学皆不幸早逝，而又乏嗣。文富又于民国二十一年阴六历月二十七日物故，仅遗溺妹素华一人，所有文富等三房产业均在叔婶何氏手中。乃何氏不安于室，听信媒人喻云先之言，公然招赘无恶不作之王树清上门，是何氏既已再醮，照习惯言，已有下堂不是母之成例；依照法律言，再醮之妇根本上已无享受前夫家产之权利。县判谓马炳清遗产部分，由何氏及素华平均继承，实属失平违法，请求撤销原判，另为适当之判决。所有马炳清产业，请判令民弟兄中择一人及妹素华平均继承，至素华尚未成年，并由民等监护”云云。

被上诉人之答辩，其陈述要旨略谓“氏夫马炳清于民国二十一年六月二十七日亡故，遗下三岁的儿子和女素华，但不久儿子就死了。我家同马龙渊们产业是早分清白，丈夫遗产，每年约收谷子几十挑，包谷二十石。所有的契据，氏管存丈夫遗产的契纸。因前年马饶氏估着[①]要氏招周昆上门，我不愿意，才招王树清的。在招王树清上门的那天，一放爆竹敬神，马龙渊就带起人背起枪来打我，我就在县政府去告诉。至王树清虽名誉上招为丈夫，实际因马龙渊打闹，就未成事实，现在我还是姓马。对于原判决，我是服的。但是原判决说‘我有他故时，得由素华全部继承’一点，所谓他故，或是我死，或是再嫁了，但我已不愿再嫁，这一点我要提起附带上诉。至马龙涛想过继丈夫为嗣子，我不愿意，遗产要由母女继承”云云。

理由：按妻依民法第一一四四条，继承夫之遗产，即属妻之所有，带产出嫁并无何种限制。又宗祧继承为新民法所不采。故在民法继存编施行后，告争立嗣，除继承开始在该编实行前者，仍应适用其当时之法律外，其余概不得为宗祧继承之主张。如有借宗祧以争遗产，即应专就遗产之部分予以审判，均经司法院先后着为释例。本件除被上诉人之女马素华，继承已故马炳清遗产部分，为上诉人等所不争，应无勿庸议外，兹应审究者，即上诉人等主张以为马龙涛继承马炳清为嗣子，及继承其遗产，是否合法。既（即）马何氏能否继承马炳清遗产，及其继承有无限制，数者是已。本院查马炳清亡故于民国二十一年，其继承开始即在民法继承编施行以后（民国二十年五月五日），自不得为宗祧继承之主张。上诉人等主张以马龙涛继承马炳清为嗣，已不合法。而马龙涛对于马炳清系同曾祖之从堂侄，即为六亲等之旁系血亲卑亲属，亦不在民法第一千一百三十八条各款所定遗产继承之列，乃上诉人亦以此为主张，欲与马素华平均继承马炳清遗产，尤属不合。至上诉人以被上诉人招赘王树清上门，为再醮之妇，否认继承其故夫马炳清之遗产，查被上诉人为马炳清之妻，当其夫死亡继承开始后，依民法第一千一百四十四条之规定，及（即）有继承其夫遗产之权利。苟非有民法第一千一百四十五条各款事情之一，究不能由任何人主张其丧失继承权。

① “估着”为地方俗语，意思是强蛮、强迫。

原审判决被上诉人与其女马素华平均继承马炳清遗产，自无不合。上诉人之上诉，应认为无理由。惟原判决对于被上诉人有他故时，得由马素华全部继承一节，查被上诉人依法（民法第一一四四条）继承马炳清之遗产，其遗产继承之一部，当然属于被上诉人之所有。姑无论被上诉人现在之招赘或将来之再醮，是否成为事实，依上开释例，自无何种限制。乃原审还依民法第一千一百二十三条第二款，认为特留分，谓如原告有她故时，得由马素华全部继承，殊属不当。被上诉人附带上诉尚非无理。

据上论结，本件上诉认为无理由。被上诉人附带上诉认为有理由，依民事诉讼法第四百四十六条第一项、第四百四十七条、第七十八条判决如主文。

中华民国二十六年三月六日

贵州高等法院民庭

审判长推事　傅启奎

推事　丁　珩

推事　庄　敬

上件证明与原本无异。

书记官　王琨声

中华民国二十六年三月十七日

30 贵州高等法院民事判决二十六年上字第三四九号

上　诉　人：李吉昌，年三十岁，住贵阳金井街一四号。

诉讼代理人：周　勋，年五十七岁，住同上。

被 上 诉 人：福音堂。

代　表　人：吉后安，年未详，住贵阳金井街一五号。

龙金声，年四十岁，住同上。

李金华，年六十岁，住同上。

诉讼代理人：罗时辙，律师。

上列当事人间，因请求确认土地所有权事件，上诉人对于中华民国二十五年十一月六日贵阳地方法院第一审判决提起上诉，本院判决如下：

主文：上诉驳回。本审诉讼费用，由上诉人负担。

事实：上诉人陈述要旨略谓"民得买之房屋，其后面是抵余姓房，有契据为凭。至民国十八年，余姓始将房屋卖与福音堂。我们争讼的就是民房后之巷道，此巷道原是一条沟，此沟是接民房檐之滴水，显是民之所有权，与福音堂无关系。民对于此沟，因恐人倾跌，才用石板盖起，原审认沟为巷，实属错误。福音堂谓民之契是伪造，但此契民曾抵与本街袁德清，在原审始经袁德清提出，何伪造之有。原判决实不合法，请撤销，另判归民"等语。

被上诉人之答辩要旨略谓"诉争地在福音堂房屋右方，李吉昌屋后，福音堂得买之房屋，其右方系抵余李二姓房，有契可凭。书契时，李吉昌系在场，当时踏看诉争地，系在李吉昌房后外，而归福音堂厢房的出入之地，李吉昌亦无异议。福音堂得买后，李吉昌佃坐厢房，即将板壁打通，侵占诉争地，并将沟填平。李吉昌因侵占诉争地，即伪造契约以为侵占地步，如契约之字迹新鲜，纸筋未断，即所盖之印亦有油气，均可证明。原审判归福音堂管理，实无不合，请驳回李吉昌之上诉”等语。

理由：按外国教会在中华民国领土内为传教所必需，得许其租用土地及租买房屋。故《内地外国教会租用土地房屋暂行章程》施行前，外国教会已占有之土地及房屋，倘其土地系属绝买者，以永租权论，已于该章程第六条定有明文。依此规定，则在该章程施行后，只能许其租用土地，租买房屋，尤属不能绝买，此为当然之解释。本件福音堂于民国十八年十月十七日，买置贵阳金井街余姓土地房屋。此项绝买契约，无论是否为传教之所必需，核与外国教会租用土地房屋暂行章程规定，显有不符，其绝买契约应认为租赁契约。原法院认为所有权之争执，实属错误，应予纠正，特先说明于此。

本件两造争诉金井街巷道，据被上诉人所呈买置契据，考查契内已注明“右抵余李二姓房”字样，足以证明此项巷道系属于被上诉人所买余姓房屋之内，并非上诉人所有。盖此项巷道如为上诉人所有，则当日福音堂买业时，上诉人既系在场作中，何不申述异议，书明为抵上诉人所有之巷道。迄今始行主张，殊无理由。又查上诉人提出买业契据，既未书明巷道在内，自不能认此巷道为其所有。而原法院推事亲临履勘，上诉人又系将本已板壁打通，由外面以木板钉好，原砌石脚且系与上诉人房屋柱头齐平，尤足证明上诉人显属越界妄争。据此而论，是系争巷道，自属在福音堂租赁范围以内，原法院判令，上诉人退出，归被上诉人管理，尚无不合。上诉人提起上诉殊无理由，应予驳回。

据上论结，本件上诉，为无理由，依民事诉讼法第四百四十六条第一项，第七十八条，判决如主文。

中华民国二十六年三月二十六日

贵州高等法院民事庭
审判长推事　傅启奎
推事　鲍方汜
推事　丁　珩

上件证明与原本无异。

中华民国二十六年四月一日

31 贵州高等法院民事判决二十六年上字第四一九号

上　诉　人：周佑仁，年三十岁，遵义县人

诉讼代理人：熊永龙，律师。

被 上 诉 人：周石氏，年二十八岁，遵义县人，周佑仁之妻。

上列当时人间，因请求增加别居生活费用及教养费用事件，上诉人对于中华民国二十五年十二月十六日遵义地方法院第一审判决提起上诉，本院判决于下：

主文：上诉驳回。本审诉讼费用由上诉人负担。

事实：本件事实，核与第一审判决事实项下所摘述者无异，依民事诉讼法第四百五十一条之规定引用之。

理由：本件被上诉人于原法院之起诉状内，虽有请求判令“上诉人拨田补充，使氏母子衣食无缺，或直依法判其离异，使氏母子生活有费”之语。然当其到庭弁（辩）论，又仅请求增加别居之生活费用及其子之教养费用，自应以供述为准。是其离异之主张，显已抛弃。原法院仅就请求增加别居之生活费用，及其子之教养费用，加以裁判，并无不合。兹上诉人乃以被上诉人于起诉状，既有离异之请求，原法院不予判令离异，以为攻击原判之论据，殊无理由。又上诉人在本院庭称，被上诉人有“毒害其姐妹，以及吸烟、不理家事”等语，请求判令离婚一节，无论纯系空言，不足为据。退步言之，即令属实，并非民法第一千零五十二条所定情形，旦（且）系未经告诉有案，尤不能以之为请求离婚之理由。至被上诉人尚有一子，于民国二十年别居之时，上诉人所给与生活及抚育费用之田业，既仅出谷十二石，现值生活程度日渐增高，其子文宗今仅八岁，一切教养抚育在在需钱，以致原给

十二石之数不足敷用，请求增加，自为有理。上诉人既有田业五十余石（上诉人在原法院及本院所自供），复具生活能力，原法院斟酌情形，判令上诉人按年给付被上诉人母子别居之生活养育费用净谷二十石，并无不当。上诉人提起上诉诉，殊无理由。

据上论结，本件上诉，为无理由，依民事诉讼法第四百四十六条第一项，第七十八条，判决如主文。

中华民国二十六年三月三十日

贵州高等法院民庭

审判长推事　傅启奎　印

推事　庄　敬　印

推事　鲍方汜　印

本件上诉期间为二十日，上诉状应提出于本院。

上正本证明与原本无异。

书记官　王琨声

中华民国二十六年四月五日

32 贵州高等法院民事裁定二十六年声字第□号

声请人：陈龙氏，年未详，住都匀县三区陈家寨。

上声请人因与陈阿欠田业涉讼事件，于中华民国二十六年元月二十五日本院裁定驳回上诉后，声请回复原状，本院裁定如下：

主文：声请驳回。声请涉讼费用，由声请人负担。

理由：按当事人得以声请回复原状者，必以迟误法定不变期间为限，民事诉讼法第一百六十四条第一项，已定有明文。本件声请人前以不服都匀县政府第一审判决，向本院提起上诉，业经本院以其逾期未缴纳审判费用，认其上诉为不合法，以裁定驳回在案。是其所迟误者，系属裁定期间，并非法定不变期间，依上说明，自无声请回复原状之可言。乃声请人竟以"路途遥远，被匪抢劫"等情，声请回复原状，显与声请回复原状之要件不合，应予驳回，并依民事诉讼法第九十五条、第七十八条，裁定如主文。

中华民国二十六年三月十六日

贵州高等法院民事庭

审判长推事　傅启奎　印

推事　鲍方汜　印

推事　丁　珩　印

上正本证明与原本无异。

书记官

中华民国二十六年三月□日

33 贵州高等法院民事裁定二十六年抗告字第二八号

抗告人：莫汝清，年三十二岁，住沙子硝上水。

上抗告人因与莫起明确认不动产所有权事件，抗告人对于中华民国二十六年三月五日本院所为之裁定，提起抗告，本院裁定如下：

主文：抗告驳回。抗告诉讼费用，由抗告人负担。

理由：按关于财产权之诉讼，其价的之金额或价额，不逾五百元者，其第二审法院所为之裁定，不得抗告，民事诉讼法第四百八十一条，已有明文。查本件诉争价的价额，系在五百元以下，依照上开法例，对于本院所为裁定，自不得提起抗告。本件抗告，应认为不合法，予以驳回。再迟误不变的［期］间者，始得声请回复原状，民事诉讼因（法）第一百六十四条第一项，定有明文。本院送达补正审判费之裁定，最初虽误送与罗时辙律师，该罗时辙曾于送达收证内赘载“代，限两星期呈缴”字，但该抗告人在本院并未委［托］罗时辙为诉讼代理人，则该罗时辙所为一切行为，依法亦属无效，合并示明。

据上论结，本件抗告为无理由，依民事诉讼法第四百八十七条第二项、第九十五条、第七十八条，裁定如主文。

中华民国二十六年三月二十二日

贵州高等法院民事庭

审判长推事　傅启奎

推事　鲍方汜

推事　丁　珩

上正本证明与原本无异。

书记官　胡淑周

中华民国二十六年三月二十日

34 贵州高等法院民事判决二十六年上字第二〇九号

上 诉 人：官文英，年三十岁，住遵义县第二区半坎。

被上诉人：周占奎，年十八岁，已结婚，住遵义县第二区半坎。

上列当事人间，确认不动产所有权事件（原判误为经界事件），上诉人对于中华民国二十五年十月十三日遵义地方法院第一审判决，提起上诉，本院判决如下：

主文：原判决关于后山湾之田土部分，废弃，余仍维持其效力。诉争拐枣树坪田即后山湾田土十一丘，仍应归上诉人所有。本审诉讼费用，由被上诉人负担。

事实：上诉人声明求为如主文之判决，其陈述要旨略谓"民国十八年，民父得买周杨氏所有拐枣树坪田全份，计十四丘，园子田三丘及其他田土柴林屋宇等处，书契后，即约同中人、地邻等临田栽石椿为界。自十八年以后，均系民家耕种管理。在民国十八年以前，亦系周杨氏家管业，周占奎家均无异议。殊至民国二十五年，周占奎谓拐枣树坪田及园子田，系其所有，霸占耕种收花。民起诉请求确认为民所有，而原法院仅判园子田及拐枣树坪田之四丘，归民所有。至拐枣树坪田，其余之十一丘，竟依周占奎之主张，谓为后山湾之田土，不判归民所有，实不甘服"等语，提出卖契一张，并举出代笔人冉起文（即冉绪康）、栽椿之地邻向少模作证。

被上诉人求声明为驳回上诉人之判决，其陈述要旨略谓"官文英得买周杨氏之拐枣树坪，仅有四丘。至连界之十一丘，名曰后山湾，系民家所有。民家之契据，已因匪劫遗失，在民国十八年以前，民家系佃与陈洪章、杨永章等耕种，惟洪章、永章均已亡故。十八年以后，官文英买业栽椿时，即将民后山湾田土划在其界内，并佃与向吉廷耕种。因民母甚忠厚，民年又幼小，故未经理。原法院将此十一丘田，判归民所有，实无不合，请将官文英之上诉驳回”等语。

理由：本件关于园子田三丘，及拐枣树坪田之四丘，归上诉人所有，双方均无争执，应勿庸议。兹所应解决者，即被上诉人所称后山湾之田十一丘，是否亦在上诉人之拐枣树坪田范围年内，是已。查上诉人所呈卖契，拐枣树坪田，虽无丘数，但经本院传代笔人冉启文及栽椿时之地邻向少模，到庭质讯，据称“诉争田业十一丘，均在枣树坪田范围内，并非名后山湾，栽界时亦系划在界内，在官文英得买前，亦系周杨氏耕种”等语，则诉争之业，已足认为上诉人所有。况被上诉人既不能提出丝毫证据，以证明系其所有。虽据称民国十八年以前，系佃与陈洪章、杨永章耕种，而洪章、永章人已亡故，不能证明其曾经管业。民国十八年以后，上诉人耕管五六年之久，该上诉人家又未有何项异议，则被上诉人主张系其所有，殊无根据。上诉人请求确认为其所有，即不能认为为无理由，原法院将上诉人请求驳回，殊有未当，应予废弃。

据上论结，本件上诉为有理由，依民事诉讼法第四十七条、第七十八条，判决如主文。

中华民国二十六年二月九日

贵州高等法院民事庭

审判长推事　傅启奎

推事　鲍方汜

推事　丁　珩

上正本证明与原本无异。

书记官　胡仿周

中华民国二十六年二月十八日

35 贵州高等法院民事判决二十六年上字第三七二号

上　诉　人：王培仁，年五十岁，贵定县人。

诉讼代理人：项　鹏，律师。

被 上 诉 人：黄万兴，年未详，贵定县人。

黄东山，年住同上。

上列当事人间，因请求确认典权事件，上诉人对于中华民国二十五年十二月十二日贵定县政府第一审判决，提起上诉，本院判决如下：

主文：原判决废弃。已故黄学友与黄培仁得典陆兆麟之水碾，应归王培仁一人使用收益。第一、二审诉讼费用，由被上诉人等负担。

事实：上诉人提起上诉，请求废弃原判，判令已故黄学友与上诉人得典陆兆麟之水碾，归上诉人一人使用收益。其陈述要旨略谓“已故黄学友，向民商同，伙当陆兆麒之水碾，价一百二十元。学友之一半，仅交定银一元，其余无出，立券向民借大洋五十元，交付陆姓，尚欠九元，亦由民代付。由陆姓于当契上批明‘为学友与民二人同当，学友借民之洋，行息二分半，以水碾一半作抵’。殊学友于去岁七月病故，其兄黄万兴、黄东山故意不理，与民算账，民持出借券及代付九元当价证明。经贵定第一区区公所理论，赶业主陆姓到区作证，区长叶芝田及乡长王昆权、罗幼齐等剖令，将学友所当之一半水碾，合并归民一人管理，由民将借券交给黄东山焚毁，所有民代付之九元及五十元之利息，劝民吃亏，给黄东山等大洋二十元，安葬学友，议妥后，区长令民将借券及大洋二十元交由区转交，并将借券焚毁，于二十五年九月九日，令书记于当契批明‘民与学友所合伙当之碾房，于民国二十五年七月二十四日，因学友病故，由民补出黄姓得当之半价，交与学友之兄黄万兴、黄东山二人,埋葬学友,此碾房一并归民管理,黄姓无份,日后陆姓直接向民赎取,不与黄姓相干'等语,并加盖第一区公所图记,在区了结月余,黄姓听人刀(挑)唆往霸水碾,民告诉于公安局及县政府,审判官不将区公所所批之字看明,而将水碾判为黄、王二姓合当,不知何所根据,并断令黄姓还民洋五十元,并谓学友借民五十元债务之时,当以谷十二石作抵,判民退还,不知学友有谷十二石,可以即时出售,何反向民借洋。至于黄姓借民之五十元及利息,已经断作水碾半价,民亦不能再向黄姓求价也,何劳判还"等语。

被上诉人迟误言词辩论期日,并求(未)提出答辩。

理由:本件被上诉人已于相当时期,受本院合法之传唤,及至言词辩论期日,竟迟误不到。兹据上诉人之诉讼代理人,当庭请求一造辩论,而为判决,依民事诉讼法第三百八十五条第一项之规定,应予准许,特此说明于此。

本件上诉人先与已故黄学友,共同伙典陆兆麟之水碾,其时黄学友因无钱交付之典价,与上诉人立券借得大洋五十元,一并交付陆姓,由陆姓于典契内批明"黄、王二人得当",已为双方所承认之事实,自应勿庸予以审。兹所应解决者,即上诉人主张,此项伙典之水碾,因黄学友对于五十元之本银及利息并未偿还,故黄学友死后,被上诉人等为黄学友之兄,经凭贵定第一区区长理剖,令上诉人将借券退还,并补被上诉人等二十元,以作安埋黄学友之用费,双方允许调办,上诉人即将借券及洋二十元付给被上诉人等,故由区公所批明,此项水碾一并归上诉人管理,黄姓无份,日后陆姓直接向上诉人赎取,不与黄姓相干,是否属实,是也。如果属实,自系业经调解允协之件,无论何造,均不能再行翻异。本院查该典契内经贵定县第一区区公所,于调解允协之后,批载明白,并盖有区公所之图记,与上诉人之主张者,实相符合。是黄学友得典之一半水碾,已于调解允协之时,由上诉退还五十元之借券,及给付二十元之数,与被上诉人等,而生移转为上诉人一人之所得典之效力,当然由上诉人一人占有,而有使用收益之权,被上诉人等即不能从后再行翻异。原第一审并不查明调解情形,竟判令此项水碾仍为黄、王二姓共同得典，实属错误，并认被上诉人等所称黄学友向上诉[人]借五十元债务之时，曾以谷十二石作抵之言为真实，判令被上诉人等偿还上诉人洋五十元，上诉人退还被上诉人等谷十二石，殊无根据。上诉人不服，提起上诉，请求废弃，应认为有理由。至上诉人所称，系争水碾原审并未据当事人之请求，予以查封，此种处分，自属违法，请求本院一并裁判一节，本院查核原卷，对于查封水碾，并无若何之记载，自不能认为有所处分，即无庸予以裁判之必要，上诉人此项请求，应勿庸议。

据上论结，本件上诉为有理由，依民事诉讼法第四百四十七条、第八十七条第二项、第七十八条，判决如主文。

中华民国二十六年三月四日

贵州高等法院民事庭

审判长推事　鲍方汜　印

推事　庄　敬　印

推事　丁　珩　印

上件证明与原本无异。

书记官　王锟声

中华民国二十六年三月十一日

36 贵州高等法院民事判决二十六年上字第四三二号

上 诉 人: 李正南,年三十岁,遵义县人。
被上诉人: 喻宗禄,年三十二岁,遵义县人。
喻先恒,年三十三岁,住同上。

上列当事人间,因请求确认地上权及负担修建费用事件,上诉人对于中华民国二十五年十一月三十日遵义地方法院第一审判决,提起上诉,本院判决如下:

主文: 原判决关于李正南偿还喻宗禄等修碾费用半数二十五元,及诉讼费用部分,废弃。喻宗禄等在第一审关于李正南负担修碾费用半数之部分请求,驳回。李正南其他之上诉,驳回。第一、二审诉讼费用,由两造判决负担。

事实: 上诉人提起上诉,请求废弃原判决。其陈述要旨略谓“民家于光绪四年,与黄喜顺缔约,黄姓以工资,就民家地土上建修碾房,黄、李二姓,永远培修。今喻姓竟持黄姓和约,云得转买。查地基系民家之所有权,临时结约,建修碾房,此项碾房为民家与黄姓共有之地上权物。且民家迭次出钱培修,以物权共有之规定,应得共有人之同意,喻姓不能擅买,黄姓亦无权擅卖。即令变更,亦须取得民家同意,方为合法。况民国四五年,黄姓因感觉麻烦,将碾房佃与喻姓,皆民输期经理,未几碾房工作各物,被其弟偷去,不予赔偿,遂因毁坏,迄今已十六七年,民家亦多故,喻族势强,未克追究。今喻揭出买契,谓系民国四五年间得买,不知既经得买,何不通知民家,其所称买价,前后矛盾。且喻家既买,何以十余年不过问,今始出而争论,迫民出钱建修,不但时效已经消灭,就令黄姓重修,亦当另订条约,喻并非黄姓子孙，不能妄言培修。至是否用去五十元，既未勘工，第一审何得不予考查，判民与喻姓出资二十元同修，民心不甘服”等语。

被上诉人答辩意旨略谓“光绪年间，黄、李二姓合修碾房一间，李出地基，黄出银钱及一切材料，立约为据，一年一家轮管。民国乙卯年，黄姓父子亡故，其媳及孙即将此碾半股出售，先尽李姓不要，始卖与民，民家得买之后，仍照黄李合约，履行轮流，享受二十余年无异。前岁因‘共匪’经过，将其碾损坏，去岁民约李姓同力修理，而李不张，民一力主修，将近完工，李见有利益，即来阻霸，欲独享其权，民向遵义地方法院具诉，传讯后，判令二家仍照合约履行，又令李负担修理费一半二十五元，民自判后，修理完工，共去洋一百三十三元，是为合约所载二家应负担者，并非假捏”等语。

理由：本件关于最初李姓出地基，黄姓出银钱，修建水碾一间，以后一家轮管一年，已为两造不争之事实。兹所解决者，即被上诉人等对于黄姓出资所修碾房，其得买是否属实，以及上诉人主张应将土地收回是否合法，并被上诉人第一审请求判令上诉人负担一半修理费用，有无理由，是也。本院查被上诉人于向黄姓得买碾房后，与上诉人家照约轮管，已至八九年之久，事为上诉人所承认，则被上诉人之为得买，既有买契可凭，自应认为实在。被上诉人等对于此项碾房，当然有地上权，上诉人乃指为系属得佃，殊难置信。至上诉人主张收回土地一节，查地上权不因工作物之灭失而消灭，民法物权编第八百四十一条已有明文规定。是此项水碾，无论损坏之时间，究为何时，而被上诉人等对于所有之地上权，并不因之而消灭，而约内又载“李姓不得追泽（撤字之误）碾房”之语，此时被上诉人出资修建，仍系照合约办理，当无不合。乃上诉人以既经损坏，不能重修为理由，主张收回土地所有权，自非正当。原法院判令两造仍照合约共同分碾，尚无不当。上诉人此部分上诉，殊非有理。惟查关于培修费用，合约既定明“须数十年之后，如有损坏，始由两造共同出资补修”。查光绪四年至今仅五十八年，自应认为尚在数十年之内，上诉人不应负担修理费用，应由被上诉人等之一方，出资修理，此为当然之解释。原法院判令上诉人负担修碾费用之一半，其见解不免错误，应由本院将原判决关于此部分及诉讼费用部分废弃，另为适法之判决。上诉人此部分上诉，应认为有理由。

据上论结，本件上诉一部分为有理由，一部分为无理由，依民事诉讼法第四百四十六条第一项、第四百四十七条、第八十七条第二项、第七十九条，判决如主文。

中华民国二十六年三月二十二日

贵州高等法院民庭

审判长推事　傅启奎　印

推事　鲍方汜　印

推事　丁　珩　印

上正本证明与原本无异。

书记官

中华民国二十六年四月□日

37 贵州高等法院民事判决二十六年上字第四四二号

上 诉 人：晏东华，年二十岁，住遵义县乾溪沟。

被上诉人：晏东奎，年三十七岁，住遵义县乾溪沟。

晏东权，年未详，住同上。

上列当事人间，因水利事件，上诉人对于中华民国二十五年十二月十四日遵义地方法院第一审判决，提起上诉，本院判决如下：

主文：原判决废弃。上诉人于得诉外人晏香泉、晏敏之同意后，得于被上诉人等河底下水碾之水沟，原设水车处，修复水车，引水灌田。前项修复之水车，身高不得过市尺伍尺，其水笆篑（即车叶子）之宽度，不得过水沟宽度之一半。第一、二审诉讼费用，由两造平均负担。

事实：上诉人声明求为废弃原判决，准其修复水车，引水灌田之判决。其陈述要旨略谓“晏东奎弟兄于遵义河底下有水碾一架，其水碾之水沟，原设有水车一个，车身约高四五尺，系民祖子春与晏东奎之祖子林所共有，车水灌养晏东奎田四块，民家田四块。民祖子春得买田业之契据载有‘其有水源溪水，车半把灌救，由晏姓碾房栽椿过枧，由老水沟过水，又有干溪沟取水灌救’等语，可以为凭，数十年来均无异议。现在晏东奎弟兄之父晏英所分受之田，计二块，已卖与晏香泉，其余二块系其二叔晏敏分受。兹因原有水车朽坏，民商得晏香泉同意，始另行新修水车，俾便引水。殊晏东奎弟兄竟将水车损坏，不准民家引水灌田，并谓民家之田仅系干溪沟之水灌养，等语。原法院准其请求，判令将民之水车拆卸，不准安设，实不甘服”等语，提出卖契一张，及晏香泉得买晏东奎田契一张作证。

被上诉人请求为驳回上诉之判决，其陈述要旨略谓“民家河底下水碾、水沟中之水车，原系民家所有，仅水车灌水养民家之田四块，其车身仅四尺多高，水粑折（笆篑）亦甚小。民弟兄之田，虽已卖与晏香泉，但晏东华之田另有干溪沟之水灌养，不能利用此项水车。况晏东华另修之车，其车身约一两丈高，其水笆篑与水沟之水宽度相等，足以使沟水流不急，水力减少，民之水碾大受影响，原法院判令晏东华将水车折卸，不准安设，实无不合，请将其上诉驳回”等语。

理由：按水流地所有人，得自由使用公共之流水，并得因用水之必要，设置相当之工作物，但须于不妨害他人使用之限度内为之，业经最高法院着为判例。本件被上诉人河底下水碾之水沟，原设置水车以车水灌养晏香泉及晏敏之田，双方均无异议。兹所应解决者，即上诉人有无利用此项水车之权而已。查上诉人之田，虽有干溪沟之水灌养，但其因干溪沟之水不足，于得晏香泉、晏敏之同意后，利用水车车水灌养，于法自无不合。况上诉人得买田业之契据，已载明“有溪水半把（即有水车一半之意）灌救”，则上诉人之得利用水车，愈无疑义。上诉人于得晏香泉、晏敏之同意，修复此项水车，车水灌田，被上诉人自无阻止之余地。原法院判令上诉［人］将水车拆卸，不能安设，殊有未当。惟上诉人修复此项水车，依照上开法例，应以不妨害被上诉人水碾之限度为限。兹上诉人竟将水车之车身伸大为一二丈高，水笆篑之宽度，几与水沟之宽度相当，实足以使水碾所利用之水力减少，殊有未合。兹由本院酌量判令上诉人于得晏香泉、晏敏之同意后，于原安置水车处，修复水碾（车），其水车之车身，最高不得过市尺五尺，其水笆篑（即车叶子）之宽度，不得过安置水车处之水沟宽度一半，以免妨害被上诉人之水利。

据上论结，本件上诉为有理由，依民事诉讼法第四百四十七条、第八十七条、第七十九条，判决如主文。

中华民国［二］十六年四月六日

贵州高等法院民事庭

审判长推事　傅启奎　印

推事　鲍方汜　印

推事　丁　珩　印

上正本证明与原本无异。

书记官　胡仿周

中华民国二十六年四月十三日

38 贵州高等法院民事判决二十六年上字第四四三号

上　诉　人: 刘朱氏,年未详,贵阳县人。

刘树轩(即刘文卿),年四十五岁,贵阳县人。

诉讼代理人: 黄世焕,律师。

上　诉　人: 刘运贵,年四十二岁,贵阳县人。

被 上 诉 人: 即附带上诉人,刘樵宾,年四十七岁,黔西人,现住贵阳。

诉讼代理人: 熊永龙,律师。

上列当事人间,因请求赎回典业及给付欠租及租金事件,上诉人对于中华民国二十六年一月二十日贵阳地方法院第一审判决,提起上诉,被上诉人提起附带上诉,本院判决于下:

主文: 原判决关于刘运贵历年欠租及二十五年欠解租谷,应由刘朱氏、刘文卿(即刘树轩)负责解清,及诉讼费用部分,变更。刘运贵二十五年欠解刘樵宾租谷二十八石五斗,应由刘运贵直接负责解清。刘樵宾关于上开部分(除二十五年欠租部分外)在第一审之请求,及附带上诉,均驳回。刘运贵之上诉驳回。第一、二审诉讼费用,关于欠租部分,由刘运贵负担,关于赎业部分由刘樵宾负担。

事实: 上诉人刘朱氏、刘树轩提起上诉,请求将原判决关于欠解租谷部分及诉讼费用部分变更。其陈述要旨略谓"缘氏因中槽司王宽寨业房屋,出当与刘樵宾期满,几经赎取,多方措勒,捏称刘树轩尚欠他租谷。查氏出当之业,系氏与子文光出名,与树轩何涉。至于历年租谷,有佃客刘运贵佃耕,与氏等无干。退一步言之,即民树轩为保人,刘运贵果有欠租情事,一年不清，应得追讨，两年不清，应得拨佃另安，何得于氏赎回典业时，始云刘运贵有欠租。况刘樵宾在原审供称‘刘运贵并无欠租’，今奉判决，判令刘运贵历年欠租，应由氏与树轩负责，于法于理不合，实不甘服。至丁卯年之租花，氏家亦未曾收得，房屋既系在当业内，既有六十石租谷，以作利息，尤不给付租金”等语。

上诉人刘运贵之上诉，其陈述要旨略谓“民讨刘樵宾当业耕种，历年租谷，均系解清与刘樵宾。二十年以前，并无欠租。原判认为民历年欠解租谷，实不近情。至于二十五年之租谷，民已解三十一石五斗，其余二十八石五斗，尚未解清。因此业刘文光分些去种，是以尚有刘文光所种者未解。且因年岁不好，故未解清”等语。

被上诉人刘樵宾之答辩及附带上诉，其陈述要旨略谓“原判决载刘运贵历年欠解民租花，折合五百三十四元，二十五年欠租二十八石五斗。原法院固系照民收租簿核算，刘朱氏、刘文卿（即刘树轩）不惟无反证明，且已当庭承认属实。原法院判决，并无不合，应请驳回上诉。第民系丙寅年（即民国十五年）得当其业，值九月收获时间。丁卯年之花，系刘树轩家收去，而民收花系自十七年起，故丁卯欠花，亦于收租簿内记明。原法院乃竟漏未判及，至（致）民损失一年租花，此应附带上诉者一。又原判谓民主张房屋、园圃、山林、租谷一节，事前既无约定，又无相当证明，认为不实，尤有未当。盖因房屋园圃山林既当与民，而伊母子并未迁出，应给民相当租。原判决未免左袒，此应提起附带上诉者二。又原判决判令典业准其赎取，亟应将刘运贵欠解民之租花，负责解清后，始能回赎，原判虽分别判决，而未明白叙及，此应附带上诉者三”等语。

理由：查本件关于被上诉人在原法院提起之反诉，系以刘朱氏、刘文先、刘文卿、刘运贵为共同被告，请求追缴历年积久租花房租。是刘运贵亦系本件之当事人，乃原法院判决当事人栏内，竟将刘运贵之名漏，未列载。兹据刘运贵于二十六年三月六日，在本院所递诉状，虽误称为“辩诉”字样，但查既系对于原判表示不服，自应认为上诉人，而将原判决关于漏列之点，先予纠正。

查本件应行解决之点，即上诉人刘朱氏、刘树轩主张对于刘运贵欠租部分，及诉讼费用部分不负责任，有无理由，及被上诉人即附带上诉人（以下称被上诉人）刘樵宾主张，对于赎取典业，须上诉人等将其欠解租谷及租金解清，始予赎取，是否令（合）法，是也。查上诉人刘朱氏等出当与被上诉人王宽寨之田业，系由被上诉人自行安佃与上诉人刘运贵耕种，自应由刘运贵负责，上诉人刘朱氏等自不负若何责任。被上诉人虽谓因做事在外，系由上诉人刘树轩代为管理一节，既并无何项确切之证据，以资证明，自难认为实在。而被上诉人所呈簿记，又系自行登载者，其证据力亦属薄弱。上诉人刘树轩并不承认有欠租及丁卯年收花情事。上诉人刘运贵又复在本院庭供，二十年以前租花，均系解与被上诉人，并未解与上诉人刘树轩，自不能认上诉人刘运贵历年尚有欠解租谷，应由上诉人刘树轩负责。退步言之，即令上诉人刘运贵二十年以前尚有欠租，应由上诉人刘树轩负责。上诉人刘树轩实有收及丁卯年租花情事，然自十六年起算至二十年，以迄今日，已多则十年，少亦五年以上。被上诉人既不早行诉求裁判，而租花既属利息之一种，依民法第一百二十六条之规定，被上诉人此项请求权，已因五年间不行使而消灭。被上诉人今始对于二十年以前，由丁卯年起之欠解租花，请求给付，于法自属不合。原法院不查，竟判令上诉人刘运贵二十年以前欠租，应由上诉人刘朱氏、刘树轩负解清责任，实属错误。上诉人刘朱氏、刘树轩对此部分不服，提起上诉，应认为有理由，应由本院将原判决关于此部分及诉讼费用部分予以变更，另为适法之判决。至被上诉人请求判令上诉人刘朱氏、刘树轩给付居住管理典业内之房屋、园圃、山林之租金一节，既无当日合法成立之租赁契约，以资证明，被上诉人此点请求，即属无据。况据被上诉人在本院庭供“当日得典之后，因为彼此交情甚好，所有房屋园圃仍系由上诉人刘朱氏、刘树轩居住管理，并不要他的租金，我那是要房屋，他那时謄（騰）送我”等语。是被上诉人对于房屋、园圃、山林，在当日既已表示不要租金于先，则其请求给付租金之权利自愿抛弃，尤不能于上诉人刘朱氏、刘树轩等请求赎回典业之时，再行主张于后。原法院将被上诉人关于此部分之反诉，予以驳回，尚无不当。被上诉人对于此部分犹复提起附带上诉人殊非有理。又二十五年之欠解租谷，计二十八石五斗，已据上诉人刘运贵在本院当庭供称属实。惟称此项典业，二十五年由上诉人“刘朱氏之子分种一部，故欠二十八石五斗。至于我的，已解三十一石五斗”等语。查此项典业，既系由上诉人刘运贵向被上诉人讨佃耕种，有佃约可据，是无论上诉人刘朱氏之子刘文光先（分）种之一部租谷，既未解清，自应仍由上诉人刘运贵直接负责解清责任。原法院舍此不问，一并判令由上诉人刘朱氏、刘树轩负解清责任，不无错误，亦应予以变更。再关于赎回典业部分，既经原法院判令上诉人刘朱氏等备价，向被上诉人赎取，被上诉人亦在本院当庭表示并无异议，是原法院关于此部分之判决，仍应维持其效力。被上诉人须以解清欠租为理由，始准赎取，以为攻击原判之论据，殊非正当。

据上论结，本件刘朱氏、刘树轩之上诉为有理由，依民事诉讼法第四百四十六条第一项、第四百四十七条、第八十七条第二项、第七十八条，判决如主文。

中华民国二十六年四月六日

贵州高等法院民庭

审判长推事　傅启奎

推事　鲍方汜

推事　丁　珩

本件上诉期间为二十日，诉状应提出于本院。

上件证明与原本无异。

书记官

中华民国二十六年四月十四日

39 贵州高等法院民事判决二十六年上字第一七五号

上　诉　人:周靖民,年四十一岁,贵阳人,住六硐桥。

被 上 诉 人:杨谢氏,年未详,贵阳人。

杨淑华,年二十七岁,同右,杨谢氏之女。

诉讼代理人:刘　淦,律师。

被 上 诉 人:吴冉氏,年三十岁,贵阳人。

吴腊狗,年未详,吴冉氏之子。

上列当事人间,因债务及担保债务事件,上诉人对于中华民国十九年三月十七日,及二十五年十月十四日贵阳地方法院所为第一审判决,先后提起上诉,本院判决如下:

主文:第一审民国十九年三月十七日之判决,关于利息部分废弃。第一审民国十九年三月十七日之判决,关于周靖民应偿还之本银,及二十五年十月十四日代位偿还吴梓石本银之部分,变更。周靖民应偿还杨谢氏债务,并代位偿还吴梓石所欠债务本银一千八百七十八两五钱七分,及所欠利息三百零二两四钱(其银以七钱二分折法币一元)。周靖民之上诉驳回。第一、二审诉讼费用,由周靖民负担十分之八,杨谢氏负担十分之二。

事实:上诉人求为废弃原判决,其上诉要旨略谓"查民先父莜圃于宣统二年二月,及民国四年八月,先后两次共借杨荣照银一千二百两,立约为据,固属不虚。惟杨荣照与先父交情关系,在周永裕取用之银一千八百余两,原系本利一并在内,故利息付清,长付若干,以所呈之簿记查对,非由根本结算,难以明瞭。民先父虽立有欠息三百零二两四钱之欠字一张,然以欠[字]所观察,均系由杨荣照核算,开单交来,民父照来单书立欠字者,故欠字内有‘照单欠到’等字样，且系民国九年庚申十二月间所立，非十三年七月以后之事，此原判与事实不合。又查宣统元年十二月，吴梓石券借杨荣照粟银一千两，以所呈出照借券认察，系吴梓石亲笔所立，加盖私章为凭，券末虽署有‘周莜圃经手’等字外，加盖周永裕图记。不过当时商场习惯，代为比兑数目，办字记色，而已自与凭中担保或负责者显有区别。是吴梓石为负债之主体，况吴已物故，自应由吴之承继人负责偿还，断无略及当凭中之承继人之理，原判认为伪造之吴梓石致杨荣照信函，难为真实。依民法第七百三十九条判民代负偿还责任，事实、法律均有未合，民对于前后两判决，均不甘服，请废弃原判决，依法判决”云云。

被上诉人杨淑华之答辩，其陈述要旨略谓“周靖民的父亲，借我父的银一千二百两。据周靖民称，已远过一千八百数十两，那是地方法院依照周家的账算的，我不清楚。至梓石所借我父的票银一千两，系周莜圃担保经手的。据吴冉氏称，他的公公作湄潭县长时，存有款在周莜圃那里，是见吴性（姓）已经偿还，在周莜圃手中，有吴梓石写的信可以证明，当然要问周靖民负责偿还，令周莜圃自己欠的一千二百两，也是要问周靖民偿还”云云。

被上诉人吴冉氏之答辩，其陈述要旨略谓“我的公公作湄潭县县长时，所有的钱都是存在周莜圃那里，因我家要办喜事，才向周莜圃要钱，周莜圃不得钱，才说向杨家借，但是我们有钱存在周家，这笔钱我家已还了，氏到吴家只一年，丈夫就死了，氏现在居孀，所有自己房子，早已卖了，生活都无着落，小孩只有几岁，那里有钱还债，就有我们异然不能负责”云云。

理由：查本件被上诉人杨谢氏先后以债务及担保债务，在原法院告诉，原属两种诉讼法律关系，第一审先后各别判决，上诉人亦先后各别提起上诉，兹因两件互相关联，为便利起见，故合并办理，特先说明于此。

本件上诉人之父周莜圃，两次所借被上诉人杨淑华之父杨荣照之债额，共银一千二百两，及被上诉人吴冉氏之夫吴梓石立借，由周莜圃经手担保，所负杨荣照之债额票银一千两。又周莜圃立欠杨荣照息银三百零二两四钱，均为不争之事实。兹所应审究者，即上诉人提出之簿据，暨照抄之账单主张其父陆续偿还杨荣照银一千八百九十七两余，是否实在，及所还之银，是否信属自己所负之债，本息一概偿清，抑连经手担保吴梓石之债，亦并在内，或仅属两项债务之息金，及上诉人对于其父经手担保吴梓石所负债务，应否负代位偿还之责任，及民国十五年以后，应及给付利息数者，是已。本院查上诉人在原法院提出其父周莜圃所开周永裕号赈（账）簿八本，暨照抄杨荣照取银账单（见民国十八年十月三十一日上诉人擗诉状，粘在法院卷内）内载"以上自庚戌至乙卯年止，取去票银一千八百九十七两零三分"，此项登载数目，是否实在，核与被上诉人杨谢氏前呈之账簿，及手折所载各数，大致尚属相符，应认所偿还之数，为一千八百九十七两零三分为确实。惟详核账簿及账单，登载杨荣照向该周永裕号取银细数，均未分别记明何数为息、何数为本，自应以杨谢氏前提出周莜圃所立之欠息字以为认定标准。查该欠字内载"兹照来单历年利息，除收外应欠杨荣翁二公名下息银三百零二两四钱，共（其）银俟将本银还清后，即陆续奉还"，后载"庚申阴历十二月十八日前名立"。又以杨谢氏呈出周莜圃自己名下所立之借券两纸，一为"宣统二年二月初一日"所立，内载"佑（又）来票银陆百两，其银每两周年行息捌分（按即八厘，下同）"，一为"乙卯年（按即民国四年）阴历八月初一日"，内载"佑（又）平票银陆百两，每两周年行息捌分"，再以两券应付利息，均注"立约日起，截至庚申（按即民国九年）十二月十八日立欠息字止"，共应付利息"柒百柒拾捌两"（按即五百二十两、二百五十两），是连两券本银，共一千二百两；计算本利，为数合共一千九百十八两。若依上诉人主张，上开给付银数，专系其父自己所欠之债，则何以延至立欠息字时，尚谓"历年利息除收外，应欠叁百零贰两肆钱"，以此即证：则吴冉氏主张其翁作湄潭县长（按即前清湄潭县长知县），所有银钱都存在周莜圃所开之永裕号中，及其夫所欠杨荣照之债，业已偿还，尚属实情；则周莜圃对于经手吴梓石所欠债务，曾经代为支付利息，或本银，亦属确实。兹再以吴梓石宣统元年十二月二十七日所立借券，内载"贵平票银壹千两正，定周年行息一分"，详加核算，自立约日起，亦截至庚申立欠息字日止，计十一周年，应付息银一千一百两，合之周莜圃自己名下应付之利息七百七十八两，共为一千八百七十八两，核与上诉人照抄账单之数，相差无几。但上诉人提出之账簿及账单，其中所列各笔细数，既未分晰付息本之记载，亦未分别何笔属于自己名下，何笔系代吴梓石支付，则应以周莜圃庚申年所立之欠息字为标准，以资认定。该欠息字既载“俟本银还清后”，则尚欠有本银，已足证明。而利息结至庚申十二月十八日，尚欠三百零二两四钱，则其所付壹千捌百柒拾捌两，自应以周吴两项债务，合并计算，庶足以昭核实。查两项债本，共银二千二百两，应付息银（先后均截至庚申十二月十八日）一千八百七十八两，除以正式付之一千八百九十七两零三分，其中认为应划出一部，计“叁百二拾壹两肆钱叁分”为给付本银，其余“壹千伍百柒拾伍两陆钱”为付利息之数，则尚应欠本银“壹千捌百柒拾捌两伍钱柒分”、利息“叁百零二两肆钱”，此其足以证明而资认定者一。至上诉人对于其父周莜圃经手梓石所欠债务，究竟应否负代位偿还之责，上诉人固极端否认。查杨谢氏呈出吴梓石借券，内载“周莜圃经手”，并盖有“黔垣周永裕号”长方图记。本院即据以函询贵阳县商会，查复“（上略）如借贷双方，其债权债务关系，由第三者之经手而发生者，借券所列之经手，亦应与债务者负同一责任（下略）”，是上诉人对于其父周莜圃经手吴梓石所欠杨荣熙之债务，应负同一责任，不待烦言。况又经手支付利息或本银，揆以“保证契约之成立，并不以作成书据为必要，故虽无书据，而依其他证据，足证明其成立，并应认为有担保之效力”之判例，则上诉人对于此项债务，应负担保代位还债责任，更属明瞭，此足以证明而资认定者二。至上诉人对于庚申十二月以后，应否给付两项债务利息，除关于原法院二十五年十月十四日责令代位偿还之判决，未予论及利息，应勿庸议外，惟十九年三月十七日原判决“所有利息按约八厘计算，自民国十三年八月一日起，截至本案执行终结之日止”，查庚申废历十二月十八日，适当民国十年元月，截至民国十八年十月，杨谢氏对于此项债务，始向原法院告诉，其间已经过八年十个月之久，核与民法第一百二十六条关于利息之给付，固五年间不行使而消灭之规定，足其（见）给付利息请求权，已因时数（效）而消灭，乃原法院遵予判决，令上诉人给付利息，且将民国十年认为十三年，讯（洵）属不当。原判决关于此部分，应予废弃。又原法院十九年三月，及二十五年十月，先后而判决，对于上诉人应偿还及应代位偿还两项借款本银之数额，认定虽无不合，然未将应认定已偿还之本银三百二十一两四钱三分扣除，且对于与券件两项债务，互相关联，而应偿还之欠息三百零四钱，未予裁判，亦有未当。关于此项借款本银之先后两判决，应予变更，以期真确而昭平允。

总上论结，上诉人两次上诉，一部为有理由，一部为无理由，依民事诉讼法第四百四十六条第一项、第四百四十七条、第八十七条第二项，判决如主文。

中华民国二十六年三月二十一日

贵州高等法院民事庭

审判长推事　鲍方汜　印

推事　丁　珩　印

推事　庄　敬　印

本件上诉期间为二十日，上诉状应提出于本院。

上件证明与原本无异。

书记官

中华民国二十六年四月□日

40 贵州高等法院民事判决二十六年上字第五一八号

上诉人即被上诉人: 毕润华,年五十岁,贵阳人。

诉 讼 代 理 人: 项　鹏,律师。

上诉人即被上诉人: 毕丁氏,年二十五岁,贵阳人。

诉 讼 代 理 人: 黄世焕,律师。

上列当事人间,因请求解除关系(原判误为离婚)及交付子女事件,上诉人对于中华民国二十六年三月八日,贵阳地方法院所为第一审判决,提起上诉,本院判决如下:

主文: 原判决废弃。毕润华与毕丁氏之夫妻关系,应准解除。

两造所生之子,毕大文,应归毕润华监护。毕丁氏其他之上诉驳回。第一、二审诉讼费用,由毕丁氏负担。

事实: 上诉人即被上诉人毕润华之上诉及答辩,其陈述要旨略谓"民国十九年,在大定接丁氏作妾,其时给她一千几百元。丁氏天天打牌,我时常劝她,她就打我几下。我跑出来想躲避,她追出来打我。后来她和驻在我家里的电报生叶芳来往,不守妇道,以后又和刘海珊医官往来。今年正月初八日,我才在她花箱里搜得这封信,我问她,就拿石头打我,我才那火钳来挡。丁氏告到地方法院,她请求离婚,现在她又不愿离,其中当另有作用。第一审判我和他离婚,我是服的,但没有把我的小孩大文判归我监护,因此对于这一点不服,提起上诉"云云。

上诉人即被上诉人毕丁氏之上诉及答辩,其陈述要旨略谓"毕润华大定县当征收局长的时候,托吴姓来做媒,他原家里没有老婆(按即妻)。民国十九年九月里和他结婚,以前我们很好。到今年正月初八的那天,他拿出这封信，说我不守妇道，这封信不知道从哪里来的，那天拿火钳打我，反说我拿石头打他，我才拿火钳，告到第三分局，又告到地方法院检察处说，又到民庭，才判我和他离婚。现在我要请求和他别居，不愿离婚”云云。

理由：本件两造个别上诉，兹为裁判上便利起见，并为一案办理，特先说明于此。

接妾之制度，为现行民法所不采，故在民法亲属编施行前，所纳之妾，自不能适用民法亲属编之规定，应依当时之法办理。而当时法例，后娶之妻，仍愿同度，应认为妾。至妾与家长之关系，发生于一种契约，离婚规定，妾不适用。又别居之诉，惟妻对于夫始得提起之，至妾对于家长并无亲属关系，苟非以永久共同生活为目的，同居一家，即不得亲属，更无所谓别居，均经前大理院及最高法院着为判例。本件毕润华于民国十九年，即说娶毕丁氏之时，无论是否作妻，抑系作妾，但毕丁氏既已过门，同居数年后，并知其家中已有妻孔氏，乃仍愿与之相安共度，自应认为仅有妾之身份。毕丁氏犹以系娶为妻，断断争辩，殊无理由。又毕丁氏在原法院，原系请求离婚，据其供述“（上略）他如愿意另外居住，帮他抚孩子；如不愿意，请求判离（下略）”（见贵阳地方法院二十六年三月四日辩论笔录），且毕润华在第一审亦已同意离异，原法院判令离婚，自属误认以妾为妻，应由本院予以废弃，判令两造夫妾关系准予解除。兹毕丁氏提起上诉，乃变更其主张，请求别居，据供“我要和他别居，因为他还有两个女人，我和他们不能相处”（见本院四月十三日辩论笔录），揆以妾与家长应以永久共同生活为目的，不能别居之判例，是其请求，自不能谓有道理。至毕润华之上诉，系主张其子大文应由其领回监护。查夫妾关系解除以后，其所生子女当然应由其父监护。现在两造夫妾关系既系解除，而其所生之子毕大文又已六岁，并无不能离母之情形，自应由毕润华领回监护。原审于此惟予裁判，亦嫌疏漏，毕润华对此提起上诉，自应认为有理由。

据上论结，毕润华之上诉为有理由，毕丁氏之上诉为无理由，依民事诉讼法第四百四十六条第一项、第四百四十七条、第八十七条第二项、第七十八条，判决如主文。

中华民国二十六年四月十七日

贵州高等法院民事庭

审判长推事 傅启奎 印

推事 鲍方汜 印

推事 庄 敬 印

本家上诉期间为二十日，上诉状应提出于本院。

上件证明与原本无异。

书记官

中华民国二十六年五月□日

41 贵州高等法院民事判决二十六年上字第四五七号

上　诉　人: 周段氏,年二十三岁,遵义县人。

被 上 诉 人: 周伯禄,年二十岁,住同上。

辅　佐　人: 周晓伦,年六十岁,周伯禄之父。

诉讼代理人: 王　敉,律师。

上列当事人间,因请求离婚事件,上诉人对于中华民国二十五年十二月二十六日遵义地方法院第一审判决提起上诉,本院判决于下:

主文: 原判决废弃。被上诉人在第一审之请求驳回。第一、二审诉讼费用由被上诉人负担。

事实: 上诉人提起上诉请求为如主文所示之判决,其陈述要旨略谓"窃氏自过周门而后,夫妇并非不和。实因后姑杨氏妬(妒)嫉,以致苛刻横加。曾由县府判令将氏领回,未及三日,比前尤甚,且不准入门,将门关锁,氏如何安身,不得已转回后家,而氏翁周晓伦拖累。氏父段吉文教学糊口之人,更叫氏无立足之地,此非氏不愿同居,判词谓'氏恶意远弃,再继续状态中'者,妄加法条,事件不符,氏之所不服者一也。民国二十一年八月内,接氏过门,二十三年县府起诉,是年腊月,'共匪'入遵,彼时氏尚在与人佣工,既经起诉,未必叫氏同逃,惟恐氏不死于'共匪'之手,其理甚明,果能叫氏同逃,以正无依之人,岂有不感激之理。实莫奈何,特闻风即先到鸭溪氏舅父林逢春家暂避。至'共匪'走后,氏先行转来,而氏翁姑一家大小尚未旋家,诬氏不同逃后庆,反跟'共匪'三月,乃回外家,仅证人刘子清到庭证明,无有其事。判词谓'证人刘子清证明属实',颠倒是非,氏之所不服者二也。又诬氏一次扯夫跳水,两次成伤,有证人刘子清、刘荣皋证明等语。殊刘荣皋见氏情急跳水，是伊所救，前来证明不是氏扯夫跳水。既诬两次成伤，在县府数次庭讯，何以又不极及。是刘荣皋所证明，跳水打伤，更无其事。而郭推事乃北方人，听之不明，只是冒火，一昧压迫。判词谓无词答辩，推事所说，一句不懂，氏从何声诉，氏之不服三也。若谓氏有恶意遗弃，经杨区长理剖时，知氏过门之际，曾用去妆奁费四五百元，劝氏离弃，氏翁给生活费四百元，氏尚不愿意，诚恐对于名誉攸关，只冀氏夫言归于好，夫妇和谐。初审不查，仅听一面，到庭不问是否远行，判决准予离异，而即抹煞一切。况氏夫家资富豪，每年所收四五百石，尽为人知，氏之所不服者四也”等语。

被上诉人提出答辩及其陈述要旨略谓“民伯禄于二十一年说娶段春为妻，伊嫌民年小，不遂所愿，时甫过门，转来即遭抓殴一顿，又时寻言骂，不安于室，满街游荡，深夜才归，丑声传播，难堪听闻，因此夫妻失和，如同仇敌。乃经民继母屡屡劝诫，不惟不遵，辄以恶言抵触，具控陈县长案下，庭讯时，先严词责斥，婉言将民劝导，伊当庭认错，情愿改悔，讵伊面从背违，又故能复萌，无法对付。伊常将民家什物暗窃送归，其父有所贪图，刁唆惯使，乱为更甚，致又涉讼徐县长案下，仍如陈县长一样判决，而伊尚不知悔，前年（二十三年）腊月，‘共匪’祸遵，乘机窃民家烟土数百，在外败荡自由，丑态毕露，街邻尽晓。二十四年正月，‘共匪’复来，伊就跟随退走，音信沓（杳）无，延至腊月方才转伊后家，因无面目归回，遂迩捏砌，将民投区，以掩其羞，民具诉予（于）遵义地方法院，请求离异，经判令准予离异，于法并无不合，请将上诉驳回”等语。

理由：按婚姻关系合法成立后，除两愿离婚，或夫妻之一方有法定情形，得由有请求权之一方，向法院请求离婚外，不得凭一方之意思，任意捏造事实，为离婚之请求。又夫妻间偶尔失和，殴打他方，致令受有微伤，如按其情形，尚难认为不堪同居之虐待，不德（得）认他方之请求离婚有正当之理由。又夫妻互负同居之义务，但违背义务之一方，如未逾了恶意遗弃之程度，他方不得拒以请求离婚，曾经最高法院于二十年上字第二四二六号、第一五六九号及二十二年上字第一一七四号，着为判例。

本件被上诉人，在原法院请求与上诉人离婚，不外谓上诉人有虐待遗弃之情事，以刘子清、刘荣皋为证。本院查刘子清为被上诉人之佃户，刘荣皋亦与被上诉人有婚姻关系，被上诉人既极力攻击，其证明是否可采，已属不无疑义。且查刘子清虽曾为被上诉人医治伤痕，究竟是否为上诉人所殴伤，该刘子清仅得诸被上诉人之所言，并非亲眼所见，其证言自属不能认为实在。退步言之，即令属实，但夫妻间偶尔口角失和，以致殴打，受有微伤，完（实）属夫妻间常有之事，尚难认为不堪同居之虐待。上诉人以此为离婚之请求，自难认为正当。至二十四年正月，“共匪”窜至遵义之前，两造业已涉讼，故至“共匪”到遵，上诉人不随被上诉人逃往后庆，而向鸭溪方面逃至其舅父林逢春暂避。及至回遵，因两造诉讼，尚未解决，故未转回，与被上诉人同是（居），其违背同居义务，自亦不能认恶意遗弃，已属显然。被上诉人乃亦以此为请求离婚之论据，尤为不足采取。况查被上诉人所称，上诉人不安于室，满街游荡，深夜才归，丑声传播等语，事实上并无何项确切之证据，以资证明，徒以空言主张，为被上诉人之任意捏造，请求离婚至极明瞭。原法院不予审慎，竟认为上诉人有虐待遗弃被上诉人情事，判令两造准予离婚，依照上开判例，实属不合。上诉人不服，提起上诉，应认为有理由。

据上论结，本件上诉为有理由，依民事诉讼法第四百四十七条、第八十七条第二项、第七十八条，判决如主文。

中华民国二十六年四月二十七日

贵州高等法院

民事庭审判长推事　傅启奎　印

推事　鲍方汜　印

推事　庄　敬　印

本家上诉期间为二十日，上诉状应提出于本院。

上件证明与原本无异。

书记官　王锟声

中华民国二十六年五月□日

42 贵州高等法院民事判决二十六年上字第五四〇号

上 诉 人：罗泽治，年三十八岁，住遵义县三岔何罗街。

被上诉人：罗张氏，年三十八年，住遵义县三岔何罗街。

上列当事人间，给付家庭生活费暨请求同居事件，上诉人对于中华民国二十四年十月十六日遵义县政府第一审判决，提起上诉，本院判决如下：

主文：原判决废弃。罗泽治应将其所有客察（寨）田业一份，交与罗张氏自行安佃以收益，作其别居后之家庭生活费用。罗泽治请求同居之反诉驳回。第一、二审诉讼费用，由两造各自负担。

事实：上诉人声明，求为废弃原判决，仍判客寨田业归被上诉人自行安佃，以收益作其家庭生活费，并命被上诉人同居之判决。其陈述要旨略谓："民妻罗张氏因与妾王氏不睦，于民国十八年（即乙巳年）经族人罗子丹等调解，由民划房屋一间，给供居住，并划分年收半边租谷数石之客寨田业一份，交与罗张氏自收自吃，已历数年，均无异议。二十四年因罗张氏到自行安佃，发生纠葛，该氏即起诉请求自行放佃，收租度日，殊原审竟判民'每年于秋收时给付罗张氏干谷十五石，作其生活之费'，实不甘服，现在民仍愿将客寨田业交其自收自吃，惟该罗张氏在外居住，恐发生不正当行为，请求命其回家同居住，以杜后患"等语。

被上诉人声明求为驳回上诉及上诉人同居之请求之判决，其陈述要旨略谓"氏夫罗泽治娶妾王氏后，即视氏如仇，常加虐待。民国十八年，经罗子丹等调解，由罗泽治划分年约收半边租谷十五石之客寨田业一份，给氏自收自吃，并划房一间给氏居住。惟客寨田业，系罗泽治安佃，佃户常拖欠租谷。二十四年氏自行换佃耕种，罗泽治出头阻止，氏始起诉请求准予自行放佃，原审因免纠纷计，判令罗泽治将客寨田业收回，于每年秋收时给氏干谷十五石，自无不合。至氏受罗泽治及妾王氏虐待，始与罗泽治别居，现复与罗泽治涉讼，感情愈加恶劣，实难同居，请将罗泽治同居之请求，一并予以驳回"等语。

理由：本件被上诉人因与上诉人之妾王氏不睦，于民国十八年经罗子丹调解，由上诉人划房屋一间，给被上诉人别居，并将客寨田业一份，交与被上诉人，以收益作别居之生活费用，双方遵行，已历数年，并无异议，均为两造所不争之事实。而客寨田业之收益，据上诉人主张"年可收半边租谷(半边租谷即收益之一半)数石"，被上诉人则谓"可收十五石"，双方又互有争执。查被上诉人因上诉人所安承佃客寨田业之佃户，拖欠租谷，与上诉人发生争执，起诉请求自行安佃耕种，原审不查明客寨田业，每年究可收租若干，遂判令上诉人收回，双方无争执之客寨田业，每年于秋收时给被上诉人干谷十五石，均有未合。上诉人请求废弃原判决，仍将客寨田业交与罗张氏，自行安佃，以其收益作其别居后之家庭生活费用，实属正当。至上诉人反诉，请求命被上诉人同居一节，查被上诉人因上诉人娶妾王氏，致夫妻及妻妾间，不相和睦，始经罗子丹等调解，由被上诉人别居，现在双方又因换佃涉讼，则被上诉人谓感情愈加恶劣，难于同居，尚非无理。至被上诉人在外居住，如果发生不正当行为，对于该上诉人之权利有所侵害，该上诉人尽可诉请依法裁判，亦非无救济之途，自不能以此为请求同居之论据。上诉人此项请求，自难遽认为有理由。

据上论结，本件上诉为有理由，反诉为无理由，依民事诉讼法第四百四十七条、第七十九条，判决如主文。

中华民国二十六年四月三十日

贵州高等法院民事庭

审判长推事　傅启奎　印

推事　鲍方汜　印

推事　丁　珩　印

本件上诉期间为二十日，提出上诉状之本院为本院。

上件证明与原本无异。　　书记官　胡淑周

中华民国二十六年五月六日

43 贵州高等法院民事判决二十六年上字第五九六号

上 诉 人： 刘张氏，年四十岁，住贵阳次南门月城内。

朱黎氏，原判误列为朱唐氏，年四十三岁，住贵阳次南门猪市巷。

曾敬华，年未详，住大南门外土桥。

被上诉人： 李张氏，年四十四岁，住贵阳南华路。

上列当事人间保证契约事件，上诉人等对于中华民国二十六年二月二十五日贵阳地方法院第一审判决，提起上诉，本院判决如下：

主文： 原判决废弃。被上诉人在第一审之请求驳回。第一、二审诉讼费用，由被上诉人负担。

事实： 上诉人等声明废弃原判决，驳回被上诉人在第一审之请求之判决。其陈述要旨略谓“民国二十五年四月十七日，杨玉清之妻杨本石向李张氏借洋二百五十元，每月每元行息三仙，系民等三人担保，固属不虚。但杨本石尚有产业，可以偿还债务，并未逃匿，何以不向杨本石请求偿还，李张氏既不向杨本石请求偿还，民等自不负责，原审不查，遽判民等代杨本石清偿本利，实不甘服”等语。

被上诉人声明，求为驳回上诉之判决。其陈述要旨略谓“杨本石于民国二十五年四月十七日，向民借洋二百五十元，每月每元行息三仙，系刘张氏等三人担保，此款亦系刘张氏经手交与杨本石，民与杨本石并未晤面，借去后，仅得两月之利息，至今本利俱无。刘张氏等既系硬担保人，民与杨本石又未晤面，则无论杨本石有无产业可以偿债，均应由刘张氏等三人负责清偿，原法院判令刘张氏等代杨本石清偿本利，实无不合，请将其上诉驳回”等语。

理由: 按保证人于债权人未就主债务人之财产强制执行而无效果前,对于债权人,得拒绝清偿,民法第七百四十五条定有明文。盖保证债务,为从债务,保证人有先诉抗辩权及检索抗辩权,债权人应先向主债务人请求清偿,于未向主债务人请求之先,不得向保证人请求代负履行责任。本件诉外人杨本石借被上诉人洋二百五十元,系上诉人等三人担保,已为双方不争之事实。依照上开说明,被上诉人自应先向杨本石请求清偿。如杨本石不履行债务或偿还不足时,始得请求上诉人等代负履行责任,备极显然。被上诉人以上诉人等系硬担保人,与杨本石并未晤面为理由,舍杨本石于不问,迳向上诉人等请求代为清偿,原法院亦据以判令上诉人等代杨本石负责清偿本利,于法自属不合。上诉人等请求废弃原判决,驳回被上诉人在第一审之请求,尚非无理。据上论结,本件上诉为有理由,依民事诉讼法第四百四十七条、第七十八条,判决如主文。

中华民国二十六年五月五日

贵州高等法院民事庭

审判长推事　傅启奎　印

推事　庄　敬　印

推事　丁　珩　印

上正本证明与原本无异。

书记官　胡淑周

中华民国二十六年五月十五日

44 贵州高等法院民事判决二十六年上字第五四四号

上 诉 人：戴光福，年二十岁，贵阳县人。

辅 佐 人：戴德亮，年五十六岁，住同右，戴光福之父。

被上诉人：戴黄氏，年十九岁，平坝县人。

辅 佐 人：黄明峰，年五十五岁，平坝县人，现住贵阳，戴黄氏之父。

上列当事人间，因请求同居事件，上诉人对于中华民国二十六年三月三日，贵阳地方法院第一审判决提起上诉，本院判决如下。

主文：上诉驳回。本审诉讼费用，由上诉人负担。

事实：本件事实，核与第一审判决事实项下所摘述者无异，依民事诉讼法第四百五十一条之规定，引用之。

理由：按夫妻互负同居义务，在婚姻关系存续中，苟非有正当理由，即不得由一造拒绝同居，最高法院早经着为判例。本件上诉人在本院庭供称，须被上诉人将带回娘家之衣物首饰携回，即与同居，是其显有拒绝同居之意思，已为明瞭，则解决之点，自当以上诉人所主张，是否足为拒绝同居之正当理由是也。本院查上诉人所称被上诉人携去衣物及首饰多件，并不能提出确切之证据，以资证明。被上诉人又复极端否认，已难认为属实。退步言之，即令实有其事，按之二十年司法院院字第四二六号解释，夫之财产既经赠予其妻，自应认为妻之特有财产，则上诉人与被上诉人结婚时，所给予之衣饰，既系专供被上诉人个人使用之物，当然为被上诉人之特有财产，无论有无携回娘家以及遗失情事，上诉人要不能以此为拒绝同居之理由。原判决判令两造应与同居，自无不当。上诉人提起上诉，殊无理由。

据上论结，本件上诉为无理由，依民事诉讼法第四百四十六条第一项，

第七十八条,判决如主文。

中华民国二十六年五月十日

贵州高等法院民事庭

审判长推事　鲍方汜　印

推事　庄　敬　印

推事　丁　珩　印

本家上诉期间为二十日,上诉状应提出于本院。

上件证明与原本无异。

书记官

中华民国二十六年五月□日

45 贵州高等法院民事判决二十六年上字第五六六号

上 诉 人: 许天修,年六十五岁,毕节人,寓贵阳县通衢街。

被上诉人: 马刘氏,年七十岁,住贵阳县金井街。

马伯英,年三十五岁,住贵阳大坝子二十六号。

上列当事人间,因租赁房屋事件,上诉人对于中华民国二十六年二月二十七日贵阳地方法院第一审判决,提起上诉,本院判决如下:

主文: 原判决除关于许天修与马刘氏租赁关系,应予解除,并限即日迁移交业及诉讼费用外,变更。马刘氏应给付许天修修理费法币四十七元二角正。许天修应自民国二十五年十月十六日起,至迁出之日止,给付马刘氏每月租金四元,由修理费内扣除。许天修之上诉驳回。本审诉讼费用,由许天修负担。

事实: 上诉人之上诉,其陈述要旨略谓"民去岁古历九月,租佃马刘氏铺房一间,议定每月租金四元,押租十二元。而房屋朽坏,不堪居住,当请马刘氏修理,伊答无钱,请民代修,费用若干开单,伊照数偿还,其木料工资,共用去七十五元一角四仙。民于十月十六日迁居后,十八日开单送阅,经双方议定,以十二元作存押租,其余由每月租金扣除。讵知二十一日,即有马伯英来民家云'修房费用不能承认,并要押租八十元,每月佃租二十元',民投区所理论,劝伊出洋六十元,殊伊不允,具诉于第二分局,饬伊认半数,其房仍由民居住,民因吃亏甚巨未允。马刘氏竟捏诉民于地院刑庭,审讯时不察事实,即判民二月有期徒刑,而民事部分,对于民修理草率勘估后,仅判马刘氏给付民修理费三十七元二角,并判民给付每月租金,民实不服,请求另为适法之判决"等语。

被上诉人之答辩，及代理马伯英之陈述要旨略谓“许天修来佃民嫂这个房子，他只交一块钱定洋，他说要修理一下，民嫂都允许，不过仅以少数几元为限。殊不知他押租房佃都不交，佃帖也未写，就搬进居住，追问他急了，他就说修去七十几元，他所开的账单，又不实在，所以他们不能承认。根本手续不合，搬进与修理均未得我们的同意，地方法院的判决，民等是服的。他佃这房子，是亲向民嫂说定，每月四元，至今押佃未交，佃约也未写，请求维持原判”等语。

理由：本案关于租赁关系，双方自愿解除，被上诉人亦已当庭承认。又每月租金四元，为上诉人所承认，自应勿庸置议。所应解决者，即上诉人修理房屋用费，所开之清单数目，是否实在。被上诉人应否给付，以及上诉人所称不付租金，有无理由，是也。查上诉人口头约定，租佃被上诉人铺房一间，虽交有定洋一元，然尚未书立佃约，亦未给付押租，即行搬进居住，自属不合手续。且其所称已得被上诉人之同意，并无证据以资证明。而即大事修理，更属非是。况查上诉人抄呈原审之工料清单，其修理费为七十五元一角四仙，既无购买材料凭据，复无工人支折，自难认为实在。因而原法院派员履勘时，估计工程材料，核与公安局估断之数，大致相符，判令被上诉人给付上诉人修理费法币三十七元二角，尚无不当。上诉人提起上诉，殊无理由。但经本院开庭审理之时，劝令被上诉人多给上诉人修理费十元，被上诉人当庭承认，自应将原判此部分予以变更，着被上诉人给付上诉人修理费法币四十七元二角。至关于租金部分，查原法院履勘时，尚有上诉人之子媳，在内居住，而为上诉人亦在本院当庭承认，自应按月给付租金四元，以迁出之日为止。上诉人乃谓不给付租金，尤非正当。

据上论结，本件上诉无理由，依民事诉讼法第四百四十六条、第七十八条，判决如主文。

中华民国二十六年五月十日

贵州高等法院民事庭

审判长推事　鲍方汜　印

推事　庄　敬　印

推事 丁 珩 印

上件证明与原本无异。

书记官

中华民国二十六年五月十四日

46 贵州高等法院民事判决二十六年上字第二九八号

上　诉　人：陆连芳，即陆十二，又即陆莲舫，未到。

陆朝珍，年十九岁（已结婚），独山县人，陆连芳之子。

诉讼代理人：范润清，年五十八岁，贵阳县人。

被上诉人即附带上诉人：李惠生，年四十岁，独山县人。

诉讼代理人：项　鹏，律师。

上列当事人间，因确认土地所有权事件，上诉人中华民国二十五年十月二十八日独山县司法处第一审判决，提起上诉，本院判决如下：

主文：原判决，除关于陆连芳（即陆十二）在黄家讨葬之坟地山场一处，归陆连芳管有外，废弃。两造系争之靠近蓝靛，与陆连芳所伐之松树，两处山地，应归陆连芳所有。李惠生在第一审之请求，及附带上诉，均驳回。第一、二审诉讼费用，由李惠生负担。

事实：上诉人提起上诉请求，废弃原判决，其陈述要旨略谓“民于民国二十二年，与黄焕彬得买拉哥主山坡、田地、壕林（按即竹林）、房屋、冲庄，当众书立契约，并由黄焕彬亲临指踏四至，界限清白，民管业护蓄砍伐数年，均无异议。不料本年（按即二十五年）五月民砍伐挨着李惠生的田、自己界内柴薪，李遂控民于独山县政府，妄称民砍柴，系伊界内之物，承蒙审讯，黄焕彬到案质称‘民所砍柴薪，系在指卖与民的界内’等语，有供在卷。乃李惠生串使其佃户韦万金、艾十一到庭伪证，诬民‘所伐树木之处，为李姓所有’。原审不管李契据有坡无坡，亦不管民契据所载的四至，竟听伪证虚言，舍物证不顾而仅凭人证，妄判民损失地土数十丈，心实不甘，乃提起上诉。现在请求无论照李惠生契据，或黄焕彬的老契，及民买得的新契，所载的四至判断，都遵依的。惟韦万金、艾十一是李的佃户，其证言当然不足为凭”云云。

被上诉人即附带上诉人之答辩，及附带上诉，其答辩要旨略谓“民祖琼林们于光绪九年，买得胡秉铣等塘右庄荒熟田以及壕林树木寨基等，四至极为分明。祖父及民三辈管业，至今五十一年无异。殊该陆莲舫（即陆连芳）于民国二十二年五月，得买黄焕彬与民连界之业，私自葬坟于民的界内，曾凭地保理论，劝民不必伤其迁坟，以后陆姓不得添葬，和平了息。讵陆莲舫又于去年越界砍伐民界内之树木十一株，民始起诉于原县政府，查陆的契载‘上抵韦、李二姓田坡’，足见系争之坡，为民所有。原审谓三坡中之一坡，葬坟数年，判归陆姓所有，其余二坡判归民所有，即陆姓砍树之地点，已判归民所有，乃该陆莲舫提起上诉，故意拖延，除依法答辩，请求对于判归民所有部分，维持原判外，其他判归陆姓葬坟之坡，同时提起附带上诉，请求将此部分原判废弃，完全判归民有。又原判谓反诉部分，为李惠生所不争，民并未有此表示。对此部分，亦提起附带上诉。至上诉人方面，现主张请凭李惠生的契上所载四至判决，李惠生诉讼代理人亦表示赞成”云云。

理由：本件分两部分说明如下：

（甲）陆连芳上诉部分。（一）关于原判“靠近蓝靛之山场”一点，即李惠生诉讼代理人陈述所主张“蓝靛山林”是也。本院查据证人韦万金供称“李惠生没有蓝靛的山，要陆家才有”（见本院二十六年四月二十九日调查笔录），韦万金系李惠生佃户，此种证言，自属可信，足证“蓝靛山林”为陆连芳所有，已甚明瞭。原审谓“种蓝靛之山场，系李姓所有”，殊乏根据。（二）关于原判“被告（即陆连芳）所伐之松树山场”一点，即李惠生诉讼代理人所主张之“砍树山林”是也。查证人艾十一供称“原来这山场地土，是李惠生家的，因前年陆连芳来砍树子，就起纠纷，（中略）争这地方，周围只十把丈（按即十余丈），砍的树［好］像伍柯（棵）。至这地方是不是黄家卖送陆家的，民不知道，不过这山，是民家三辈人都是讨种管到的（下略）”（见二十六年四月二十九日本院调查笔录）。又据韦万金供称“民是种李惠生的‘轰苓阁’的田，计两辈人了，他们争的这地方，民们是喊吟‘轰苓阁’（中略）他们现在争的，是山场坡（下略）”（见同前笔录）。又查黄焕彬主卖与陆连芳契的内载“民国二十二年阴历五月十三日”，又胡秉铣等立卖与李振林、李琼林（按即李惠生之祖）契约，内载“（上略）将到先父得买张宅塘右庄田壹所，上抵鄢宅小路，右下抵黄宅之田，左下抵河沟，右抵罗陆二姓之田（下略）”，后载“光绪九年八月二[十]八日”。又李惠生在原审供称“我们所的（买）的地方，就是契内右下抵黄宅田（即现在陆连芳田）”。又陆连芳原审供称“民契指韦李田与坡，就是左边与他相连”，又称“我争执离（的）地方，只是契内上抵韦李二宅田坡这一句”。又黄焕彬在原审供称“（上略）到民手里，才卖与陆十二（即陆连芳），四至凭着以前佃户指的，现在陆十二葬坟砍树的地方，都是于在界内，不是界外”（见原审二十五年八月二十六日第二次庭审笔录）。录上视察黄焕彬卖与陆连芳之契约，既载明“上抵韦李（即李惠生）二宅田坡为界”，核与黄焕彬所供“现在陆十二葬坟砍树的地方，都在界内，不是界外，陆家葬坟的地方，本是在内的”之证言，则陆连芳所砍松树五株之山地，自属在其本己界内，已无疑义。原审遂舍弃两造之契约，与卖主黄焕彬可信之证言于不顾，竟判决陆连芳所伐之松树山场，归李惠生所有，显属不当。陆连芳对上两点，提起上诉，不得谓无理由，应将原判决予以废弃。

（乙）李惠生附带上诉部分。（一）陆连芳在黄姓讨葬之坟地山场一处，关于此点，本院查据黄焕彬在原审供称“陆家葬坟的地方，本是在内的”。又据艾十一及韦万金在原审均供称“陆家只有葬坟那点是他家的”。又“陆家埋有几冢坟这地方，本是陆家的”（以上均见原审二十五年十月二十五日庭讯笔录）。是此葬坟山地，确系陆连芳所有，已属毫无疑义。姑退步言之，查李惠生在本院提出答辩状内称“陆连芳私自葬坟于民的界内，曾凭地保理论，劝民不必饬其迁坟，以后陆姓不得添葬，和平了息，是此山地，纵令为李惠生所有，亦属双方久经和解之事实，讵容事后任其翻异”。原审对此山地一处，判归陆连芳管有，自无不合。李惠生之附带上诉，显非有理。（二）陆十二反诉之山场，即李惠生诉讼代理人所主张之“反诉山林”是也。

关于此点，查李惠生于二十五年十月二十五日，在原审供称“对于他（指陆连芳）反诉这地方，我们并没有相争”，原供俱在，原审始据以认为李惠生所不争，证明勿庸起诉，兹忽变更主张，且对于未经第一审判决部分，亦提起附带上诉，殊无理由，应予驳回。

据上论结，本件上诉为有理由，被上诉人之附带上诉为有理由，依民事诉讼法第四百四十七条、第四百四十六条第一项、第八十七条第二项、第七十八条，判决如主文。

中华民国二十六年五月十日

贵州高等法院民事庭

审判长推事　傅启奎　印

推事　鲍方汜　印

推事　庄　敬　印

上件证明与原本无异。

书记官

中华民国二十六年五月二十日

47 贵州高等法院民事判决二十六年上字第六四二号

上　诉　人: 范复陶,年二十九岁,贵阳县人。

诉讼代理人: 项　鹏,律师。

被 上 诉 人: 吴锡臣,年三十岁,贵阳县人。

上列当事人间,因请求返还票据事件,上诉人对于中华民国二十六年四月二十二日贵阳地方法院驳回再审之诉之判决,提起上诉,本院判决如下:

主文: 原判决废弃,发回贵阳地方法院更为审判。

事实: 上诉人提起上诉,请求废弃原判决,发回原法院更为审判,其陈述要旨略谓"(上略)民与吴锡臣因票据涉讼,判决确定,突然发见吴锡臣二十四年四月二十六日之信函,请求再审,原法院定期于四月二十一日下午一时审理,民于四月十九日收到传票,本应依期到庭,殊至二十日夜间,腹痛兼泄泻,至二十一日尚未停止,民乃立即具状声请展期四五日,以待病愈。同时委任律师出庭代理,乃原审推事只图结案,不计当事人之利益,竟于二十六年四月二十二日判决,将民再审之诉驳回,认民无再审理由,竟将民声请展期之诉状及委任律师出庭代理之状,丢诸脑后,谓'民声请再审,核与民事诉讼法第四百九十二条第一项所列各款无一条相符'等语,兹将发见之信函照片附呈,提起上诉"等语,余从略。

理由: 按就审期间,为当事人准备及到场而设,故言词辩论期日之传票,送达于当事人,通常距离言词辩论之日,至少应留十日之就审期间,最高法院早已着为判例。本件上诉人向原法院提起再审之诉,系以发见被上诉人之信函为再审理由,则其是否可认为新发见之证据,以及能否以此为可受利益之裁判,自应开庭为言词辩论,详加调查。如认为此项信函,不能为再审理由，亦应于判决理由内，说明其认定之根据，然后始能认为已尽职权上之能事。乃查阅原卷，原法院定期于二十六年四月二十一日开庭审理，其送达传票于上诉人，则为同月十九日，其距离言词辩论之期日，仅有二日，并未留有相当之就审期间，以致两造均未到场，依法即应延展辩论期日，另行传唤，方为合法。且查上诉人已于是日具状，因病声请展期，并具状委任律师代理诉讼，尤不能认为无变更言词辩论期日之理由，乃原法院遽于四月二十二日宣示判决，对于上诉人所持以为再审理由之信函，其判决理由栏内，竟未加以说明，徒以未具备再审理由，将其再审之诉驳回，殊难认为已尽职权上之能事。本院因维持审级制度之必要，自应认为有发回更审之原因。况查上诉人所具之声请展期状及委任状，系四月二十一日呈递，在未判决之先，原法院不予是日即行批示，及至判决宣示后，始将其声请展期及委任之请求，以案经判决等语，批示驳回，于诉讼程序亦有违背。上诉人提起上诉，请求将原判决废弃，发回更为审判，应认为有理由。

据上论结，本件上诉为有理由，依民事诉讼法第四百四十八条第一项、第四百五十条，判决如主文。

中华民国二十六年五月十九日

贵州高等法院民事庭

审判长推事　傅启奎　印

推事　庄　敬　印

推事　鲍方汜　印

本件上诉期间为二十日，上诉状应提出于本院。

上件证明与原本无异。

书记官

中华民国二十六年五月二十二日

48 贵州高等法院民事判决二十六年上字第五八九号

上 诉 人: 高凌翔,原判列为高荣华,年四十岁,住贵阳通衢街二十八号。

被上诉人: 黄彭氏,年六十二岁,住贵阳中山路。

黄华初,年未详,住同上。

黄焕文,年住同上。

马刘氏,年三十四岁,住同上。

黄淑芳,年二十一岁,住同上。

上列当事人间,请求赎回典产事件,上诉人对于中华民国二十六年二月一日贵阳地方法院第一审判决,提起上诉,本院判决如下:

主文: 原判决废弃。被上诉人等在第一审之请求驳回。第一、二审诉讼费用,由被上诉人等负担。

事实: 上诉人声明求为如主文之判决,其陈述要旨略谓"前清光绪三十三年,黄宝臣将其所有万宝街瓦楼、铺面、坐房前后二间及后面地基壹幅,当与刘天荣,当票银一百四十五两。至民国二十一年,刘天荣之孙刘绍清,将此项当业转当与甘夏氏(即甘三太)。转当时,民曾与陈建堂、涂开源等在场作中,立有当约为凭。甘姓得当后,因往外县依女生活,即将此业托民管理,收取租金,代其上会。殊黄彭氏、黄华初、黄焕文等,谓系黄宝臣之后人,马刘氏系刘绍清之姐,现已将此业卖与黄淑芳,以为此业系民得当,主张向民赎业。原法院不查确实,竟准向民赎取,实有未合,请废弃原判决,驳回黄彭氏等之请求"等语,提出当契二张为证。

被上诉人等声明求为驳回上诉之判决,其陈述要旨略谓"民黄彭氏、黄华初、黄焕文,系黄宝臣之后人,马刘氏系刘绍清(即少华)之姐,民国二十一年，刘绍清转当万宝街房屋地基时，名义上虽系转当给甘姓，实系转当与高凌翔，此项当业系高凌翔管理，即可证明。现在已将此项当业卖与黄淑芳，而刘绍清又已出省，故民等特备价向高凌翔赎取，殊高凌翔谓甘姓已经出省，措不赎取。原法院判决准民黄彭氏等备价向高凌翔赎取，实无不合。高凌翔之上诉实无理由，请将其上诉驳回”等语。

理由：本件上诉人主张“刘绍清转当之业，系甘夏氏得当，该上诉人仅系代甘夏氏管理，被上诉人等只能向甘姓赎取，该上诉人无代准赎取之权”。问之被上诉人等，则谓“名义上确系甘姓得当，实系上诉人得当，故向上诉人赎取”等语。查阅刘绍清之立转当契，确系甘姓名义得当，上诉人系在中人之列。传讯其他中人，亦据称“刘绍清确系转当与甘姓，并未当与高凌翔”等语，而被上诉人又不能提出其他确实证据，以证明确系上诉人得当，则被上诉人等请求赎业，自只得向甘姓请求，不能因上诉人代甘姓管理此项当业，即可向上诉人请求赎回。原法院认为系上诉人以甘姓名义得当，判令被上诉人黄彭氏向上诉人赎回，殊有未当。上诉人请求废弃原判决，驳回被上诉人等之请求，尚非无理。

据上论结，本件上诉为有理由，依民事诉讼法第四百四十七条、第七十八条第二项，判决如主文。

中华民国二十六年六月一日

贵州高等法院民事庭

审判长推事　傅启奎

推事　庄　敬

推事　鲍方汜

上正本证明与原本无异。

书记官　胡淑周

中华民国二十六年六月九日

49 贵州高等法院民事判决二十六年上字第三七五号

上　诉　人: 顾庆和,年五十五岁,安顺县人。
周文谦,年四十五岁,大定县人。
刘实夫,年三十八岁,贵阳县人。
李庆民,年二十六岁,贵阳县人。
程树轩,年未详。
陈杨氏,年三十二岁,贵阳县人。
张方氏,年三十六岁,贵阳县人。
吴陈氏,年未详。

诉讼代理人: 罗时辙,律师。

被 上 诉 人: 彭绍怀,年未详。
彭冰白,年五十岁,安顺县人。
杨馥棠,年未详。
杨素筠,年四十二岁,贵阳县人。
杨仲谋,年未详。
杨萧丽贞,即杨玉贞,年三十二岁,贵阳县人。
罗昆南,年未详。
罗莹贞,年四十岁,铜仁县人。
宋赵明勳,年五十五岁,贵阳县人。
杜陈氏,年五十五岁,四川人。
彭杨慧仙,年未详。

被 上 诉 人: 周厚甫,年未详。

诉讼代理人: 项　鹏,律师。

上列当事人间，因请求归还会款事件，上诉人对于中华民国二十五年十二月七日贵阳地方法院所为第一审判决，提起上诉，本院判决如下：

主文：原判决变更。上诉人顾庆和等所上田园储金会，从第一会起，至第十二会止，共洋七百零四元六角，应由被上诉人周厚甫一人负责归还，并照会例给付利息。又所上第十三会及第十四会，共洋一百零四元，应由被上诉人彭冰白、杨素筠、杨萧丽贞、罗莹贞、宋赵明勳、杜陈氏、彭杨慧仙等，共同负责归还，并照会例给付利息。上诉人顾庆和等其他之上诉驳回。第一、二审诉讼费用，由周厚甫负担八分之六，彭冰白等七人负担八分之一，顾庆和等负担八分之一。

事实：上诉人提起上诉，请求废弃原判决。其陈述要旨略谓“民等上这会，名曰‘田园储金会’，是九个会首，每一会首，约十个会友，由第一会至第九会，都是会首坐接，到第十会，才由各会友开摇接会，会内设有什么总会首、监察、保管委员，民等都是第五会周厚甫旗下，是他约的，每次上会，均在独狮子街彭绍怀总会首那里去上，迨上至第十四会后，就见彭绍怀的妇人登的报说‘周厚甫夫妇接第五会后，把钱亏了。嗣后凡周厚甫的旗下，在十二会以前，要民等直向周厚甫追问，彭等不负责任’，并说‘周厚甫接第五会的抵契，是伪造的’，民等才举李庆民去质问周厚甫和彭绍怀，他们才约集九个会首开会，民等因彭绍怀的妇人登报，才起疑虑，十四会后，始停止未上。这纯由彭等起意，要把这第五会会友一律剔开，使之离散，拒绝找保，致使民等已上去的会金毫无着落，才起诉的，第一审牵强偏断，将请求驳回，才提起上诉。现在民等八人共是六脚半，主张先向彭冰白（即彭绍怀之妇），次及其余会首，连周厚甫都在内，请求废弃原判，依法判决”云云，并呈出请帖二张作证。

被上诉人彭冰白等之答辩，其陈述要旨略谓“民等于民国二十三年十月，成立田园储金会，会首九人，列为九旗，各旗会首各约十人，共为九十九人，各会首又来公会一脚，故又名百人会，共积会金一千元。依会章第二条，各旗会首各负本旗之责，并无总会首及经理之名称，此会原属借贷性质，故上会者每日储洋二角，还会者每日储洋六角，按照日数集会一次，各旗会首互相认识，惟第五旗会首周陈氏，名佐甫，即周厚甫之妻，与民等均不相识，因三会首杨萧丽贞之介绍，始允列入第五旗会首，本会各会首均系各妇女邀成，同冰白坐接第一会，各旗会友以冰白住址适中宽敞，每会均假为摇会之所。至二十四年五月初十日，周佐甫坐接第五会，当由周厚甫亲写会书，作保盖章，收清会金一千元，乃周夫妇自接会后，每期均不到，亦不还会，氏等始将抵押之府里庄田契纸研究，方知此田已当与毛姓，田家巷之房当与杨姓，氏等屡向追索会金，始承认田契系属伪造，未久佐甫亡故，当归厚甫负责，并曾请各会首到伊家，声明吾妻死后所欠各会友会金，将来有力，自当负责偿还，本旗各会友亦不愿赓续上会，请各会首设法招顶，氏等商议，并登报声明'凡周佐甫旗下各会友，自十二会起，如愿赓续上会者，每会务将会金请亲交各会首收清，愿负全责，将来仍可接会，其有佐甫亏用各会友会金，请迳向周厚甫理楚'，尚有潘四娘等四会友仍愿上会，足见本会之安稳。惟顾庆和夫妇，不知与周厚甫私相受授，愚弄该第五旗会友，数人列名诬控，所幸地院明察，秉公判决，乃犹不遵判，速向负责人周厚甫索偿，反强词上诉。请求依据氏等会规'各保各旗'之规定，该顾庆和等只能向本旗旗会首负责之周厚甫追偿，驳回上诉"云云，并呈出会书一本、分会书一本作证。

被上诉人周厚甫未到案，由其诉讼代理人答辩。其陈述要旨略谓"周厚甫的妻陈氏上这会，为第五会首，并且已上至第八会。至陈氏死后，彭绍怀们忽然登报拒绝，以为周陈氏倒了会，则五会旗下的散子（即会友）上的会金，完全归责在周陈氏身上，他们可不负责任，因此顾庆和畏惧，不敢再上去了，当然八个会首应负责任。况登报周厚甫并未参加意见，阻止顾等上会，故此种责任，应由其他的八个会首负责归还，周厚甫此时不能负责，请驳回上诉人上诉周厚甫部分"云云。

理由：按凡一团体所立规则，苟未违反强行法规，而又无背于公序良俗者，在法律上当然认为有效，而该团体即有共同遵守之义务，业经最高法院着为判例。本件所应深究之点，即上诉人等所上田园储金会，究竟最后上至何会为止，及所上之会金应由被上诉人等何人负责归还，暨其归还应如何分配负担，为先决问题，而归还之义务，究应以何种根据，可资共同遵守以为断。本院查上诉人顾庆和供“民们起诉的会，仅六脚半会友，这会只上至第十四会，因见他们登报阻止，大家就未上”。又据被上诉人彭冰白供“周陈氏（即周厚甫之妻）只上至第五会，（中略）至于顾庆和们嗣后上不上会，或者上至那会，我们就不知道了”（均见本院二十六年五月二十八日第一次辩论笔录）。又查被上诉人等提出之“总会书”内载接第十四会，系“中华民国丙子年六月初十日”，核与被上诉人等以“田园储金会同人”名义，登载《革命日报》启事，其期日为“二十五年七月二十八日”，考是等月日，适当“废历丙子年六月十一日”，即在上第十四会之次日，是上诉人顾庆和所称“只上至十四会，因见登报阻止，大家就未上”，洵属可信。则上诉人等六脚半会金，其归还之责任谁属，暨应如何分配负担归还，查上诉人等主张“先问彭冰白，次及其余会首，连同周厚甫在内”，而被上诉人等则主张“各旗的会首，保各旗的会友，并那一旗会滥了，会友只能问那一旗会首”。又查《总会书》内载《田园储金会条例》第二条“（上略）各旗各保各旗，各会友各认各旗会首”，依此印证，此种规则，既属有效，双方即有共同遵守之义务，则上诉人等只应向该第五旗之会首追索归还。纵该旗会首周陈氏（即周佐甫）业已死亡，而被上诉人周厚甫又否认，未在《总会书》上书立‘担保’字样，然配偶有相互继承遗产之权，反之则配偶即有相互继承、担负偿债及一切之义务。况周厚甫《答辩田园储金会启事》内载“厚甫依然负责”，是上诉人所上之会金，应由周厚甫负责归还，已无疑义。惟查被上诉人杨萧丽贞供“各旗的会友，交钱给各旗会首，就抽签摇会，周陈氏是去年（二十五年）阴历四月间死的，到第十三四两会，只是周厚甫到会了”（见本院二十六年五月二十九日第二次辩论笔录）。又被上诉人杜陈氏供“是在第十四会以后，他们（指顾庆和等）就没有摇骰子了”（见同前笔录）。又彭冰白供“周陈氏死后，是杨萧丽贞代他们（指指顾庆和）收过两次的（第十三、四会）会金，因他认识周厚甫的原（缘）故”（见二十六年六月二日本院第三次调查笔录），是上诉人等对于周陈氏生前所上之会金，从第一会起，至第十二会止，六脚半，共洋七百零四元六角，固应由周厚甫负责归还。

至周陈氏死亡后，既有杨萧丽贞代上诉人等收过第十三、四两会之会金，则此两会之六脚半会金，共洋一百零四元，即应由被上诉人彭冰白等七人共同负责归还，庶昭平允。乃原法院不予详加审究，遽判决驳回上诉人等在第一审之诉，殊属不当。

据上论结，本件上诉一部分为有理由，一部为无理由，依民事诉讼法第四百四十六条第一项、第四百四十七条、第七十九条判决如主文。

中华民国二十六年六月二十九日

贵州高等法院民事庭

审判长推事　傅启奎　印

推事　丁　珩　印

推事　庄　敬　印

本件上诉期间为二十日，上诉状应提出于本院。

上正本证明与原本无异。

书记官　胡淑周

中华民国二十六年七月三日

50 贵州高等法院民事判决二十六年上字第四七一号

上　诉　人：李王玉蕊，年三十二岁，四川人，现住贵阳。

诉讼代理人：王　敉，律师。

被 上 诉 人：李曙炎，年三十五岁，贞丰县人，现住贵阳。

李文波，年四十五岁，住同上。

诉讼代理人：刘　淦，律师。

上列当事人间，因请求交还遗产事件，上诉人对于中华民国二十六年元月二十六日贵阳地方法院第一审判决，提起上诉，本院判决如下：

主文：李文波应将重庆世界饭店徐志远所立三千五百元之股本期条，交给李王玉蕊。李王玉蕊其他之上诉，及李曙炎等之附带上诉，均驳回。本审诉讼费用，由两造平均负担。

事实：上诉人提起上诉，请求废弃原判决，其陈述要旨略谓“（一）身份问题。氏是已故李晓炎军长之妻，民国十四年，在四川涪陵正式结婚，有婚书及二人结婚照片为凭。原审对于此种重要证据，一字不提及，有心抹煞，而于李曙炎等提出长不满二尺之伪造碑文，反予采取，以变更氏之身份。此不服者一。（二）产业主权问题。查李军长原本寒士，以军功起家，贵阳所置胖水牛桥底下两处田产，及堰塘坎公馆，均是氏夫十四年，任黔军第五师长时，由外兑回之钱所置。在当日先翁（即李润之，李晓炎之父）以氏夫为军政长官，为避免耳目起见，故列其父之名。不幸翁于十四年阴历七月病故，氏夫兑款来省，由李曙炎在省治丧，故购置堰塘坎公馆，私列其名（指李晓炎），氏夫在外，并未闻问。不能因其列名，即认此项产业为李曙炎等所私有。况被二十五军查封之后，请求发还，均是氏出名，有前省主席毛光翔之批令可证。又经管业二年，此种重要关键，原审一概抹煞。氏翁死在十四年夏季，氏夫死在十九年十一月十日，即为继承开始之日。援夫妻间有互相承继之例，上列田房当然有继承权，原审认为李曙炎等所私有，此不服者二。(三)重庆徐志远应补给之三千五百元，其期条存于李文波之手，且已大半过期，全被李文波吞没。原审虽判为氏所有，其事实等于画饼，应请勒令文波缴出期条。如不能缴出，即应令交出款项，方为平允，此不服者三”等语(余从略)。

被上诉人等之答辩，并附带上诉，其陈述要旨略谓“(一)关于身份问题。有续弦胡氏嫂碑坟，在东门外九华宫侧，可以调查，并有内兄胡寿山、胡寿良及同乡刘德益、马怀冲等可证。因先兄奔驰在外，暂殡附近，刻石为记，只问事实之确否，断不能以碑之长短，遂为武断。原判于此认定，并无不合。(二)关于田房主权问题。查堰塘坎之房，为曙炎所置，有契足凭。胖水牛桥底下田业，为先父所置，亦有契可证。玉蕊谓先兄为寒士出身，而先父承先人遗荫，在李家屯薄遗产业，人所共知。兼之先父经商，毕生所积，购置之业，何得谓为先兄所有。玉蕊状称先兄汇来之钱，有何证据，汇交何人，应有确证，不能随便捏饰。至谓被周主席查封、毛主席任内请求发还之批示，何能即为先兄所有之确据。原判认定均非先兄所有，自应驳回其请求，乃违反当事人之本旨，而酌给四百元，殊不合法。(三)关于徐志远股本问题。查世界饭店之股本三千五百元，原为民文波私有。该饭店年来大亏特亏，屡催无着。原审不查究为何人所有，只问及股份，民争不争。民因见推事不从根本详究，民只好随便应付云‘只要她能去收得，许她去收’，完全一种保留表示。原判迳谓‘为民不与争’，判为伊有，殊属不合。试问无凭无据，能否向志远请求，何况为民之权利乎，民碍于先兄体面，不忍缠讼，今反上诉，应请另为适法判决”等语(余从略)。

理由：本件被上诉人等曾经原判提起上诉，嗣因逾期不补足第二审费用，经本院裁定驳回其上诉，被上诉人等亦未声明不服，则原判即属确定，勿庸予以审究。兹被上诉人于驳回上诉后，仍以同一理由，提起附带上诉，于法殊有未合，仍应予以驳回。从而原判关于重庆世界饭店之股本三千五百元，无论为李晓炎或为被上诉人李文波所投入，均应归上诉人所有。惟查此项股本，曾由徐志远立条，分期收回，上诉人提起上诉，请求交付。既据被上诉人李曙炎在本院庭供明白，此项股本期条，现尚在被上诉人李文波手中，应由本院将原判予以补充，判令被上诉人李文波应将此项股本期条，交给上诉人，以便持往取回，特先说明于此。

按依民法亲属编，有配偶者固不得重婚。即依民法亲属编施行前之法例，有妻更娶，其后娶者亦不能取得妻子之身份。又当事人主张有利于己之事实，就其事实应负举证之责。苟其所主张之事实，并无合法佐证，足资证明，即难认其主张为真实，应为其不利益之裁判，最高法院已于二十二年上字第一八九一号及二十三年上字第一一四七号着为判例。本件关于身份问题，查已故李晓炎与上诉人在四川涪陵县，于民国十四年四月正式结婚，其时尚有正室胡氏，则无论当时是否李晓炎有意朦娶，上诉人当时是否知其有无正室，以及上诉人现始知其结婚时尚有正室，在所不问，依上开法例，上诉人亦只能取得妾之身份。至胡氏之死亡，为民国十四年十月十七日，已据被上诉人等提出碑文，足资证明。上诉人既知有胡氏，则胡氏之碑文，自不能徒以空言所能否认，上诉人此部上诉，自不足采。关于产业主权，查被上诉人等主张，胖水牛桥底下田业为李晓炎之父李润之名义所置，堰塘坎公馆为被上诉人李曙炎名义所置，既有契据可凭，而上诉人主张为李晓炎遗产，并无丝毫确切之证据，以资证明，自难认为属实，依照上开法例，自应受不利益之裁判。退步言之，即令李晓炎遗产，上诉人既仅取得妾之身份，已如前述，于法亦无继承之权。上诉人此部上诉，殊非正当。至向毛主席请求发还之批示，即令实系上诉人出名，以及收花二季，但其时被上诉人等因为二十五军处于敌对地位，并未在省，上诉人既为李晓炎之家属一员，自可由其请求发还，并暂为管收，然根本上既非李晓炎之遗产，断不能因有请求发还之一段事实，而遽可抹煞一切于不问，上诉人以此为李晓炎遗产之证明，亦欠充分。原判系争田房，非李晓炎遗产，尚无不当。上诉人提起上诉，应认为无理由。

据上论结，本件上诉及附带上诉，为无理由，依民事诉讼法第四百四十六条第一项、第七十九条判决如主文。

中华民国二十六年六月 日

贵州高等法院民事庭

审判长推事 傅启奎 印

推事 庄 敬 印

推事 鲍方汜 印

本件上诉期间为二十日,上诉状应提出于本院。

上正本证明与原本无异。

书记官 王锟声

中华民国二十六年六月二十九日

51 贵州高等法院民事第二审判二十六年上字第三四四号

上　诉　人： 石书麟，年五十五岁，住贵阳三民路后街。

诉讼代理人： 王　敉，律师。

被 上 诉 人： 邓岳生，年四十岁，住遵义县板桥。

邓潭生，年未详，住同上。

邓明生，年住同上。

诉讼代理人： 吕齐昌，律师。

上列当事人间，确认契约有效并请交田业及租谷事件，上诉人对于中华民国二十五年十一月二十四日遵义地方法院第一审判决，提起上诉，本院判决如下：

主文： 上诉驳回。本审诉讼费用，由上诉人负担。

事实： 上诉人声明，请求废弃原判决，确认其与被上诉人等之父邓仲三所为买卖契约为有效，并判令被上诉人等交出契载田业，及历年租谷。其陈述要旨略谓“光绪三十二年（即丙午年），与被上诉人等之父邓仲三，合伙开设裕泰和号，经营棉纱生意。民出本银盐秤二万两，由邓仲三经理，立有合同为凭。至宣统三年改革后，即行停业，计结存银四万二千余两，除应归还民本银外，尚应分利银一万一千余两，均尚未分领。至民国六年，民与邓仲三在綦江交涉，邓仲三应归还民之本银盐秤二万两，合贵秤二万零三百四十两，由仲三将其所有遵义县永安里永安庄杨沟村、陈家坝等地方，每年包收五百石之田业，分卖与民，以抵还应退之本银，其业名界址过多，另立界畔约为据，当立有分卖田业契据为凭。自成立契约后，仲三并未履行契约，界畔约亦未另立，民屡次追问，均置之不理。民国十四年，托民族第（弟）石懋益清问，亦置不理，并经懋益自向驻遵义之滇军张汝骥司令部，请求追交田业。现仲三已去世，被上诉人等仍不履行，反谓民之契据为不实，显属有意鲸吞。窃查契上之中人，现在虽或死亡，或远在他乡，不知住址，无从传质，但代笔人邓平波系仲三之堂弟，有平波亲笔登记之账簿可以核对笔迹。卖契内仲三曾亲笔书有‘大发’二字，合同内亦亲书有‘忠’字，亦可核对笔迹。且据仲三逐年交出之结册及总结簿清算，实应结存银四万二千余两，亦足以证明民与仲三所结契约之非虚。至立约后，民曾迭次请求履行契约，民国十四年，又托石懋益清问，时效即应中断。原法院谓民之请求权已因经过时效而消灭，且认契约有瑕疵，将民之诉驳回，实不甘服，请将原判决废弃，确认民与仲三所结买卖契约为有效，并判令邓岳生等交出年收五百石租谷之田业，及自民国六年起、至民国二十五年止之租谷一万石，以维权利”等语，提出卖契及合同之照片各一张、结册一本、总结簿一本、账簿一本为证。

被上诉人声明，求为驳回上诉之判决，其陈述要旨略谓“光绪三十二年民父仲三与石书麟合伙开设裕泰和号，经营棉纱生意。至民国元年，即壬子年，即行停业清算，结果石书麟尚应补民父一万八千余两。现在石书麟不交出最后两年之结册清算，反谓应结存四万二千余两，以其本银二万两，向民父买获遵义县永安里等处五百石租谷之田业，显属不实。又查其所呈卖契上所列中人、代笔人，均系书麟之雇员，并无同乡或其他之人在场，即令书麟能约中人等到庭证明，亦不能认为无串造揑诈情事。其所呈出之账簿，并不能证明系邓平波之笔迹，自不能以账簿作核对邓平波笔迹之用。又查契载邓仲三名下所书之押，系‘大发’二字，但民父历来所书之押，系‘[illegible]’形式①，民□出有契据数张可以证明，亦足证书麟所呈卖契为不实。至书麟所呈合同是否系原合同，民亦不知。是书麟所呈卖契，已不能认为实在，何能请求民交业交租。况民国六年，至起诉之日，已经十八年之久，依法其请求权已因时效而消灭，更何能请求交业交租。原法院将石书麟之诉驳回，实属合法，请将其上诉驳回，维持原判决”等语，提出契据三张为证。

① 三条弧线相交成三叶草的图案。

理由：按当事人主张之事实，须负举证责任，倘其所提出之证据，不足为其主张事实之证明，自不能认其主张为真实，业经最高法院着为判例（二十三年上字第一九四号）。本件上诉人主张：被上诉人等之父邓仲三因应归还上诉人裕泰和之本银盐秤二万两，合贵秤二万零三百四十两，特于民国六年，将其所有遵义县永安里永安庄杨沟村陈家坝等处地方，每年包收租谷五百石之田业，分卖与该上诉人，以抵还应退之本银，虽提出邓仲三所立卖契为证，但契上所载凭中人及代笔人，或已死亡，或远在他乡，不知其住所，无从传质，以证其卖契之为真实。而上诉人提出代笔人邓平波之故笔，又系账簿一本，无从证明系邓平波之故笔，亦难以账簿之笔迹作核对邓平波笔迹之用。卖契上邓仲三名下所书之押，“大发”二字，上诉人谓系仲三所书，并提出裕泰和合同内仲三所书之押即“忠”字以供核对笔迹，但据被上诉人主张，合同是否原合同，不得而知，其父邓仲三历来所书之押，系“ ”形式，并非书字，曾提出契据三张以为证明，则上诉人之主张，已难认为实在。况就合同上之“忠”字，与卖契上之“大发”二字，互相比对，其笔意结构处，亦不相符，则上诉人之主张，愈难认为真实。至上诉人提出裕泰和逐年之结册及总结册，谓最终结算，尚存银四万二千余两，以证明仲三尚应补上诉人之款，足以反证买卖契约为真实一节。查此项结册及总结册，如果两造并无争执，亦只能证明裕泰和尚存银四万二千余两，殊不能证明被上诉人等之父曾将田业卖与上诉人。是此项结册，对于本案亦无证据力。据上种种考查，上诉人提出之证据，实不足证明被上诉人等之父邓仲三曾立有卖契，将五百石之田卖与上诉人，依照上开法例，自难认其主张为真实，其请求判令被上诉人等交出契载田业及历年租谷，即难认为有理由。退步言之，即令上诉人提出之卖契系属实在，但自立约之日起迄起诉之日止，已历十八年之久，并未照约交业，亦未另立界畔约以资遵守，而上诉人于民国十四年，托石懋益向邓仲三清问，并由石懋益自向驻遵义之滇军张汝骥司令部请求追交田业后，又未于请求后六个月内起诉，依法不能认为有中断之原因，其请求权亦应因经过时效而消灭，何得更请求交业交租（参照最高法院二十四年度上字第四三一六号判例）。原法院将上诉人之请求驳回,尚无不当,上诉论旨,殊非有理。

据上论结,本件上诉为无理由,依民事诉讼法第四百四十六条第一项、第七十八条,判决如主文。

中华民国二十六年六月二十二日

贵州高等法院民事庭

审判长推事　傅启奎　印

推事　庄　敬　印

推事　鲍方汜　印

本件上诉期间为二十日,提出上诉状之法院为本院。

上件证明与原本无异。

书记官

中华民国二十六年□月□日

52 贵州高等法院民事判决二十六年上字第七〇二号

上　诉　人：龚王德诚，年四十五岁，贵阳县人，已故龚少舟之妇。

诉讼代理人：项　鹏，律师。

被 上 诉 人：凌秋鹗，年六十二岁，贵阳县人。

诉讼代理人：王　敉，律师。

上列当事人间，因请求退还股本事件，上诉人对于中华民国二十六年五月八日贵阳地方法院第一审判决，本院判决如下：

主文：原判决废弃，发回贵阳地方法院更为审判。

事实：上诉人提起上诉，请求废弃原判决。其陈述要旨略谓"氏先夫于民国十三年开安岳兴业社，入有两股（一千元），那时是凌秋鹗当总经理，到十四年凌秋鹗竟扯这股本去另做生意，各股东退股，有的股东转存永大，先夫不肯，凌秋鹗就说等他别处的钱转来，就退还股本，此为十六年的事。先夫是十八年死的，在先夫病时凌秋鹗去看，当着氏说是承认退的，随后氏又问过凌秋鹗的，现在氏只知道入股本时凌秋鹗当总经理，只晓得问他，氏在原审声请易推事回避，因听着话，殊不知他也不回避，要向原审裁定将氏声请驳回，是不服的"等语。

被上诉人诉讼代理人之答辩及其陈述要旨略谓"（上略）安岳兴业社十三年是凌秋鹗的经理，十四年就没有当了，即交刘方岳、刘月藩、蓝克安、王慎余等经理，安岳兴业社已于十六年解散，上诉人在十七八年都无如何追诉，事隔七八年，并且一切账目证据均在已故龚少舟手里，其告诉实不合法。至于上诉人不服裁定，声请回避一节，在原审判时，上诉人之代理人，并无不服之主张，应请将其上诉驳回"等语。

理由:按声请回避事件,被声请回避之推事,如以声请为正当者,视为已有应回避之裁定。又声请推事回避,经裁定驳回者,得于五日内抗告,其以声请为正当者,不得声明不服。又诉讼代理人,就其受委任之事件,有为一切诉讼行为之权,但舍弃认诺、撤回和解,提起上诉或再审之诉,及关于强制执行之行为或领取所争物,非受特别委任,不得为之,民事诉讼法第三十五条、第三十六条、第七十条第一项已定有明文。本件上诉人在原法院具状,声请承办推事易孙谋回避,原法院将其声请驳回后,并无送达证书,以证明上诉人已受合法送达,则其抗告期间,自属无从起算。况查原法院于二十六年四月七日,仍由易孙谋推事审讯,其时在四月三日裁定核发之后仅有四日,尚在抗告期间以内,而上诉人又复当庭供称"我曾递状,请换推事审讯,不得别话"之语,显有仍表示不复之意思,则其能否认为已有合法之抗告,不无审究之余地。且查于四月七日审讯之后,易孙谋推事曾于四月十五日签请回避,经原法院之院长在签内批明"依轮互换"字样,是易孙谋推事是否认其声请回避为正当,以及此项签呈,是否视同已有应回避之裁定而不能再行参与,亦属大有疑义。至上诉人在原法院所委任之诉讼代理人,无论在原法院之陈述,对于声请回避,有无异议,但既非受有特别委任,其于上诉人可得对声请回避之裁定提起抗告之权利,不能为之舍弃。乃原法院于上示各点,不详为审究,竟于二十六年五月六日仍由易孙谋推事开庭辩论,上诉人并未到庭,即行宣告辩论终结,予以判决,于法显有违背。本院为维持审级制度之必要,不能不认为有发还更审之原因。上诉人提起上诉,应认为有理由。

据上论结,本件上诉为有理由,依民事诉讼法第四百四十八条第一项判决如主文。

中华民国二十六年六月三十日

贵州高等法院民事庭

审判长推事　傅启奎

推事　鲍方汜

推事　庄　敬

本件上诉期间为二十日，上诉状应提出于本院。

上正本证明与原本无异。

书记官　王锟声

中华民国二十六年七月六日

53 贵州高等法院民事判决二十六年上字第一三〇号

上　诉　人: 刘荣生,年二十二岁,贵阳人,住三块田。

被上诉人: 刘汤素英,年二十岁,贵阳人,住广东街。

诉讼代理人: 项　鹏,律师。

上列当事人间,因婚姻事件,上诉人对于中华民国二十五年一月九日贵阳地方法院所为第一审判决,提起上诉,本院判决如下:

主文: 原判决关于赡养部分废弃,奁物部分变更,余仍维持其效力。刘荣生应将其所承认之奁物(见理由栏内)退还刘汤素英。刘荣生应给予刘汤素英所生之子(名成祖)之监护抚育费用,定为按月五元,自二十五年元月起至成祖满三岁之日止。本审诉讼费用,由两造平均负担。

事实: 上诉人之上诉,其陈述要旨略谓"民是民国二十一年,经吴智农,谢文林二人介绍,腊月间与测(刘)汤素英结的婚姻。那时民开绸缎铺,到二十二年民收了铺子,夫妻间感情都是好的,并无破裂情形。虽然她与我的家庭发生口角,但这是家间的事。民以前虽吸烟,现在已戒绝了几个月。至于说嫖的一点,那是结婚前的事。我并无虐待她情事,她对于家中老人不能相处,我另佃房子给她坐,就是她实在要离婚,我也愿意同她离了,但给予刘汤素英赡养费二百元,我出不起,不愿出,奁物我不愿退,所生的娃娃名叫成祖,我只承认从今年四月二十一日起到现在七个月的抚育费每月五元,我只要他抚至现在。至诉讼中止期间,我不得找人,向她说过,亲友些也管不了这事"云云。

被上诉人之答辩,其陈述要旨略谓"氏是二十一年腊月初八,和刘荣生结的婚。是去年他家乡来一个姐妹,我同她去玩公园,我转去晏了,他三姐就乱骂我，叫我各自出去。到八月间，我从外家回来，老公公就骂我。他们把煤米油盐都检藏起，他家一家人都各在房里躲着吃饭，我进去添饭，老公公就骂我，叫我滚，另去嫁人，我无法才投明街坊转外家，我父亲又叫我回去，殊不知他家又把灶房搬了，连柴都检在床脚，等我去拿柴，老公公又说我偷米，就打我。街坊上都看见过，有两个警士见着打，还说老公公不应该。后闹到区上去，刘荣生说些好话，才算了。嗣后，我转外家去，听着老张来同我说，我的木器已被张家封了等，我的父亲由重庆转来，还请胡元之周兴臣、宋亮之们，去同荣生的父亲说，叫他安顿一下都不答应。迨他们出门时，老公公就拿拐杖打我。他们见势不好，才喊我母亲带我转外家去，这事十月初三的事。继后，荣生又接我到圆通寺张展成的房子居住。我婆婆死，我还回刘家去戴孝。末后，我父亲见此情形，才向地院起诉。至刘荣生吸烟，我劝他戒，他还抹喉吊颈的来吓我。他嫖的妓女李玉书，前去两年，我还同荣生的姐妹去找荣生，在石家花园、鸭子塘两处撞着，我还同这李玉书吵过，并在荣生身上摸得像片一张。在中止诉讼期内，刘家也没有请人来说过，连裁判的每月五块钱也不得拿，他还把我的木器卖送张家，得六十块钱。现在我实在不能与荣生家相处，愿与荣生离婚。第一审判的赡养费，我不要了。但小孩子要他算给，除均院判的五元一月的抚育费外，应偿我借来供小孩医药等费用的一百二十元。刘荣生那天有钱，那天来引去就是。若要抚满三岁，那非照地院判给的抚育费不可。我的衣服也不要了，奁物木器和摆设器具要他返还”云云。

理由：本件前经本院认两造尚有和谐之希望，裁定中止诉讼程序四个月。兹拒被上诉人声请继行诉讼，前来开庭审理。关于婚姻部分，已经两造当庭协意，均愿离婚。关于赡养费及返还奁物内之衣服一部，亦经被上诉人当庭声明，自愿抛弃，均无庸议外，所应审究者，即被上诉人之奁物中木器及陈设器具，是否亦应返还？又上诉人与被上诉人所生之子名成祖之监护、抚育费用，究应如何给予及成祖之监护期间应至何时，数者是已。兹分项说明于下：

（甲）据上诉人四月二十日在本院言词辩论供称：“木器些完全是在的，如皮箱也是在的，还有茶壶、锡灯、茶杯、冬瓜坛瓷、鼓子、东洋瓷瓶、胰子缸、皮捧盒、瓷纸条筒、火盆、皮盘，都是在的。惟飞马大钟、德国闹钟斗方描金的瓷帽筒，都拿卖了；洋灯、瓷壶、锡壶，已滥了；湖绉大绸帐予(子)、大红毛毡、绣花枕头、门帘绣花披垫，都拿当了；锦缎被面不在了；直贡呢褥子，刘汤素英已拿去了。”又据被上诉人供：“刘荣生承认的东西，我只要木器和摆设就是，衣服些不要了”(见十二月二十四日本院答辩笔录)，是被上诉人之奁物，上诉人当卖外，现木器各物既经上诉人承认存在，即应概行返还，以断纠葛。

(乙)按现行法例，父母对于未成年之子女均有保护及教养之权利义务，本件上诉人与被上诉人所生之子名成祖，现尚未满二岁，既在襁褓哺乳期间，两造均有监护抚育之义务。原法院认为一旦失母，势难长养，依民法第一千零五十五条但书之规定，判由被上诉人抚育至三岁时再交上诉人监护，固无不合，惟所需之抚育费，虽判由上诉人负担，然并未判明数目及起讫期日，今两造对于此点，既主张各异，应由本院酌量上诉人之资力，定为由上诉人给予被上诉人之监护抚育费，按月五元，并应自民国二十五年元月起(被上诉人主张自与上讼人别居时之腊月起，查废历腊月适当二十五年元月)，至成祖满二岁之日止，以杜日后争执。

据上论结，本件上诉，一部为有理由，一部为无理由，依民事诉讼法第四百四十六条第一项，第四百四十七条，第八十七条第二项，第七十九条，判决如主文。

中华民国二十六年十月二十九日

贵州高等法院民事庭

审判长推事傅启奎　印

推事　鲍方氾　印

推事　庄　敬　印

本家上诉期间为二十日，上诉状应提出于本院。

上件证明与原本无异。

书记官

中华民国二十六年十一月七日

54 贵州高等法院民事判决二十五年上字第一八四号

上　诉　人： 徐老三，年三十二岁，平坝人，现住贵阳。

徐雷氏，年未详，徐老三之妻。

被上诉人： 徐刘氏，年六十岁，平坝县人。

辅　佐　人： 徐玉贞，年二十五岁，徐刘氏之女。

上列当事人间，因请求终止收养关系及交还契约事件上诉，对于中华民国二十五年八月二十八日贵阳地方法院第一审判决提起上诉，本院判决如下：

主文： 原判决废弃。本件应以平坝县政府为管辖第一审之法院。

事实： 上诉人提起上诉，请求废弃原判决，驳回被上诉人在第一审之请求。其陈述要旨略谓“宣告终止收养关系，须一方为有恶意，遗弃他方时，始能准许。原审据此终止民之收养关系，殊被上诉人并未言及，不过谓民否认其生活，向徐李氏处诈得契据，一面投税，一面在外抵借。及当庭辩论，亦未言及。而原审竟以恶意遗弃一语，妄加诸民，不知何根据。况民虽在贵阳佣工，而田土完全由被上诉人代为经管收租，自由食用，又何遗弃之有？再民被抱为子，并将寡媳嫁民为妻。如民否认其生活，又何以于民国十九年三月初十日将烧茶冲之田卖与民，并将马洞小关口立据赠与民乎。原察（审）判民应将契据交还，尤属不近情理。是被上诉人立送立卖永远管业之契，将使之等于废纸，如此判决，并令民负担诉讼费用，实所不服”等语。

据［被］上诉人请求判决驳回上诉人之上诉，其答辩要旨略谓“氏住居平坝，因孀居子故，遗媳母女三人守业度日。适有徐老三见氏略有微产，愿为氏子，氏认为实在，将媳招伊“同来省未及一月，即向氏要洋开染，氏无银不允，受该夫妇虐待，特将契约等伴(件)寄存阿什坡徐李氏处，随即转乡。该徐老三夫妇即向徐李氏诈取氏之契约，而去造契约投税，在外抵押，氏得悉其情，始向各处阻止徐老三夫妇图业行为，有意断绝氏母女生机，报明族中，经族长徐辑五等，认为不合，当众撤销收养关系，另继亲友徐树保为嗣。惟契约当在伊手，终属余患，特起诉于贵阳地方法院，经原审判决，将收养关系宣告终止，并命徐老三将氏之契约交还与氏，并无不合”等语。

理由：按收养无效或撤销收养，与高(承)认收养关系成立或不成立及终止收养关系之诉，专属养父母之住所地或其死亡时住所之法院管辖。又第二审法院不得以第一审法院无管辖权而废弃原判决，但违肯(背)专属管辖之规定者，不在此限，民事诉讼法第五百七十九条、第四百十九条第一项定有明文。本件两造因请求终止收养关系及交还契约事件，上诉人提起第二审上诉。本院查本件诉讼系专属管辖，不能由当事人及法院任意变更，被上诉人系住居平坝县属(被上诉人在本院及原审供称)。至于贵阳不过其短期内之居所，则定本件诉讼之管辖，自应属于被上诉人住所地之平坝县政府，贵阳地方法院决无管辖之权，被上诉人迳向原法院提起诉讼，自属错误。原法院亦不查明，竟予受理审判，依照上开法条规定，显有违背其判决，应予废弃。

据上论结，本件原判应予废弃，并依民事诉讼法第四百十九条第二项为判决如主文。

中华民国二十五年十一月二十三日

贵州高等法院民庭

审判长推事　傅启奎

推事　鲍方汜

推事　丁　珩

上正本证明与原本无异。

书记官

中华民国二十五年十一月□日

55 贵州高等法院民事判决二十五年上字第二〇七号

上 诉 人：罗天富，年四十二岁，贵阳县人。

被上诉人：姚汉臣，年四十二岁，湖南人，现住贵阳。

上列当事人间因请求偿还债务事件，上诉人对于中华民国二十五年九月二十五日贵阳地方法院第一审判决提起一部上诉，本院判决如下：

主文：原判决关于罗天富应偿还姚汉臣洋二十四元、米两石之部分变更。罗天富除应偿还姚汉臣债务法币一元、无利外，尚应偿还姚汉臣债务法币十元，并自二十五年正月十八日起，给付周年百分之二十之利息。本审诉讼费用由两造平均负担。

事实：上诉人提起上诉，请求变更原判决。其陈述要旨略谓“民欠姚汉臣之借款，前后共五十元行息，揭契一张交抵，立有约据，但至今年六月民筹款，将本洋还清，下欠本息十四元，批明字据，限期补清，后执款往补，姚突存欺诈，勾结张寿龄代笔，中人陈炳荣、陈小阶，捏谓民前预卖米二石与姚，并欠姚十元，措不揭还契据，及民赶马运物，反将民马二匹估挡而去，经保理剖劝还二十四元未协，诉经原审不予详查，判民偿还二十四元、米二石，姚始返还民马，下欠姚之本利仅十四元。至云民欠姚十元、米二石皆属虚构，似此裁判，民何甘服，请求变更原判，并判令姚赔偿损害”等语。

被上诉人答辩意旨略谓“罗天富欠民之债，除偿还外，尚欠民洋二十四元，卖米二石，其时领去洋十六元，事属确定。立据时，系张寿龄代笔，罗亲自签押。而张等皆系本地人氏，岂背（肯）为民诈伪？民挡马之原因，乃屡次往索，毫无着落。后在永乐堡街撞遇罗赶马，向其讨取，语言支吾，不得已而为。现据约呈验在案，罗尚属朦捏，实无天良。民诉讼及马草等费，未蒙判偿,请饬如数迅将本息、米银及诉讼费、草费一律交出”等语。

理由: 本件关于所欠被上诉人本息十四元之部分,已为两造所不争。兹所应解决者,即上诉人于二十五年正月十八日所借被上诉人债务之十元是否属实,以及同日所立解米二石之凭条是否即为十元债务之利息,是也。关于此点,两造争执,各走极端。当经本院传讯,代笔张寿龄、中人陈小阶、陈炳荣,除陈小阶、陈炳荣与被上诉人均有姻亲关系,其供述自难凭信。惟张寿黔(龄)于当日系代笔,且与两造均无关系,其供证自足可供采取。当据在庭供称,上诉人实借被上诉人债务十元,并言明每场(即六天)解米利一斗。自二十五年正月十八日起有个闰三月,到四月十八日,计四个月,共解米二石,立条两张。据此,是上诉人之借被上诉人十元债务,立有凭条,自属实在。上诉人凭空否认,殊无理由。惟查现行民法债编曾有约定利率不得过周年百分之二十规定,被上诉人借与上诉人之债务仅只十元,为期又仅四月,而竟约定米利至二石之多,已属违背法律所定之利率,被上诉人殊无请求给付之权,应由本院以职权变更,判令上诉人照周年百分之二十给付利息,以贻平允,原判关于此部分应予变更。至上诉人当庭请求判令被上诉人挡去马匹,应赔偿损害,及被上诉人请求给付马草费用一节,查均系原审未经判决之件,应由当事人另案诉请裁判,本院应不予审究。上诉人之上诉,应认为有理由。

据上论结,本件上诉为有理由,依民事诉讼法第四百四十七条、第七十九条判决如主文。

中华民国二十五年十一月二十七日

贵州高等法院民庭

审判长推事　傅启奎

推事　鲍方汜

推事　丁　珩

上件证明与原本无异。

书记官

中华民国二十五年十一月□日

56 贵州高等法院民事判决二十五年上字第二一八号

上　诉　人：杨树之，年三十一岁，住贵阳县属关上。

诉讼代理人：刘明先，年四十一岁，住同上。

被 上 诉 人：黄正德，年五十七岁，住贵阳县属毛寨。

上列当事人间求偿债务事件，对于中华民国二十五年九月卅日贵阳地方法院第一审判决，提起上诉，本院判决如下：

主文：原判决废弃。黄正德应偿还杨树之债务法币一百一十元，并自民国二十二年废历十月四日起，给付周年百分之二十之利息。第一、二审诉讼费用，由黄正德负担。

事实：上诉人请求废弃原判决，改判被上诉人清偿本利。其陈述要旨略谓"黄正德于民国十九年废历二月二十五日向民借大洋一百一十元，约定每月每元利息二仙，以其所有水口田及毛寨新瓦房四间作抵，请有罗茂安代笔，书立借约为凭，并揭交水口田田业契一张，交民收执，有罗茂安及凭中杨珍祥等可质，黄正德应解利息，共计仅解九十五元，即拖延不付，民始起诉，请求偿还。殊黄正德竟谓与民赌输之款，所付九十五元系还本银，原审不传证讯明，竟认黄正德之主张为实在，将民之请求驳回，实不甘服"，提出借约及田契各一张为证。

被上诉人请求维持原判决，驳回上诉人之上诉。其答辩要旨略谓"民国十九年正月内，民在关上赶场，杨树之约民玩赌，民输伊小洋一百一十元，至二月内民始请罗德章书一承认字据，交杨树之执掌，并揭交水口田田业契一张作抵，约内说明以六年还清，并无利息。民还至二十三年，已还去九十五元，现只欠十元。今年民持洋还伊，揭回田契，树之竟谓系属借款，并有利息。原审查明，将其请求驳回，实属合法，请将其上诉驳回”等语。

理由：本件被上诉人应偿上诉人之债务为一百一十元，并已先后给付九十五元，已为两造不争之事实，应无庸议。兹将应解决者，即此项债务之发生，究系基于合法之消费借贷契约，抑系因赌博而发生及此项债务是否大洋，有无利息而已。查上诉人主张系属合法之消费借贷，债款系属大洋，每月每元利息二仙，有借约一纸、抵押之田契一纸为凭，经本院传质代笔人罗茂安、凭中人杨珍祥，亦据称被上诉人于民国十九年阴历二月二十五日，向上诉人借大洋一百一十元，按月每元行息二仙，并立有借约，交有田契作抵属实，则上诉人之主张已足认为实在。被上诉人虽谓系赌博所输之债，由罗德章书一承认偿小洋一百一十元之承认字，仅揭交抵契一张，并无利息等语，但并无何项证据以资证明。经本院传质罗德章，又据称曾为被上诉人书一承认字，至是否大洋，有无利息及是否系属借款，均已忘却，等语，则被上诉人之主张，自不能认为实在。原法院未传证讯明，将上诉人之请求驳回，殊有未当。被上诉人应偿上诉人之债，既有利息，则其先后所付之九十五元，依民法第三百二十三条规定，自应以之抵充利息。被上诉人谓无利息，作系还本，殊无理由。惟查约定利率超过周年百分之二十者，债权人对于超过部分之利息无请求权，民法第二百零五条已定有明文，双方约定之利息系每月每元二仙，实已超过周年百分之二十限制，其超过部分依照上开法条，上诉人自无请求权，被上诉人所付之利息九十五元，依双方约定利率计算，已付至二十二年废历十月三日，则至二十二年废历十月四日以后之利息，应判令被上诉人照周年百分之二十之利率计算给付，以昭公允。

据上论结，本件上诉人为有理由，依民事诉讼法第四百四十七条、第七十八条，判决如主文。

中华民国二十五年十一月二十三日

贵州高等法院民事庭
审判长推事　傅启奎

推事 鲍方汜

推事 丁 珩

上正本证明与原本无异。

书记官

中华民国二十五年十一月□日

57 贵州高等法院民事判决二十五年上字第二二号

上　诉　人: 苟子章,年五十三岁,住贵阳团井巷。

诉讼代理人: 熊永龙,律师。

被 上 诉 人: 胡阿崽,即苟荣宣,亦即苏胡氏,年未详,住贵阳次南门外。

诉讼代理人: 苏德芳,年二十四岁,住同上,胡阿崽之夫。

项　鹏,律师。

上列当事人间,因请求确认立嗣成立,并交付继产事件,上诉人对于中华民国二十五年十月三日贵阳地方法院第一审判决,提起上诉,本院判决如下:

主文: 上诉驳回;本审诉讼费用由上诉人负担。

事实: 上诉人声明求为废弃原判决,确认其为苟乐山之嗣子,命被上诉人交还乐山所遗产业之判决。其陈述要旨略谓"苟乐山乏嗣,仅有女文凤、文英二人,乃于前清光绪十九年三月继民为子,立继当时并未书立抱约,现在仅有当时在场之黄胡氏、彭凯臣、苟介臣等尚在,可以证明。光绪二十三年八月二十二日,乐山病卒,遗下文凤、文英二人,并遗有次南门外房屋。是时,民在铜仁任事,至九月底始返家奔丧,乐山已经胡黄氏、文凤等安葬,文凤宣言不愿出阁,自愿在家照拂(扶),民复出外任事,孰料文英夭折,文凤出嫁胡润[生],然苟氏宗祀赖伊料理,故族人未便过问。文凤于民国十三年亡故,遗一女阿崽,所有乐山业契即由润生隐藏。未几润生又殁,阿崽出嫁苏德芳,更欲霸卖产业。民闻信,始由湖南回省,清问交涉不协,始行起诉。殊原法院认民非乐山之嗣子,将民之诉驳回,实不甘服,请将原判废弃,确认民为乐山之嗣子,命阿崽交还乐山遗产"等语。

被上诉人声明，求为驳回上诉之判决。其陈述要旨略谓“民乃胡润生与苟文凤之亲女，润生乃苟乐山招赘上门之半子半婿，乐山乏嗣，即以润生继承家业，所有苟姓生养死葬及祭扫坟茔，即由润生办理，实未继苟子章为嗣子，乐山临终时恐日后发生不测，草有遗嘱为凭。其中所载不但无承继人，且无其他宗支可考。虽遗嘱内之证人黄义清系黄胡氏之侄，不肯到庭作证，但乐山死后系由民母文凤及文英二人点主，有神主可凭。如确立有子章为子，何以不由子章点主？民国二年民父润生为乐山立碑，亦系以民父之名立碑，亦足以证明乐山并未继子章为子。立碑后二十余年，子章所举之证人苟介臣、黄胡氏等亦未有异议。兹因黄胡氏与民因事失和，即串同子章出面而妄争。原法院查明将其请求驳回，实无不合，请仍将其上诉驳回”等语，呈出乐山之神主、遗嘱、墓碑碑文为记。

理由：按原告对于其所主张之起诉原因，并无确切之证明，而被告就其所主张之抗辩事实，已有反证，足以证明其为真实者，当然驳回原告之诉，最高法院已经着为判例。本件上诉人主张苟乐山于前清光绪十九年三月，曾继该上诉人为子，应由该上诉人继承乐山所遗产业。但据该上诉人供，立继时并未书立抱约为凭，而该上诉人所称，立继当时在场之证人黄胡氏、彭凯臣二人，经本院传案质讯。又据黄胡氏供“苟乐山接我到他家，经理家务，我未到他家之先，乐山已经过继苟子章为子。我在乐山家十几年，乐山才死。乐山夫妇在时，常说过过继子章为子，但我没有看见过继”等语。彭凯臣亦供“光绪二十五年六月，民听苟子章之叔苟冠之说，苟乐山一支打主意过继一人为子，民说长子不能过继，只有拿子章过继。其后民亦不知过继没有，那时乐山已死了几年，民和乐山都没有会过面”等语。据此供词考查，则上诉人所称“已于光绪十九年继与苟乐山为子”之语，并不能证明其为实在，备极显然。苟介臣在原法院虽供称“光绪十九年乐山继子章为子，我与彭凯臣都到场”等语，但核之黄胡氏、彭凯臣之供述，其为串同（通）作证，亦极明瞭。况乐山死时系被上诉人之母文凤及文英为主，被上诉人呈有乐山之神主可凭，黄胡氏亦证明乐山确系由文凤、文英点主。倘该上诉人确已过继苟乐山为子，何以不由该上诉人点主，而任文凤、文英二人点主。即令点主时，该上诉人未在贵阳，何以上诉人于九月底到贵阳，并无异议。且任文凤、文英管理乐山遗产数十年之久而不争执，于此愈足证明苟乐山未继上诉人为子。上诉人既非苟乐山之嗣子，则其请求被上诉人交付乐山遗产，自非有理。原法院以上诉人对于起诉之原因无确切之证明，而被上诉人就其主张之抗辩事实，又已有反证，足以证明其为真实，将上诉人之请求予以驳回，核之上开判例，尚无不合。上诉论旨，殊非有理，应予驳回。

据上论结，本件上诉为无理由，依民事诉讼法第四百四十六条第一项、第七十八条判决如主文。

中华民国二十五年十一月二十五日

贵州高等法院民事庭

审判长推事　傅启奎

推事　鲍方汜

推事　丁　珩

本件上诉期间为二十日，提出上诉状于法院为本院。

上正本证明与原本无异。

书记官

中华民国二十五年十二月□日

58 贵州高等法院民事判决二十六年上字第一八一号

上　诉　人： 傅荣煊，年五十二岁，住贵阳县威西路。

蓝云程，年四十二岁，住贵阳县。

吴孔祥，亡故。

诉讼代理人： 王　敉，律师。

被 上 诉 人： 王震华，年三十六岁，住贵阳县院前街。

诉讼代理人： 刘　淦，律师。

被 上 诉 人： 王羽华，年未详，王震华之弟。

王老九，年未详，王震华之弟。

王炳全，年未详，王震华之兄。

上列当事人间，因请求偿还货款及赔偿损害事件，上诉人对于贵阳地方法院中华民国二十一年九月三十日第一审判决，提起上诉，本院判决如下：

主文： 原判决，除关于傅荣煊赔偿王震华马脚部分外，废弃。王震华弟兄，应退还傅荣煊等货款中洋三千一百二十三元四角四[illegible]第一审之请求，除马脚外，驳回。第一、二、三审诉讼费用，由[illegible]

事实： 上诉人请求废弃原判决，被上诉人退还货款，[illegible]之请求。其陈述要旨称“民等开设同义永铁号，王震华弟兄[illegible]民国十九年十二月，民等与王震华结约，预定炉火一盖，专卖与民号，每铁千斤，定价中洋八十六元，当先交货价中洋四千元，立约后，即自民国二十年废历正月下旬开矿出货，震华陆续解铁二万四千余斤，又先后取去中洋一千二百余元，连前得去之中洋五千二百余元，嗣因震华无铁可交，截至二十年古历三月该厂停火，尚欠民铁三万余斤，有账簿收据存根可凭，应由王震华弟兄偿还。鞠星辉系震华厂上先生，反谓系民等派去霸伊铁厂，并谓伊厂上有铁若干，用器若干，及工人的工价特货又若干，均已损失。原审判民赔偿，民不甘服”等语。

被上诉人声明求为驳回上诉之判决，其答辩要旨略称“民与傅荣煊等结约，卖铁与伊，每千斤价中洋八十六元，并无争执，民继续解铁，傅荣煊曾出有收条，但此项收条，已被鞠星辉得去。至民所得之款，均在傅荣煊账簿内，盖有民的章。其未盖章之部分，系鞠星辉经手，民不负责。又鞠星辉并非民厂所请记账的先生，实是傅荣煊等欲霸民厂，于二十年三月二十九日，扣留民马后，派至洛湾，占据民厂，有吴孔祥之信可凭。鞠星辉霸占民厂后，将民厂内所存铁版四万斤，铁砂二万斤，尽砂成铁，运至傅荣煊。所有厂内用器、特货等，亦均损失，工人长支去之工价，亦因鞠星辉将工人解散，无从收回。原审判令傅荣煊赔偿，自系合法”等语。

理由：本件上诉人与被上诉人结约，买卖铁货，定价每铁一千斤，合中洋八十六元，双方并无争执。被上诉人所得上诉人之款，除鞠星辉经手之数，仍有争执外，其余之款，经王震华盖有名章，双方亦无异议。兹所当解决者，即鞠星辉是否上诉人派往霸占被上诉人铁厂，及被上诉人离厂时所存铁版，是否有四万斤。如有四万斤，有何证据，可以证明已炒成熟铁，为上诉人所得，是已。关于鞠星辉霸占铁厂一点，据被上诉人所提证据，系（一）吴孔祥之函；（二）刘云臣之证言；（三）上诉人四月三十日之函。查吴孔祥之函，就全文观察，固不能遽指为概系转述王震华信中之语，但吴孔祥函内所述“夺权霸厂，希图独占权利”各语，其用意何在，虽吴孔祥已死，未能直接讯明。然蔡继先在原审法院二十一年元月一日当庭述称“民是吴孔祥的先生，来证明吴孔祥写信，是以私人名誉叫王震华进城来，同傅荣煊算账，王震华有赖骗之意思，故写信哄他进城，并非证明傅荣煊等唆使鞠星辉霸厂，信还是民亲手写的”。是吴孔祥之函，意在诱使震华入城算账，并非指实星辉霸厂，已足认定。刘云臣虽述称“民是前年正月二十几去帮他扯大炉，扯到三月二十几，我们就回家去了。我们出厂后，鞠星辉又来，我遇到他，他说建设厅叫他来照扶厂中的”。但本院派书记官前往调查时，刘云臣则称“他来时说是省上喊他来要铁的，他到下就不准王震华进厂，招呼我们帮他做了几天工，支不到钱，我们才走的”。将前后所述情形相较，一为鞠星辉到厂时（据被上诉人称，系三月二十九日）刘云臣业已出厂，其得闻建设厅命往照扶铁厂之言，系在出厂后遇鞠所云；一为鞠星辉到厂后，刘云臣尚作工数日，始行离厂，而鞠星辉所说来厂要铁，即在初到之时，且无出厂后再遇星辉情形。是此项证言，先后既不一致，自难采为证据。上诉人四月三十日致被上诉人之函，其用纸墨迹，既与上诉人其他盖章之信相符，固应认为系上诉人所写，但该函内容，系通知砂子被邵家挡去，及点查用器，并促被上诉人进省。而对鞠星辉霸厂事实，仍不能作积极之证明。据上述各点观察，被上诉人所举各证，均不足采，自不能不以鞠星辉所供“我系帮王震华，当先生，在厂内记账”之语为真实。至余存铁版部分，查被上诉人在原审法院二十年九月十八日供称“民厂内还有砂八万多铁版”，在本院庭讯时则称“尚存四万多斤铁版”。先后所述斤数，已不相符。虽二十二年十月十六日，在本院具状辩称“民所有铁版八万余斤，系立约之日统计，民已炒出熟铁二万五千余斤，交解伊号，除此数外，在鞠恶手实炒得四万余斤”。但经本院诘以“每千斤铁版，能炒成熟铁若干”，据答“可以炒得七百斤”，则八万余斤铁版，当炒得熟铁五万余斤，除解交二万余斤外，仅能存三万斤，何以辩称在鞠手实炒得四万余斤，究竟余存铁版，为数若干，炒成熟铁，又有若干，被上诉人前后陈述，既自相矛盾，则在本院所主张余存铁版四万余斤，即难置信。要之，余存铁版，无论为数若干，如认为炒熟运交上诉人，须有相当之证据，以资证明，否则即难认为真实，岂可凭诸理想，以为鞠星辉在厂，即推定存铁概系运交上诉人？兹就上诉人所提出收据存根及簿记核算，上诉人交付被上诉人之货款（连鞠星辉经手所取在内），共中洋五千二百四十三元二角五分，被上诉人所解交上诉人之熟铁（连鞠星辉所解在内），共二万四千六百四十九斤，照每千斤合价中洋八十六元计算，应合中洋二千一百一十九元八角一分，两抵，被上诉人实长得货款中洋三千一百二十三元四角四分，应由被上诉人王震华弟兄归还。至应否给付利息，未经上诉人请求，毋庸置议。原审法院将傅荣煊、蓝云程之诉驳回，判令补偿王震华所称各项损失，及鞠星辉经手所取用之款，由鞠星辉负责偿还，均属不合，应予以废弃。

总上论结，本件为有理由，依民事诉讼法第四百四十七条、第七十八条、第八十七条第二项，判决如主文。

中华民国二十六年元月十六日

贵州高等法院民事庭

审判长推事　何锡清　印

推事　吴绳武　印

推事　易孙谋　印

上件证明与原本无异。

书记官

中华民国二十六年一月八日

59 贵州高等法院民事判决二十六年上字第二五九号

上　诉　人: 王袁淑贞,年二十九岁,住贵阳县新东门,无业。

辅　佐　人: 袁靖夷,年七十岁,住同上,王袁淑贞之父。

诉讼代理人: 熊永龙,律师。

被上诉讼人: 王子镒,年四十七岁,住贵阳县新东门,业商。

上列当事人间,请求别居及给付家庭生活费事件,上诉人对于中华民国二十五年十一月五日贵阳地方法院第一审判决,提起上诉,本院判决如下:

主文: 原判决废弃。王袁淑贞准与王子镒别居,于别居期间内,并由王子镒按月付给王袁淑贞家庭生活费用法币七元。第一、二审诉讼费用,由王子镒负担。

事实: 上诉人求为废弃原判决,准与被上诉人别居,并由被上诉人按月给与家庭生活费用之判决。其陈述要旨略谓"民国二十三年,氏嫁与王子镒为妻。自去岁以来,子镒对氏即常有虐待行为。本年六月四日,亲送代李邓氏所做之鞋于其家中,子镒即随后追至,谓氏在李邓氏家有不正行为,去讨风水(讨风水即与人通奸之意),秽言辱骂,不堪入耳,并在李邓氏门外及在途中,逞凶殴打,有李邓氏可以证明。嗣因亲友劝解,不准子镒再有虐待辱侮行为。殊子镒仍有虐待,七月十三日夜间,复唆其弟有年辱骂殴打,氏始回外家暂避,而子镒竟借此一遗弃不顾。经街邻亲友等劝其接回,亦不允许。又王子镒现在复与其已离婚之前妻龚氏,在乡间继行通奸,显属重婚。子镒既有虐待、侮辱、遗弃之行为,又与龚氏通奸,氏实不能再与子镒同居。至氏之家庭生活费,应由王子镒负担,子镒有数万元之产业,请判令按月给付二三十元之家庭生活费用,俟子镒有悔悟,氏再回家同居"

等语。

被上诉人为请求驳回上诉之判决，其陈述要旨略谓“民与王袁淑贞结婚后，并未有虐待淑贞之行为，她不理家务，不守妇道，民均未过问。今年六月四日，淑贞到李邓氏家，民去找着，她不肯回家，民与她口角，用手推她快走，致将她推跌在地，并未殴打。淑贞回外家居住，系其自去，非民不负扶养义务，何能谓为遗弃？民前妻龚氏，已经离婚，现住乡间，民并未接回居住，尤无通奸情事。至民所有财产，年仅收房租数百元，谷数十石，经商资本仅有数百元，淑贞请求别居，并给付家庭生活费，实无理由，请驳回其上诉”等语。

理由：按夫妻间，如有不能同居之正当理由，原可不负同居之义务，民法第一千零一条，已定有明文。又夫如诬称其妻与人通奸，实足以使其妻受精神上之痛苦，不得不谓非不堪同居之虐待，亦经最高法院着为判例。本件上诉人谓被上诉人对于该上诉人时常殴打辱骂，被上诉人又与其已离婚之前妻龚氏有通奸之行为，虽不能提出证据，以证明曾受被上诉人打骂，及被上诉人确有与龚氏有通奸之行为，但至二十四年十月以后，双方感情即渐恶劣，双方已经当庭供认。二十五年六月四日，上诉人至李邓氏家后，被上诉人即跟踪而至，辱骂上诉人有与人通奸之行为，并殴打上诉人，已有李邓氏到庭证明属实。而被上诉人亦供认至李邓氏家口角，曾推上诉人跌在地上不虚。本院庭讯时，该上诉人犹谓“上诉人去讨风水，得个儿子，我也愿意”等语，是被上诉人诬称上诉人与人通奸，实足以使上诉人受精神上之痛苦。依照上开判例，即不得非谓不堪同居之虐待，上诉人本此理由，请求别居，即不得谓非正当理由。原法院将上诉人之请求驳回，殊有未当。又查妻别居后之生活费用，即属家庭生活费用（参照院字第七七零号解释），两造既未以契约定立夫妻财产制，则依民法第一零零五条、第一零二六条之规定，即上诉人别居后之家庭生活费，自应由被上诉人支付。至生活费用之数额，上诉人虽谓“被上诉人有数万元之家产”，但无证据以资证明，而被上诉人又只承认年仅数百元之收入。兹由本院酌量上诉人实际上之需要，及被上诉人之能力，判令被上诉人于别居期间内，按月给付上诉人家庭生活费用法币七元，以资生活。

据上论结，本件上诉为有理由，依民事诉讼法第四百四十七条、第七十八条，判决如主文。

中华民国二十六年元月二十日

贵州高等法院民事庭

审判长推事 傅启奎 印

推事 庄 敬 印

推事 鲍方汜 印

本家上诉期间为二十日，提出上诉状之法院为本院。

上件证明与原本无异。

书记官

中华民国二十六年元月□日

60 贵州高等法院民事判决二十六年上字第九五号

上　诉　人： 郭宪廷，年四十岁，平坝县人。
郭明臣，年四十三岁，同上。
郭明先，年未详，同上。
郭蒙氏，同上。
诉讼代理人： 吕齐昌，律师。
被 上 诉 人： 王滨芳，年四十七岁，平坝县人。
王葆初，年四十三岁，同上。
王运祥，年三十岁，同上。
王锡九，年四十五岁，同上。

上列当事人间，因确认不动产所有权事件，上诉人对于中华民国二十一年五月二十七日，平坝县政府第一审判决，提起上诉，经本院判决后，被上诉人不服上诉，经最高法院判决，发回更审，本院判决如下：

主文： 原判决废弃。被上诉人等在第一审之请求驳回。第一、二、三审诉讼费用，由被上诉人负担。

事实： 上诉人求为废弃原判决，其上诉要旨略谓“民等先祖，自明季落业于镇宁属陇革枝，罗鬼坝（按即罗神坝）地方，前后买获吴张黄李诸姓之房基田土，原上镇粮二石五斗，均有业契可凭。民国以来，始划平坝管辖，讵有平坝劣绅王滨芳等先辈，得买民寨白虎山安厝祖坟，并置坟两旁田一份，系载平坝（按原为安平）前九，课粮七升四合。伊祖胁迫民祖耕种此田，每年纳租八石四斗，亦有收据可查。彼此之业，虽属两县毗连，然各有界线管业。乃今王姓恃强，不惜伪造侵占，乘清查田亩时，妄插界碑，越界至民寨门口里许，图占民等之田，计有百余丘之多，民等向其据理力争，殊伊等不由分辩，反捏词告诉平坝县政府，而原县不详慎履勘，不审核民等所有契据，竟依王等片面之词，将民等寨门口田土坟山判归王姓管有，另行招佃耕种，不知伊等坟两旁之田，已足八十二丘之数，田业现仍存在，可见寨门口之田，实非王姓所有，似此县判决失平，实难甘服，请求废弃原判，依法判决"云云，并提出买获各姓田土契纸、粮单等件，暨地图一纸作证。

被上诉人请求为驳回上诉之判决，其答辩要旨略谓"民等系宗祠代表，原有宗祠祭产一份，在平坝县第六区罗神坝门首，有明代崇祯年老契，及前清红契可凭，因被恶佃郭献廷（按即郭宪廷）、郭蒙氏、郭明臣、郭明先、郭登仲等，侵占盗卖，诉经平坝县政府，判令代表祠中照约全都收回，另行安发。乃恶佃等，不服原判，借上诉拖延，请求维持原判，驳回其上诉，该恶佃等实系借契妄争，不足为凭"云云，并提出买契二纸，地图暨地图一纸作证。

理由：按原告就起诉之事实，应先负举证之责。若原告不能举证，或其所举证据，不足为其所主张事实存在之证明，则不问被告能否举出反证，及其所举反证是否属实，均应将原告之诉予以驳回，业经最高法院二十二年上字第五五七号着为判例。本件上诉人，承种被上诉人王氏宗祠田亩八十二丘，及年租谷八石四斗，为两造所不争。又上诉人对于承种之田，现未耕种，均毋庸置议外，兹应审究者，即在系争地点，是否上诉人自置之产，抑为上诉人承种被上诉人之产，及该田地所有权，完（究）应谁属，是已。本院查被上诉人提出买契二张，一为"崇祯三年"陈于音、阿生立卖与王之贤阴地水田荒坡，一为"光绪元年"王兴邦、王名邦、王建邦立卖与王宗祠阴地水田荒坡，前契载"将罗鬼坝门首自己名下荒坡二个，田一份，大大小小八十二丘，随田前九科粮五升四合，又二升，（中略）其四至，东抵坡顶，南抵关口，西抵路，北抵罗鬼坝坡，（下略）"，后契载"将到之贤祖爷置罗神坝，自己承受坡一个，田一份，寨苑半个，其田大小零星难计，四至左抵坟，前抵青龙山，右抵白虎山，前抵大路，后抵坟之主山顶，（中略）前九科五升四合，又二升，（下略）"。是被上诉人提出之契据，两契之粮额既属同一，即后契既系直接承受前契而来，何以不惟前后载四至已不相符？又前契载"坡二个，田一份，大小八十二丘"，而后契仅载"坡二个，田一份”，且多“寨苑半个”，其田更“大小零星难计”，是两契记载，互有出入。况据被上诉人供称，“我们这田业是齐齐整整的”，又称“在我们八十二丘之田，原来是平平坦坦的”（见二十六年元月二十三日本院更审言词辩论笔录）。夫既曰“齐齐整整平平坦坦”，则核与“大小零星难计”之契载，形状不类，事理所无，显系证据不实，即非系争之地点，是以证明者一。又据被上诉人供“郭宪廷们私改田坎来作路，不能作为标准，我们的田，是抵河坎上”（见二十五年九月二十八日本院更审调查笔录）。又称“我们契据之下，写抵路，不写抵河，然而路在河坎上，当然写抵路”（见二十六年元月二十三日本院更审言词辩论笔录）。以此观察，是被上诉人系争之地，即应以此路为焦点。兹姑无论被上诉人提出两契，或载“西抵路”（前契），或载“前抵大路”（后契），前后已不一致，然以上诉人提出“乾隆二十三年二月十八日”袁得万立卖契与郭应武白坟脚田一契，四至内载“北抵路”。又同治八年五月二十九日及同治十一年二月三十日，李绍舜等及吴江林先后立卖与郭如章及郭廷福罗神坝山边水田及山边田上段田，各一契，四至内载均“北抵王姓”，则此路之上下，为被上诉人所有之八十二丘，与上诉人所有之一百余丘，地址毗连，界限分际。虽被上诉人谓此路系上诉人先辈私改，然不能举出何种证据，以资证明（据被上诉人供，有郭朝龙等私擅改路，被王姓诉经镇宁州押毙，然不能举证，纯属空言）。况上诉人提出上之三契，一在乾隆时代，二在同治年间，则与被上诉人后契之在光绪元年，其时间已相距一百余年，则此路被上诉人所称系上诉人私改，已属不攻自破。而主张所抵之路为“河坎上”，尤见显非真实，是“路之上”为被上诉人所有，“路之下”全属上诉人之业，足以证明二。又据被上诉人供“（下略）最后郭宪廷们开了凹凹里一些田，就来足我们的数（下略）”。又称“这八十二丘不算，他们开的斜处，要出三十多石”。又称“路下的出，要出谷子五六十石”（见二十六年元月二十三日本院言词辩论笔录），则所称之八十二丘，核与被上诉人二十四年六月在本院状称“民等祭祀田业，交与恶佃郭宪耕种，年解谷租八石四斗（中略），约在二十五名左右，此系全业交与，并非分段讨耕”。是其主张所出谷石之数目，前后已不相符，则与上诉人所供“我们的田，共一百余丘，约出一百二三十石，三石种的样子”（见二十五年九月二十八日本院更审调查笔录），则所称“路之下”田产谷石之多寡，尤大悬殊。即以两造所提出之“纳粮税单”，一则年纳定额“二石四斗四升”（属上诉人），一则“五升四合”（属被上诉人），互相印证，足见“路之上”只八十二丘，“路之下”有一百余丘，田亩面积，宽狭不同，谷石粮额，相差什百。况上诉人提出光绪十九年镇宁州秋粮执照载“秋粮二石五斗三升七合一勺”，既可证明，同时提出之纳粮税单，粮额大致吻合，更可证明“路之下”原属镇宁，“路之上”原属平坝，地系瓯脱，管辖各别，则“路之上”之八十二丘，为上诉人承种被上诉人之产，其所有权应属于被上诉人，“路之下”之一百余丘，为上诉人自置之产，应属上诉人所有，尤足证明者三。综上三点观察，即足证明被上诉人所举之证据，希图将“路之上”之八十二丘，变更为上诉人开垦之荒地，而将“路之下”之一百余丘，谓为原归上诉人承种之业，奈事实之存在，既不足为其主张之证明，适足以反证上诉人所举之种种证据，洵非虚伪。总之，被上诉人提出之契据，既被仅八十二丘，而此八十二丘，既为上诉人之所不争，则八十二丘外之一百余丘，被上诉人既不能就其契据，以证明为其所有。姑无论上诉人尚有契据多张以资证明，即令上诉人所举反证，不能认为属实，依上开判例，亦应认为上诉人等之所有，而将［被］上诉人在第一审之请求，予以驳回。原审判令上诉人原有罗神坝寨门首（即路之下）之田产，概归被上诉人所有，显属失当。上诉人之上诉，自非无理。

据上论结，本件上诉为有理由，依民事诉讼法第四百四十七条、第八十七条第二项、第七十八条，判决如主文。

中华民国二十六年元月三十日

贵州高等法院民事庭

审判长推事　傅启奎　印

推事　庄　敬　印

推事　丁　珩　印

上件证明与原本无异。

书记官

中华民国二十六年元月□日

61 贵州高等法院民事判决二十五年上字第二五三号

上　诉　人：罗崇甫，年三十岁，贵阳县人。

诉讼代理人：罗时辙，律师。

被 上 诉 人：王杨氏，年未详，贵阳县人。

王金氏，年、住同上。

上列当事人间，因请求解除买卖契约事件，上诉人对于中华民国二十五年十月九日贵阳地方法院第一审判决，提起上诉，本院判决于下：

主文：原判决废弃，发回贵阳地方法院更为审判。

事实：上诉人提起上诉，请求废弃原判。其陈述要旨略谓“查准许一造辩论而为判决者，本以当事人于相当时期受合法之传唤及无意外之故障为合法条件。民于同前八日上午十一时半受达第一审、七日填发、八日上午十时审讯之传票，审期在先，票传在后，显与法定条件不合，不能认为正当。又民除面向该承票之执达吏声明，因委任律师出庭代理之故，请据情转报外，民虞（复）于传票收证上缮明‘请给假四日’字样，民随于九日即撰呈委任律师出庭，代理书状在案，有据足查。民践行本诉程序，以此究何迳误之足”云云，余从略。

被上诉人答辩意旨略谓“民于本岁七月二十八日与伊（指上诉人）订约购买房屋，次日甫经一出告白，当被刘张淑蕙将吾白撕去。再次日，彼淑蕙即向氏阻止，谓伊得当，无出卖之权，试问此非与人纠葛而何。兹伊反捏氏乘伊与张交涉之机会，即谓此案有纠葛等语，未免牵强。查伊出卖之业，既有纠葛，多人相继出阻，以伊尚未取得所有权，异口同声，伊既未于事前向人理清，反谓氏违约，其所不近人情”。余从略。

理由：按言论（词）辩论期日，送达传票于被告，除有特别情形（如有假处分、假扣押情事），得由法院酌量缩短外，就审期间通常距离言词辩论之期日，至少应有十日。至当事人之一造，于言词辩论期日不到场，法院固得许到场当事人一造辩论，而为判决，但不到场之当事人未予相当时期，受合法之传唤者，则不得遽行判决，最高法院早已着为判例。本件两造因请求解除契约事件，上诉人对于贵阳地方法院第一审判决上诉到本院，本院查核原卷，原法院于民国二十五年十月七日填发簿票，上诉人于十月八日始行收受，而言词辩论期日即为是日，并未留有相当就审期间，以致上诉人不论到场，于言词辩论［难］以尽其攻击或防御之能事。况上诉人曾于收证内书名（明）请假四日，此种情形自与无故不到场者有别，依原法院应即将被上诉人之声请予以驳回之，为之弁延期日，另行送达传票。倘上诉人仍不到场，然后始准许到场当事人之一造辩论而为判决，庶不违背诉讼程序。乃原法［院］不加审慎，遽予审理一造而为判决，依照上开说明，自应认其所践诉讼程序有重大之瑕疵，将原判以废弃，发回更为审判，以维审级。上诉人提起上诉，指摘原判之不当，不能谓无理由。

据上论结，本件上诉为有理由，依《民事诉讼法》第四百四十八条第一项、第四百五十条判决如主文。

中华民国二十五年十二月十五日

贵州高等法院民庭

审判长推事　傅启奎

推事　庄　敬

推事　鲍方汜

本件上诉期间为二十日，上诉状应提出于本院。

上正本证明与原本无异。

书记官　王锟声

中华民国二十五年十二月二十日

62 贵州高等法院民事判决二十五年上字第□号

上 诉 人: 王和先,年二十二岁,贵阳县人。

被上诉人: 袁树清,年三十五岁,住同上。

上列当事人间因请求保护占有事件,上诉人对于中华民国二十五年十月三十日贵阳地方法院第一审判决提起上诉,本院判决如下:

主文: 上诉驳回。本审上诉费用由上诉人负责。

事实: 本件事实核与第一审判决事实项下所摘述者无异,依民事诉讼法第四百五十一条之规定,引用之。

理由: 按称典权者,谓支付典价,占有人之不动产而为使用及收益之权;称抵押权者,谓对于债务人或第三人不移转占有,而供担保之不动产得就其卖得价金受清偿之权,民法物权编第九百十一条及第八百六十条定有明文。本件被上诉人得典王海全(即蒙永义)所有下冲团田一丘,安佃收租,已经数载,已为上诉人所承认。即令王海全有以此项田业,抵与上诉人所做之会之事实,然亦只能向王海全主张实行抵押权,以王海全为被告而向第一审法院请求将此项田业拍卖,就其卖得价金,受清偿之权利。对于被上诉人之合法占有,不得无故加以侵害,乃上诉人不此之图,竟将被上诉人得典之业,去今两年花谷估收而去(今年得八斗,去年得六斗,见上诉人在本院庭供,被上诉人亦无争执),依照上开法条,实属不合,原判判令上诉人将收得花谷返还与被上诉人,并准宣告假执行,并无不当。上诉人提起上诉,殊无理由。

据上结论,本件上诉为无理由,依民事诉讼法第四百四十六条第一项、第七十八条,判决如主文。

中华民国二十五年十二月二十五日

贵州高等法院民庭

审判长推事　傅启奎

推事　鲍方氾

推事　丁　珩

上正本证明与原本无异。

书记官　王锟声

中华民国二十五年十二月二十六日

63 贵州高等法院民事判决二十六年上字第二六号

上 诉 人: 杜 浓,年五十岁,贵阳县人。

被上诉人: 邓伯钧,年五十岁,陕西人。

上列当事人间,因请求偿还债务事件,上诉人对于中华民国二十五年十月二十六日贵阳地方法院第二审判决提起上诉,本院判决如下:

主文: 原判决废弃,发回贵阳地方法院更为审判。

理由: 按现行法例,等(第)二审无审理事实之职权,故原审于判决基础事实,若因欠缺其职权内应为之处置,致事实关系不明瞭者,即应发还原审,更为审判。而原审亦应即从第三审所指示之点,迨为调查。如原审仍不从为调查,则第三审仍虽为法律上正当之裁判,自应再行发还更审。本件本院前以被上诉人所持皮货条子,是否曾经以之抵除上诉人存款一千元之一部,据上诉人举出曾为索要皮货条子之陈虚谷、周巨卿二人为证,原法院传讯证人陈虚谷,并示传两造当事人到庭,以尽攻击或防御之能事,及至言词辩论终结之日,原法院至未将调查人证陈虚谷所得结果告知被上诉人。使为本案全体事实上法律上之辩论,是陈虚谷之证言,自不能遽行采取,以为判断,故予发回,更为审判。几经更审,结果仅以皮货条子尚存被上诉人手中,及周巨卿之信函不为有力证据,上诉人之主张为不实。但查上诉人所举证人陈虚谷、周巨卿二人,曾经到庭证明被上诉人所持皮货条子,业已与上诉人存款一千元抵除一部,当时因被上诉人并未常来,故未揭还。上诉人嗣后曾经该证人等屡次索要,被上诉人则答找不到了。此时被上诉人虽未到场辩论,然其代理律师并未有若何攻击,则该证人等之证言是否不足采取,自非无审究之必要。如经审究,认为不足采取,应即于判决理由中说明其理由，不能置之不理。乃原法院拾其到庭之证供于不论，又不详为说明不足采取之理由，仅以皮货条子尚存被上诉人手中，以及周巨卿信函，不为有力证据，以为判决根据，仍于本院前次发还更审时所指示之点，未予调查，自系欠缺职权内应为之处置，以致事实关系尚未明瞭，本院仍难从而为法律上正当之裁判，依照上开说明，仍应再予驳回更审，上诉人之上诉不能谓无理由。

据上论结，本件上诉为有理由，依民事诉讼法第四百七十四条第一项、第四百七十五条第一项判决如主文。

中华民国二十五年十二月二十九日

贵州高等法院民庭

审判长推事　傅启奎　印

推事　庄　敬　印

推事　鲍方汜　印

上正文证明与原本无异。

书记官

中华民国二十六年一月

64 贵州高等法院民事判决二十六年上字第二八〇号

上 诉 人：王玉明，年三十二岁，贵阳县人，住竹林寨

被上诉人：王老尚，年五十岁，贵阳县人，住五里关

上列当事人间，因典约事件，上诉人对于中华民国二十五年十一月十三日贵阳地方法院所为第一审判决提起上诉，本院判决如下：

主文：王老尚除照原判返还王玉明典价一百二十元外，并应给还违约金四十元。本审诉讼费用，由被上诉人负担。

事实：上诉人之上诉，其陈述要旨略谓“民同祖的堂兄王老尚，因欠账无款偿还，请凭中证王老三等，将伊水碾，出当与民，说定当价四百五十元，于废历七月二十八日先交合同定洋一百二十元，由王老三、王信贤等当面数清交给，约定限五日期间，即八月初三日兑价书契交碾，并说定若民不当，这一百二十元拿给王老尚吃红；若王老尚翻悔，除还定银外，另罚他一百二十元。殊到期王老尚竟不遵约，故意推缓。第一审判谓不得书立合同，不能认为典当，仅判还民一百二十元，民不服，来上诉。况民当碾房，这银洋是借来的，已认解五石白米的利息。如今是他翻悔，要他赔偿损失，还我的银洋，还要罚他一百二十元，或民补足他当价，要仍把碾房交我”云云，并举出王信贤、王明恩等到案作证。

被上诉人答辩，其陈述略谓“王玉明只说要看碾房，我并不得把碾房当给他，亦不得他的钱，是他诬赖我的”云云，并当庭声明附带上诉。

理由：按现行法例，契约以两造表意为要件，若两造互相表示意思一致，其契约自应认为成立，惟关于不动产物权之设定，则应作成书据，为其成立要件，故不动产物权之设定，其契约当事人间，虽经互相表示意思一致，苟未作

成书据，仅可认其契约当事人间，关于债之契约为成立，而其物权契约，究不得谓其成立。又当事人于第二审主张违约金，若非变更诉之原因，应予准许。又民法第二百五十二条载，约定之违约金过高者，法院得减至相当之数额，等语。本件被上诉人将碾房出典与上诉人，本院讯据证人王信贤供，“王老尚当这碾房与王玉明，是王老三总成（按即介绍之意），我在场，当价四百五十元，于七月二十八日打合同，就交给一百二十元与王老尚，说定八月初三日补价书契，并说过若那造翻悔不当，要罚一百二十元，当时王老尚写个收字，他说弟兄家不要紧，殊不知到八月初三日，王老尚就不承认，（中略），议罚是我们向王老尚说的”（见二十六年一月五日本院第一次言词辩论笔录）。是上诉人与被上诉人所定典碾契约，既经两造表意合致，即应认为成立，且据王信恩等之证言，证明当日定约、交价、订明书契、补价各种情形，历历如绘，究不能任被上诉人空言抵赖，无理否认，虽当时未作成合同书据，亦只能谓为不能成立物权移转之契约，而不能认其关于债之契约为不成立，上诉人主张返还典价定金，及请求给付违约金，依上开说明，不得谓无理由。惟主张照约定违约金一百二十元约（给）付，未免过当，既显失其公平，且非上诉人所能担负，自应酌予减至相当数额，以资救济。至原法院令被上诉人返还上诉人典价一百二十元，判决虽非不当，但援引民法第七百六十条，究嫌曲解。又对于两造约定违约金，未予论及，亦嫌疏漏。又被上诉人当庭声明附带上诉，既不能提出何种反证，显然空言主张，亦难认为有理由，应予驳回。

据上论结，本件上诉人之上诉，为有理由，被上诉人附带上诉，为无理由，并依民事诉讼法第七十八条，判决如主（下）。

中华民国二十六年元月十二日

贵州高等法院民庭

审判长推事　傅启奎　印

推事　鲍方汜　印

推事　庄　敬　印

上正文证明与原本无异。　　书记官

中华民国二十六年元月□日

二 贵州高等法院刑事裁判

1 贵州高等法院刑事判决二十四年上字第一〇号

上诉人：张少贤，男，年五十四岁，织金县人，商。

上诉人因诬告案件，不服织金县政府中华民国二十四年七月十五日第一审判决，提起上诉，本院判决如下：

主文：原判决关于张少贤罪刑部分撤销。张少贤无罪。

理由：按诬告罪，须明知告无此事实，而意图他人受刑事或惩戒处分，而呈告者，始得成立。若误认为有此事实，或以为有此嫌疑而告诉或告发者，并不能指为诬告，此在二十一年最高法院上字六零七号已着有判例。本案张少贤因酒捐事件，被承征员呈报税务局，咨经县政府，票警协同局丁往将该张少贤之子天霖，提府押究（见原县六月十一日叶县长之票及谭税务局长五月咨），张少贤疑为系承征员丁守谦所为，遂以串军掳等情抄告，诉丁守谦于原县政府，复票传该张少贤讯审（见原县贺县长七月十一日传票），认张少贤为诬告，科处罪刑。依此情形，是张少贤之告丁守谦于原县政府，系因疑该丁守谦串兵，将其逮捕所致，已属显然。兹更证以张天霖（张少贤子，现代张少贤出庭）在本院庭供述，略谓“他丁家是有势力的人，他家有三四人在内去要捆我。要是县府的人，我们又不讲了，实在是丁守谦的人”。又上诉状略称“派去之兵为袁中士等十余名（中略），袁中士乃丁鄂生招安之兵，系丁守谦之叔”各等语。据此张少贤因疑原县派遣警兵为丁守谦之兵，又因丁鄂生为丁守谦之叔，遂推定上开逮捕为丁守谦所主使，更无疑意。是本案逮捕事实，既非虚构，而告诉原因又系基于该张少贤之误认，依上开判例，本案□殊难指为诬告，原审认为触犯诬告罪，依旧刑法第一百八十条第一项，处张少贤以有期徒刑三月，自有未合。且原审判决时，已在本年七月一日以后，仍援用废止之旧刑法，尤属违误。又关于酒捐部分，该张少贤究应如何缴纳及应缴纳若干、有无短欠，此属行政问题，应有该县税务局或原县政府依行政命令处分，不属于司法范围，原判关于此点亦一并予以审判，亦属错误。张少贤不服，提起上诉，应认为有理由。

综上论结，依刑事诉讼法第三百六十一条第一项前段、第三百五十六条、第二百九十三条第一项，特为判决如上。上案经本院检察官胡文蔚莅庭执行检察官职务。

中华民国二十四年十一月十五日

贵州高等法院刑事庭

审判长推事　何锡清

推事　杨毓明

推事　胡天锡

书记官　夏季民

2 贵州高等法院刑事判决二十四年覆字第八号

被　告：周孟林，男性，年三十九岁，平坝县人，业农。
刘陈氏，女性，年三十岁，平坝县人，业农。
杨木匠，男性，年五十岁，平坝县人，业农。

被告因杀人案经平坝县兼理司法县政府判决，呈送覆判，本院判决如下：

主文：初判更正。周孟林杀人处无期徒刑，褫夺公权终身。刘陈氏教唆杀人，处有期徒刑十二年，褫夺公权十年。杨木匠无罪。

事实：核与初判书认定各节无异。

理由：据初判认定事实，刘陈氏之夫刘润法身体孱弱，所有田土除自己耕种外，雇有同寨居住之周孟林帮同耕作，日久周孟林遂与刘陈氏通奸。二年以来，刘润法尚不知情，二人情好愈密，恐润法知觉不便，因存谋杀之心，乃于本年五月四日，刘陈氏一面命其夫刘润法至岩口地方割取青菜，一面通知周孟林手执镰刀，尾随而去。至岩口得见刘润法以藤条背负青菜，周孟林在后面以镰刀，向刘润清之头部剐下，润法受伤，遂由岩上滚于土中，周孟林恐其不死，复又上前由脑后补以数刀，即行毙命。经该县勘验明白填单在卷，提讯被告周孟林、刘陈氏，各供认前情不讳，依刑法第二百七十一条，各处死刑，呈送覆判，云云。查本件被告周孟林、刘陈氏在原审讯问时，对于谋杀刘润法之原因及杀害时之情形，均供述历历。而此项自白，又查与事实相符，原审采为证据，认周孟林构成杀人罪，刘陈氏应构成教唆杀人罪，固无不合。惟引用刑法第二百七十一条，既漏揭第一项，又误为第二百二十一条，且刑法第二百三十九条之奸罪须告诉乃论。此部分尚未经有告诉权人告诉，初判竟云触犯刑法第二百三十九条之和奸罪，云云，实属违误。又查褫夺公权及杨木匠谕知无罪，均未引用法条，亦属疏漏。再查此案判决时，系本年六月二十二日，此时新刑法尚未施行，初判竟预为引用，尤属违法。

据上论结，依刑法第二百七十一条第一项、第二十九条第二项、第三十六条、第三十七条第一项、第二项，刑事诉讼法第二百九十三条第一项，覆判暂行条例第四条第一项第二款，判决如主文。

中华民国二十四年十月二十五日

贵州高等法院刑事庭

审判长推事　何锡清

推事　胡天锡

推事　杨毓明

书记官　夏李氏

3 贵州高等法院刑事判决二十四年覆字第一三号

被　告：犹福安，年三十岁，瓮安县人，乡长。

被告因杀人及妨害自由案件，经瓮安县兼理司法县政府判决，呈送覆判，本院判决如下：

主文：初判更正。犹福安杀人及妨害自由，从一重，处有期徒刑十一年，褫夺公权十年。

事实：核与初判书认定各节无异。

理由：据初判认定事实，已死之谢正明，素与犹福安挟有宿仇。去冬"共匪"窜扰瓮安，谢正明乘机附和勾引贫民土匪，四处搜寻富户，以图泄忿，犹福安始受"共匪"搜山未获，正明复引至其家，将福安家财掳尽，并杀猪狗供给，复将狗头置于福安神龛上。迨"共匪"退后，福安一家老小回来，四壁萧条，心中惨然难忍，乃蓄意报复。及至地方稍靖，该区民众开会表示清查内奸，凡有以前随同"共匪"为虐者杀无赦，于是犹福安顿萌杀机。旋值本年二月初八日谢正明往福安之紧（近）邻犹洪章家拜年，犹福安即与父犹春祥将谢正明捆绑，拖至□家场地方，用刀砍杀身死，经原审勘验填单附卷，传讯被告犹福安，直供前情不讳，依刑法第二百七十一条、第三百零五条分别处刑，依第五十一条第五款执行有期徒刑十一年，褫夺公权十五年，呈送覆判到院。

查被告犹福安对于杀害谢正明情形，业经自白，而自白又与事实相符，自应构成杀人罪，毫无疑义，初判依刑法第二百七十一条第一项（漏揭第一项）处断，原无不合。至捆绑行为，乃犯杀人罪之手段，显系以犯一罪之方法而犯其他罪名，应依第五十五条从一重处断。初判竟分别论罪处刑，已属错误，且不援用第三百零二条第一项，而引用第三百零五条，尤属不合。又宣告六月以上有期徒刑，其褫夺公权最高限度为十年，刑法第三十七条第二项已有明文规定，初判竟褫夺十五年，亦属违法。

据上论结，依刑法第二百七十一条第一项、第三百零二条第一项、第五十五条、第三十六条、第三十七条第二项，刑事诉讼法第二百九十一条前段，覆判暂行条例第四条第一项第二款前段，判决如主文。

中华民国二十四年十二月二十八日

贵州高等法院刑庭

审判长推事　何锡清　印

推事　胡天锡　印

推事　杨毓明　印

上件证明与原本无异。

书记官　夏季民

4 贵州高等法院刑事判决二十四年上字第二二号

上诉人：本院检察官

被　告：张晴川，年五十六岁，独山县人，紫泉镇闾长。

上诉人：李林轩，年三十八岁，独山县人，紫泉镇镇长。

附带民事诉讼原告人：

史荣臣，年五十一岁，独山县人。

张益三，年五十五岁，独山县人。

石玉山，年五十三岁，独山县人。

徐锦屏，年四十八岁，独山县人。

上诉人因侵占及渎职案件，不服独山县中华民国二十四年八月十五日第一审判决，提起上诉，本院判决如下；

主文：原判决撤销。李林轩侵占公务上持有款项，处有期徒刑六月。张晴川对于入款明知不应征收而征收，处有期徒刑四月，缓刑二年。附带民事诉讼驳回。

事实：缘李林轩充独山县紫泉镇镇长，于民国二十三年内，经收禁烟罚金、吸烟罚金、流通券、区经费各种款项，有侵蚀情形，经石玉山等告发，由县令委张春皋、袁永澄、刘侣廷、蒋斌臣等组织清理委员会清算，旋据算明呈复，计侵蚀禁烟罚金一百九十六元、吸烟罚金一百六十四元五角五仙、流通券三十元、区经费八十六元八角五仙，共计四百九十七元四角；张晴川充当紫泉镇第二闾闾长，于“剿共”借款一项，对于民间原派数目浮收四五成、七八成不等，如龚绍如原派十五元，照二成收，应收三元，竟浮收至十元；胡文皋原派十五元，照二成收，应收三元，竟浮收至九元；胡应康原派四十五元，照二成收，应收九元，竟浮收至二十元；史云峰原派十五元，照二成收，应收三元，竟浮收至六元。原审依刑法第一百三十四条及第三百三十六条第一项，处李林轩有期徒刑一年又六月；依同法第三百三十九条第一项，处张晴川罚金一百八十元，李林轩不服，提起上诉，检察官对于张晴川部分同时提起上诉。

理由：本案理由分两部分说明之。

(一)李林轩部分。该上诉人侵占禁烟罚金、吸烟罚金、流通券、区经费等款项，共计四百九十七元四角，既据清理委员张春皋等清算列表呈复，自应认为实在，且该上诉人在原审亦承认本是折亏了四百九十七元等语(见县卷七月三十一日庭讯笔录)，虽据辩称除去开支镇丁及其他费用二百余元外，并未亏有表列数目之多。姑无论所称开支数目，未能提出确切证据，以资证明，但既有亏蚀，纵数目较少，仍不能阻却犯罪之原因，自应构成侵占罪，已无疑义。惟查侵占公务上持有物，刑法分则既定有专条，即系为处罚公务员犯侵占罪而设，则不能再依渎职条文加重处断，原审于引用刑法第三百三十六条第一项外，又引用第一百三十四条加重本刑二分之一，实属违法，并查该上诉人犯罪时期在本年七月一日新刑法施行以前，依新刑法第二条第一项但书规定，应适用有利于上诉人之旧刑法，原审未见及此，不免违误。

(二)张晴川部分，该被告经收“剿共”借款，据告发人石玉山、徐锦屏到庭供述，此款派定数目后，即议决照派数收二成，张晴川竟浮收至四五成、七八成。质之该被告，则称虽系于二成外浮收数成，但已全数缴去，无一毫入己，各等语。是该被告对于入款不应征收而征收，已具备明知之要件，自应构成犯罪，毫无可疑。再查该被告浮收龚绍如等四人“剿共”借款，显系以一个概括之意思，连续数行为而犯同一渎职之罪名，依二十一年上字第二零零号判例，应以一罪论。原审既知该被告犯刑法第一百二十九条第一项之罪，自应依法办理，乃误为依法令之行为，引用第二十一条第一项不予处罚，且认为诈欺依第三百三十九条第一项处罚金一百八十元，均属错误。并查该被告犯罪在刑法施行前，原审未依据刑法第二条第一项但书办理，尤属违法。检察官提起上诉，洵有理由，惟该被告浮收款项既未入己，其情节尚有可原。兹查该被告与刑法第七十四条第一款之情形相合，故予缓刑。

附带民事诉讼部分，依刑事诉讼法第四百九十六条第一项应提出诉状，该原告史荣臣、张益三、石玉山、徐锦屏等并未依法提出诉状，仅委任律师黄世焕代理，于委任状内略叙“私诉财物及一切损失”一语，至损失财物之性质为何、数量若干，均未详叙，已难认为合法。除史荣臣、张益三并未到案，无从讯问外，石玉山、徐锦屏均称财物未受损失。是本案附带民事诉讼，纵令认原告石玉山、徐锦屏系审判期日到庭，以言词提起，但据述称财物未受损失，亦不得谓有理由。

据上论结，依刑法第二条第一项但书、第七十四条第一款，旧刑法第三百五十七条第一项、第一百三十五条第一项，刑事诉讼法第三百六十一条第一项前段、第三百五十六条、第二百九十一条前段、第五百零六条第一项判决如主文。

上案经本院检察官胡文蔚莅庭执行职务。

中华民国二十四年十二月十三日

贵州高等法院刑事庭

审判长推事　何锡清　印

推事　胡天锡　印

推事　杨毓明　印

上件证明与原本无异。

书记官　夏季民

中华民国二十四年□月□日

5 贵州高等法院刑事判决二十五年上字第五八号

上　诉　人:吴才德,年二十八岁,天柱县人。

指定辩护人:罗时辙,律师。

上诉人因杀人案件不服贵阳地方法院二十四年十月二十五日第一审判决,提起上诉,本院审理判决如下:

主文:原判决关于吴才德罪刑部分撤销。吴才德无罪。

理由:吴才德杀人罪能否成立,以吴恒湘被杀原因为唯一关键。此项原因吴才德应否负责及有无嫌疑,并加害事实能否证明,均属本案先决问题。兹将吴恒湘被杀原因录列,据以分别论断于后。二十三年十月一日天柱县政府训令第三区远洞乡乡长吴会卿,令云"顷据本府密查报称,第三区远口一带地方,有匪首吴恒湘、吴本舜、贺宪章、荀培中、罗福才等,屡次聚集匪徒数十名,竟在该处附近各地,拦路劫抢客商财物营生。近闻共党窜入内地,意欲率众,图谋不轨,扰乱秩序等情前来(中略),合行密令仰该乡长遵照,一面秘密私调壮丁放堵,遇该匪首等,准其就地格杀,以除匪患而靖地方(下略)"等语,究竟此项密令,吴才德对之有无关系,应否负责,兹就下列理由论断之:查令文词语系明明指定吴会卿遵照,于该吴才德自不发生何种关系,后吴会卿根据此项密令,将吴恒湘杀害,呈报原县政府指令云"该匪吴恒湘既经该乡长捕获,因逃格毙,当送请远口分县政府验明无误,足见该乡长办事周密,至堪嘉尚。该匪尸体准其家属收埋,候本府宣布罪状以儆匪风,可也"等语。无论吴恒湘是否为匪及有无仇杀情事,自有乡长吴会卿负完全责任,于与训令无关之吴才德,自无何种责任之可言,更就原县政府十一月十二日批原诉人吴萧氏白呈云:"查此案先据该管区长吴传辉转报，该氏夫吴恒湘通匪殃民，继又据远洞乡乡长吴会卿报告，吴恒湘黑夜估过步哨线，被哨兵拿获，解至半途脱逃，始行格毙，云云。据报各情，若果是实，显系该乡长蒙报政府，矫命擅杀，一俟彻查明晰，再行核办"，等语。观察吴恒湘之被杀害，吴才德并不负何种责任，尤觉显然。兹据吴才德在本院庭供，"吴恒湘被杀之夜，民尚在家内，是夜罗永勇寄宿民家，足以质证。又格毙吴恒湘夜，该吴恒湘为班长吴展伯带队解送，此时民是否在场同行，亦请传吴展伯到案讯问"，等语。经即令行原县政府就近传唤罗永勇、吴展伯审讯，据供明吴才德确无实施杀害吴恒湘情形，随即出具证明切结，呈由原政府具文转呈到院，是本案吴才德对于杀害吴恒湘行为，实不足以证明。原审认为成立共同杀人罪，不免疏断。吴才德攻击原判决不当，提起上诉，自不能谓无理由，依刑事诉讼法第三百五十六条、第二百九十三条第一项、第三百六十一条第一项前段，爰为判决如主文。

上案经本院检察官周光鼎莅庭执行职务。

中华民国二十五年□月□日

贵州高等法院刑事庭

审判长推事　何锡清　印

推事　杨毓清　印

推事　胡天锡　印

上件证明与原本无异。

书记官　夏季民

中华民国二十五年□月□日

6 贵州高等法院刑事裁定二十五年覆字第一四号

被　告: 陆明昌,男,年二十岁,安龙县人,农。
陆明华,男,年二十九岁,同上。
唐白州,男,三十二岁,同上。

上列被告因强盗案件,经安龙县政府审理判决,呈送覆判,本院审查裁定如下:

主文: 本案发回原审县政府覆审。

理由: 本案理由分为两项,说明于后:(一)论罪部分,按抢夺行为,仅指乘人不及抗拒而为夺取者而言,如果施用强暴胁迫使人不能抗拒而为夺取,即应成立强盗罪。至所谓强暴胁迫手段,只须抑压被害人抗拒,是以丧失其意思自由为已足,迭经最高法院著有判例。本案据初判认定事实,二十四年十二月廿一日夜,陆明昌手持刀镖,伙同陆明华、唐白州等,至杨成瑞之龙潭碾房,将守碾之艾品南、碾米乡民韦文瑞二人,用海椒面将其两眼揉伤,捆绑在柱,所有碾房之米谷、被盖、用物掳抢罄尽,云云。依此事实,则被告等所施揉眼及捆绑等行为,已达于强暴胁迫,使艾品南等不能抗拒程度,依上开说明即应构成强盗罪,初判认为抢夺,实为失出。(二)审判程序部分,按盗匪案件,自军事委员会委员长行营《剿匪区内审理盗匪案件暂行办法》于廿四年八月廿八日施行后,依特别法优于普通法之原则,自应适用该办法处断,无适用普通刑法之余地。本案陆昌明等结伙三人以上行劫,核其情节,适犯上开暂行办法第二条第十六款前段之罪。若认为犯罪情状可以悯恕,尽可依据同暂行办法第四条第一款减轻本刑论处。依照同暂行办法第五条规定,将全卷呈送贵州绥靖公署,转呈委员长行营核办,初判不依此办理，适用普通刑法处断，呈请覆判，实属违误。依《覆判暂行条例》第四条第一项第三款及第七条第一款，特为裁定如主文。

中华民国二十五年二月十三日

贵州高等法院刑事庭

审判长推事　何锡清　印

推事　杨毓清　印

推事　胡天锡　印

上件证明与原本无异。

书记官　夏季民

中华民国二十五年□月□日

7 贵州高等法院刑事判决二十五年覆字第一五号

被　告: 王李氏,年二十三岁,女性,广顺县人。

上列被告因妨害家庭案,经安顺县兼理司法县政府判决,呈送覆判,本院判决如下:

主文: 初判更正。王李氏营利和诱未满二十岁之女子脱离家庭,处有期徒刑一年,褫夺公权一年。

事实: 本案事实核与初判认定各节无异。

理由: 据初判认定事实,缘王李氏住居广顺县城内,与周么妹系属比邻。么妹现年十八岁,家有一兄李氏,与之常相往来。去岁废历十月即向么妹称述,前来安顺为人佣工,并认为姑表姊妹,是月初三日,行至安顺,宿于三合栈内,越日由一不识老媪介绍卖与城内陈祥舒为养女,获身价中洋三十元。继经陈姓向么妹讯悉前情,旋与李氏同时互相口角,扭报公安局,转送安顺县政府,初判引用刑法第二百四十一条第二项前段,处该被告有期徒刑一年又六月,经宣示送达后,该被告于法定期间内未提起上诉,该县县长依法送请覆判到院。查王李氏约同周么妹到安顺佣工,取得么妹同意,即将周么妹卖与陈祥舒为养女,收获身价中洋三十元。既经王李氏自白不讳,复据陈祥舒证明王李氏得洋不虚,初判认为营利和诱未满二十岁之女子脱离家庭,原无不合,乃依刑法第二百四十条第三项处断,而依第二百四十一条第二项科处,实属错误。又关于拘押日数折抵刑期,既属法定,即勿庸于主文内记载,其理由内亦无须将条文揭列,经司法院刑字第四四八号训令有案,应予一并更正,王李氏适犯刑法第二百四十条第三项之罪。查该王李氏乃一妇女,智识薄弱,应依刑法第五十七条第七款之规定，于所犯六月以上、五年以下有期徒刑，得并科一千元以下之罚金之范围内，处以有期徒刑一年，并依同法第三十七条第二项褫夺其第三十六条公权一年，爰依《覆判暂行条例》第四条第一项二款判决如主文。

中华民国二十五年□月□日

贵州高等法院刑事庭

审判长推事　何锡清　印

推事　胡天锡　印

推事　杨毓清　印

上件证明与原本无异。

书记官　夏季民

中华民国二十五年□月□日

8 贵州高等法院刑事判决二十五年上字第八七号

上诉人：贵阳地方法院检察官

僧持省，贵阳县人，年四十八岁，东山寺住持。

僧永昌，遵义县人，年三十七岁，东山寺住持。

僧古法，湖南人，年四十岁，东山寺监收。

被告人：潘戴氏，贵阳县人，年五十八岁，住姨妈寨，农。

潘顺卿，贵阳县人，年四十岁，住姨妈寨，农。

潘亮卿，贵阳县人，年未详，住姨妈寨，农。

潘牛宰，贵阳县人，年未详，住姨妈寨，农。

蔡炳荣，贵阳县人，年五十三岁，住沙子哨，农。

上诉人因抢夺案件，不服贵阳地方法院中华民国二十四年十二月三十一日第一审判决及中华民国二十五年元月二十日第一审判决，先后提起上诉，本院合并判决如下：

主文：原审中华民国二十四年十二月三十一日判决及中华民国二十五年元月二十日判决均撤销。潘戴氏、潘顺卿、潘亮卿结伙三人连续抢夺他人苞谷，处有期徒刑各六月，均缓刑二年。潘牛宰、蔡炳荣均无罪。

事实：缘潘顺卿等因姨妈寨产业所有权争执，与贵阳县东山寺僧涉讼，经贵阳地方法院于中华民国二十一年十月十九日判决，姨妈寨田土山林，认为东山寺所有，潘姓耕种该寨田土认为永佃，每年收益潘姓得十分之七，东山寺得十分之三，确定在案。潘顺卿挟败诉之嫌，即与其母潘戴氏及弟潘亮卿，于二十四年十一月二十五日，至杂木寨东山储租谷仓内抢去苞谷数挑（僧永昌称未得确数）。二十六日，至东山所招之佃户王老么家里抢去苞谷六斗，官少臣家抢去苞谷三斗。二十七日，又至杂木寨东山储租谷仓内抢去苞谷数挑。二十八日，至东山所招之佃户李玉清家抢去苞谷三斗。东山寺僧持省、永昌、古法于二十四年十二月十日提起自诉，同月日王老么、官少臣、李玉清亦提起自诉，原审即各别审判，僧持省等自诉部分谕知无罪之判决，王老么等自诉部分宣告潘戴氏、潘顺卿有期徒刑六月，缓刑二年。检察官对于两判决均不服，先后提起上诉，自诉人僧持省、僧古法亦提起上诉。

理由：本案理由分两部分说明之。

（一）罪刑部分，被告潘戴氏、潘顺卿、潘亮卿共同连续抢夺杂木寨东山储租谷仓内苞谷，虽坚不供认，但据证人郭宏章述称："我去在他们仓的那点朝门坎子，见着潘顺卿、潘亮卿各拿一对米箩在挑苞谷，潘戴氏肩着一只口袋装有苞谷，手内又提有一斗苞谷，其他的人我不见"。又据僧仁品述称"第二次去抢苞谷，我去报过乡长，乡长已进城去了"，等语。是该被告等连续抢夺东山仓内苞谷，已足证明，实无诿卸之余地，原审谕知无罪之判决，不免失出。检察官及自诉人僧持省等对于此点，提起上诉，不得谓无理由。又该被告等共同抢夺王老么苞谷六斗、官少臣苞谷三斗、李玉清苞谷三斗，均经自白。惟辩称王、官、李各家系其佃户，乃纳租，非抢夺。但王老么、官少臣、李玉清均极端否认，谓彼等所称之土，系东山寺所佃，非潘顺卿所佃。而被告等又无讨田字据以资证明，是辩称王老么等为其佃户一节，自难认为真实，原审依抢夺罪处断，不为无见。惟该被告等既结伙三人，显系犯抢夺罪，而有第三百二十一条第二项第四款之情形，应依刑法第三百二十六条第一项处断，原审乃依第三百二十五条第一项论罪处刑，亦属失出。兹查被告等以所有之意思，和平继续占有姨妈寨不动产二百余年，一旦被判决失去所有权，固属愤极，但贵阳地方法院民事判决即令违法，既经确定，该被告等不能不受其拘束，是犯罪行为固应处罚，而犯罪情状实可悯恕，应依刑法第五十九条减轻其刑二分之一科处，并查被告等均系乡愚，其智识程度极低，且犯罪时所受之刺激，因丧失不动产所有权，依同法第五十七条第三项第七款规定，应于减刑后从轻科处，以示平允。又该被告等未曾受有期徒刑以上刑之宣告，依刑法第七十四条第一款，均予缓刑。至潘牛宰、潘炳荣二名，查证人郭宏章供述，并未指有其人。此外，又无确实证据，足以证明其有共同抢夺行为，自应谕知无罪之判决。

（二）程序部分。查王老么等自诉案内，原审于调查证据后，未命自诉人与被告，依次序就事实及法律辩论，终结前未询问被告最后有无陈述，显与刑事诉讼法第二百八十二条、第二百八十三条之规定有违，检察官对于此点上诉，洵有理由。被告潘戴氏、潘顺卿、潘亮卿共同于民国二十四年十一月二十五日抢夺东山仓内苞谷，二十六日抢夺王老么、官少臣苞谷，二十七日又抢夺东山仓内苞谷，二十八日抢夺李玉清苞谷，既系因诉争产业失败，逐日就产业上抢夺苞谷，显以同一意思连续数行为而犯同一之罪名，应依刑法第五十六条以一罪论，原审因僧持省、永昌、古法与佃户王老么、官少臣、李玉清分两组提起自诉，遂作两案受理，各别审判，实属错误。兹经检察官、自诉人提起上诉，应由本院依刑事诉讼法第六条第一项合并审判，惟被告潘亮卿、潘牛宰经本院指定本月十九日审讯，制作传票送达，该被告等收受，届期未据到案，自系经合法传唤无正当理由不到庭，依刑事诉讼法第三年百六十三条，不待其陈述，径行判决。

据上论结，依刑法第五十六条、第三百二十六条第一项、第三百二十一条第一项第四款、第五十九条、第五十七条第三款第七款、第七十四条第一款，刑事诉讼法第六条第一项、第三百六十一条第一项前段、第三百六十三条、第三百五十六条、第二百九十一条前段、第二百九十三条第一项，判决如主文。

上案经本院检察官胡文蔚莅庭执行职务。

中华民国二十五年二月二十一日

贵州高等法院刑事庭

审判长推事　何锡清　印

推事　胡天锡　印

推事　杨毓清　印

上件证明与原本无异。

书记官　夏季民

中华民国二十五年□月□日

9 贵州高等法院刑事判决二十五年上字第九九号

上诉人：贵阳地方法院检察官。

上诉人即被告：曾么妹，年二十二岁，广顺县人，住二浪坡。

被　告：曾解氏，女，年五十八岁，定番县人，住粮道巷。

王傅氏，女，五十六岁，贵阳县人，住大井坎。

熊雷氏，女，年二十一岁，贵阳县人，住博爱路。

上诉人因妨碍婚姻案，不服贵阳地方法院民国二十五年二月五日第一审判决，提起上诉，本院判决如下：

主文：原判决关于处刑及没收部分撤销。曾么妹重婚，处有期徒刑三月。曾解氏、王傅氏、熊雷氏帮助重婚，各处有期徒刑二月。曾么妹上诉驳回。

事实：缘曾么妹住居广顺县，嫁与同籍之汪老三（即汪云舟）为妻，因与其姑口角，来省佣工，已经三载。去岁废历十月二十八日遂由熊雷氏作媒，曾解氏、王傅氏主婚，书立婚书，嫁与李少荣为妻。同年十一月二十七日汪老三率领数人，在李少荣家将么妹拿获，扭送公安局第五分局，呈由省会公安局转送贵阳地方法院，经检察官侦察，提起公诉判决后，曾么妹不服，提起上诉，检察官亦提起上诉。兹经审理，予以判决。

理由：上诉人曾么妹上诉理由不外谓，到案之汪老三并非该上诉人亲夫，汪老三已逃去投军，不知死于何地。查该上诉人一月九日在地方法院检察处供称“我因在家，同汪云舟（即汪老三）不睦，我跑进城来帮人，已有三四年了，汪云舟也找不到我，我也没有回去，过后经熊雷氏介绍，我嫁李少荣”等语。检察官诘问“这主婚书上写汪老三是你的男人，他已经死了，你才嫁李家的，你知道吗”？“我不晓得他们写这主婚书，说汪老三死的事”等语，是该上诉理由谓其亲夫汪老三已死，显非实在。况据到案之汪老三所举证人汪海廷，在原审侦查庭证明，曾么妹亲夫汪老三即是现在汪老三，该上诉人尚何(无)狡卸之余地。退一步言，到案之汪老三纵非上诉人亲夫，据上诉人称其亲夫汪老三不知死在何地，数年并无消息，该上诉人亦应依民法第一千〇五十二条第九款之规定，向法院请求离婚后，始能改嫁。兹上诉人竟串同曾解氏、王傅氏、熊雷氏，公然书立婚书，嫁与李少荣为妻，是有配偶而重为婚姻，应构成妨害婚姻罪。至被告曾解氏、王傅氏、熊雷氏明知曾么妹为有夫之妇，曾解氏、王傅氏出而主婚，熊雷氏从中作媒，均于李少荣提出婚书内叙明，该被告等亦承认在场画押不虚，是该曾么妹于实施犯罪之际，该被告等予以帮助，事实显然。原审对于曾么妹依刑法第二百三十七条处断，对于曾解氏、王傅氏、熊雷氏依刑法第三十条第一二两项，查照同法第六十六条前段减刑二分之一，并无不合。惟科刑时未依刑法第五十七条各款审酌，为科刑之标准，不免疏漏。又李少荣提出婚书一纸，虽系犯罪所用之物，然系为李少荣所有，并非属于犯人所有，依刑法第三十八条第三项前段，不得没收。原审宣告没收，实属违误。检察官提起上诉，为有理由，自应将原判关于处刑及没收部分撤销，更为判决。上诉人曾么妹适犯刑法第二百三十七条前段之罪，查该上诉人乃乡间妇女智识薄弱，为生活计，以致触犯法律，于所犯五年以下有期徒刑范围内，依刑法第五十七条第二三七款从轻，处该曾么妹有期徒刑三月。被告曾解氏、王傅氏、熊雷氏帮助重婚，依刑法第二百三十七条前段、第三十条一二两项，查照同法第六十六条前段减二分之一，为二年又六月以下有期徒刑。查该被告均系佣工妇女，智识薄弱，其犯罪态度亦知悔后悟，于所犯二年又六月以下之刑期范围内，依刑法第五十七条第七十两款从轻，处该被告等各有期徒刑二月，以示平允。爰依刑事诉讼法第三百六十一条第一项前段、第三百五十六条、第三百六十条、第二百九十一条前段，判决如主文。

上案由本院检察官周光鼎莅庭执行职务。

中华民国二十五年二月□日

贵州高等法院刑事庭

审判长推事　何锡清　印

推事　胡天锡　印

推事　杨毓清　印

上件证明与原本无异。

书记官　夏季民

中华民国二十五年□月□日

10 贵州高等法院刑事判决二十五年上字第一〇七号

上诉人: 本院检察官。

龙文吉,男,年三十二岁,三穗县人,住中等,天柱县保安队副队长。

龙文显,男,年十九岁,三穗县人,住中等,天柱王指挥部勤务兵。

文　崑,男,年二十七岁,湖南湘潭人,天柱县保安队班长。

指定辩护人: 黄世焕,律师。

上诉人因杀人及妨害自由案件,不服三穗县中华民国二十五年二月五日第一审判决,提起上诉,本院判决如下:

主文: 原判决关于龙文吉、龙文显、文崑罪刑部分,均撤销。龙文吉假借职务上之权力方法杀人,处有期徒刑十五年,褫夺公权十年。龙文显非法剥夺人之行动自由,处有期徒刑十一月。文崑假借职务上之权力,非法剥夺人行动自由,处有期徒刑一年。龙文吉、龙文显、文崑上诉驳回。

事实: 缘龙文开于民国二十年十月被人杀害,经龙文德、龙秀冈等以因奸戕杀等情,诉告龙文吉于三惠县政府,时历四载,官经数任,延而未结,龙文吉逃避在外,畏不敢归,遂与龙文德结怨愈深。至民国二十四年龙文吉入天柱县保安队充副班长,遂向该队谢队长捏报家里有匪,谢队长即派班长文崑率带队兵杨自明、胡世云、龙开照、龙彦武、杨顺臣、宇云贵、杨兴林、张燕飞等八名,携夹板步枪七支、马枪一支、子弹一百三十五发,给谕条一纸,命赴革溪一带梭巡,龙文吉与其弟龙文显亦自同往,于是年九月二十二日,至三穗县属中等。二十三日将拂晓时,龙文吉率杨自明、龙开照、胡世荣、张燕飞将龙文德住宅包围,由龙文吉进屋,立将龙文德杀毙,文崑率龙彦武、杨兴林捉获龙文才,同时龙文显率杨顺臣、宇云贵捉获龙秀冈，解至款场，当被区长王申正将该被告等及枪弹一并扣留，随将龙文才、龙秀冈释放，呈送三穗县政府审理，该被告等各供认前情不讳，原审依刑法第二百七十一条，认龙文吉为实施正犯，以无期徒刑；认龙文显为同谋帮助杀人，处有期徒刑六年；认文崑帮助杀人，处有期徒刑三年。本院检察官认为违法，提起上诉，被告等亦提起上诉。

理由：本案理由分别说明如下：

（一）龙文吉部分。该被告对于杀害龙文德情形，如何被龙文德告诉谋夫夺妻，以致家产荡尽，出外难归，因此寒心，如何向队长报告，许可派文班长带兵八名前往，如何自率队兵四名围龙文德屋，将文德杀死，已在原审自白。而此项自白，既无其他情形指证，系出于强暴、威迫、利诱、诈欺，或其他不正之方法。且核与各共同被告所陈述，均属一致，并与勘验情形相符，自得采为证据。乃该被告在本院庭讯时，竟诿为龙文德开枪抵抗，系敌对行为，因而带去之士兵，遂将文德击毙，不知既系敌对行为，何以仅文德一人受伤，且独受刀枪各伤，已达二十余处之多。文德屋内既无他人受伤，而该被告方面亦无一人受伤，其谓敌对行为所致，实不近人情。是该被告应构成故意杀人罪，毫无可疑。原审依刑法第二百七十一条（漏揭“一项”）处断，本无不合，惟该被告身充保安队副班长，捏报龙文德为匪，致队长派兵前往梭巡，因而将龙文德杀害，是该被告假借职务之权力方法，犯故意犯杀人罪，已属显然。原审未依刑法第一百三十四条前段论拟，不免违误。至该被告犯罪之动机，系被龙文德以命案告诉，拖累数年，荡产流离，衡情论罪，应于加重其刑二分之一后，从轻科处。

（二）龙文显部分。该被告在原审述供“我带两个兵去捉龙秀冈”云云，已将犯罪事实自承不讳。乃于本院庭讯时任意狡赖，希图翻异前供，避免罪责。惟该被告于杀人部分，并无帮助事实，且系在王指挥部当勤务兵。此次逮捕龙秀冈系以保安队名义往捕，而非以勤务兵身份往捕，要难认为假借职务上之权力，仅能构成刑法第三百零二条第一项之罪，原审以帮助杀人论罪，实属失入。但此部分犯罪结果所生之危险，尚非甚重。

（三）文崑部分。该被告在原审及在本院庭讯时，均将逮捕龙文才事实明白陈述，其犯罪情节已属明了。惟该被告身充班长，所持队长之条谕仅有“梭巡”字样并无逮捕某人之记载，而该被告竟将龙文才逮捕，实不能不负假借职务上之权力，妨害人自由之罪责，原审不依刑法第一百三十四条前段、第三百零二条第一项处断，而以帮助杀人罪论，仍属失入。此部分犯罪结果所生之危险亦非甚重，应于加重其刑二分之一后，从轻科处。

据上论结，本院检察官上诉，洵为有理由。被告龙文吉、龙文显、文崑上诉，查系民国二十五年二月十六日收受第一审判决书，扣除由三穗县至省城在途之期间十日，截至同年三月七日，上诉期间业已届满。兹于五月十二日始行院上诉，是上诉权已经丧失，应予驳回。依刑法第一百三十四条前段、第二百七十一条第一项、第三百零二条第一项、第五十七条第一款第九款、第三十六条、第三十七条第二项，刑事诉讼法第三百六十一条第一项前段、第三百五十九条、第二百九十一条前段，判决如主文。

上案经本院检察官周光鼎莅庭执行职务。

中华民国二十五年五月二十三日

贵州高等法院刑庭

审判长推事　何锡清　印

推事　胡天锡　印

推事　刘道辅　印

上件证明与原本无异。

书记官　夏季民　印

中华民国二十五年六月□日

11 贵州高等法院刑事判决二十五年上字第一一七号

上诉人：舒品三，男性，年三十五岁，四川古蔺县人，住贵阳，裁判。

舒李氏，女性，年二十岁，住贵阳乐群路。

上诉人因妨害家庭及窃盗案件，不服贵阳地方法院中华民国二十五年三月三日第一审判决，提起上诉，本院判决如下：

主文：原判决关于舒李氏、舒品三罪刑及刑之执行部分均撤销。舒李氏意图为自己不法之所有，教唆连续窃取他人动产，处有期徒刑二月又十日。舒李氏和诱部分无罪；舒品三无罪。

事实：舒品三、舒李二夫妇，住贵阳乐群路，与夏李氏为邻。夏李氏有婢女黄妹，年甫十三。舒李氏于民国二十四年废历五月至八月之间，先后教唆黄妹窃取夏李氏家镶珠戒指一对、衣服五件、缎帐、瓷盘等物，交舒李氏收受。同年废历冬月初一日早晨舒李氏嘱令黄妹走出，暂至李二黄瓜家藏匿，原审依刑法第二百四十一条第一项、第三项、第二十九条第一项、第五十六条、第三百二十条第一项，分别论罪处刑，舒李氏、舒品三不服，提起上诉。

理由：上诉人舒李氏虽不承认有教唆窃盗行为，但据黄妹在原审及本院指供历历，谓系被该上诉人唆使，于去年废历五月至八月之间，先后七次窃得夏李氏家镶珠戒指、衣服、缎帐等物，交该上诉人收受。此项陈述既无瑕疵可指，应认为真实。况查同住乐群路之李王氏在侦查庭述称“见了一大块红东西（指红缎帐），舒李氏请我帮他检好，我说没有箱子收检，我顺手帮他（指舒李氏）放在席子底下”等语，尤足证明窃物属实。是该上诉人意图为自己所有，有教唆连续窃盗他人动产，已无疑义。其连续窃盗行为，既在新刑法施行后始行完成,自应适用新刑法处断。惟该上诉人系乡间妇女,智识浅薄,特予从轻处刑,以示平允。至和诱部分,查蓄婢既为法令所禁,对于所蓄婢女自无监督之权,业经司法院字第三八一号解释有案。本件被诱人黄妹在本院庭讯时,据称是"夏家大少爷到大定去做事带我来的,夏家大少爷我称他做大老爷,大老爷之父我称他做老太爷,我在他家当丫头"等语,是黄妹为夏李氏之婢女,已属明甚。依上开解释,夏李氏对于黄妹自无监督权,则舒李氏和诱罪之要件即未具备,原审依刑法第二百四十一条第一项、第三项处断,并将犯罪嫌疑不能证明之舒品三(查被诱人黄妹述称"舒品三没有叫我走,那天我走的时候,舒品三不知道"云云),以共同和诱论罪,均属违误。

据上论结,依刑法第二十九条第一项、第五十六条前段、第五十七条第七款、第三百二十一条第一项,刑事诉讼法第三百六十一条第一项前段、第三百五十六条、第二百九十一条前段、第二百九十三条第一项,判决如主文。

上案经本院检查官周光鼎莅庭执行职务。

中华民国二十五年四月九日

贵州高等法院刑庭

审判长推事　何锡清　印

推事　胡天锡　印

推事　梁兆麒　印

上件证明与原本无异。

书记官　夏季民　印

中华民国二十五年四月□日

12 贵州高等法院刑事判决二十五年又上字第一三号

上诉人：贵阳地方法院检察官。

张文奎，男，年四十岁，清镇县人，区长。

附带民事诉讼人：蒋耀宜，男性，年三十四岁，清镇县人。

上诉人因诈欺案件，不服贵阳地方法院中华民国二十五年三月二十一日第二审判决，提起上诉，本院判决如左：

主文：原判决及第一审判决均撤销。张文奎假借公务员权力诈欺，处有期徒刑六月，缓刑二年。附带民事诉讼驳回。

理由：查上诉人张文奎，于奉清镇县县长杨化育命令，罚蒋耀宜洋二百元外，自行增罚五十元，有省政府视察员单相贤调查呈文，已足证明。该上诉人以本年三月十九日清镇县长致贵阳地方法院公函所称“罚蒋耀宜大洋二百元，并非区长张文奎所罚”等语，为上诉人之论据。姑无论此项公函是否清镇县长意在回护该上诉人，为该上诉人作脱卸罪责之地步。要之，此项公函系事后作成（在本案第一审判决后，上诉第二审时致院），且与该县二十四年五月二十五日给张文奎命令，其内容显然不符。命令仅云“修葺女校”，而公函则有“五十元培修区公所”之语，先后异旨，殊难为该上诉人未增罚五十元之证明，是该上诉人就县长罚蒋耀宜二百元修葺女校之机会，增罚五十元，使蒋耀宜误信而承诺请求陈鹤轩担保交付，其事实极为明了，上诉人论旨殊不足采。惟查犯罪时期，系在新刑法施行前，旧刑法第一百四十条较新刑法第一百一十四条为轻，第一审不适用旧法而依新法处断，已属违误。原审依旧刑法第一百四十条前段、第三百六十三条第一项论罪处断，固无不合。惟宣告有期徒刑六月后，准予易科罚金，又于新刑法

第四十一条之规定有误，检察官对于此点提起上诉，洵有理由。再查本案犯罪所生之损害，尚非甚重，应从轻处刑。且上诉人未曾受有期徒刑以上刑之宣告，审酌情形，亦以暂不执行刑罚为宜，并予宣告缓刑。至附带民事诉讼，依刑事诉讼法第四百九十二条规定，应于刑事诉讼起诉后第二审辩论终结前为之，本件附带民事诉讼于第三审上诉时始行提起，显不合法，应予驳回。

据上论结，依刑事诉讼法第三百八十九条、第三百九十条第一款、第五百零六条第一项，刑法第二条第一项但书、第七十四条第一款、第五十七条第九款、旧刑法第一百四十条前段、第三百六十三条第一项，判决如主文。

中华民国二十五年四月十四日

贵州高等法院刑庭

审判长推事　何锡清　印

推事　胡天锡　印

推事　梁兆麒　印

上件证明与原本无异。

中华民国二十五年四月□日

13 贵州高等法院刑事判决二十五年上字第□号[1]

上诉人： 贵阳地方法院检察官。

蒲礼成，男，年六十八岁，贵阳县人，住河东路，商。

蒲开俊，即刘蒲氏，女，年二十八岁，住都司桥，刘沐宇之妻。

选任辩护人： 项　鹏，律师。

上诉人因杀人案件，不服贵阳地方法院中华民国二十五年五月十六日第一审判决，提起上诉，本院判决如下：

主文： 原判决关于蒲开俊罪刑部分及凶刀一把没有部分，均撤销。蒲开俊无罪。蒲礼成上诉驳回。

事实： 缘刘沐宇于民国二十三年三月，曾娶蒲礼成之女蒲开俊（即刘蒲氏）为妻，夫妇不睦，时相吵闹殴打。结婚以来已打二十七次，蒲礼成积忿已深。本年二月十八日，蒲开俊以屡次凶伤等情，告诉刘沐宇于贵阳地方法院，经检察官侦查，予以不起诉处分。同月二十五日，蒲开俊即向原法院提起离婚之诉。三月十七日，两造到庭言词辩论，尚未终结退庭。后于傍晚时，刘沐宇偕一姓罗者同至蒲礼成家。罗姓先入，见蒲开俊在彼，即劝礼成妇女与沐宇和好，不必离异。移时刘沐宇亦入，礼成遂与沐宇口角，沐宇即将礼成扭住，正相持间，罗姓及蒲开俊上前拉劝未释，蒲礼成低头见刘沐宇裹腿内藏有刀一柄，即抽出立刺刘沐宇右颈、左血盆、右肩，并及胸膛各部位，登时毙命。业经贵阳地方法院判决，检察官及被告均提起上诉。

理由： 本案理由分别说明如下：

（一）蒲礼成部分。该上诉人因刘沐宇常殴打其女蒲开俊，积忿已深，

---

① 原文未注明具体文号。

此次口角，骤见刘沐宇身带有刀，即抽过手，立将刘沐宇杀毙，且下手时，已具有使刘沐宇生命丧失之故意（本年三月十八日在侦查庭供“我当时想杀死他，因为我当时恨他虐待我女儿，气急了想杀死他的”），业经该上诉人于原审检察官最初侦查时自白，及在原审讯问，与本院讯问，其陈述亦大致相同，而其自白又与事实相符。该上诉人应构成杀人罪，毫无疑义。惟据辩称系当场激于义愤而杀人，须知刑法第二百七十三条之罪，系指于他人实施不义之行为当场，有所忿激，忍无可忍，以致将其杀害者而言。本件刘沐宇当时仅与上诉人抓扭，并未向何人实施不义之行为，即无所谓因而有所激忿，上诉论旨殊不足采。原审依刑法第二百七十一条第一项论罪，并认为恶性甚深，处以极刑，尚无不合，此部分上诉为无理由。

（二）蒲开俊即刘蒲氏部分。查刑事诉讼系采实质的、真实发见主义，故犯罪事实，非经积极证明，不能认定。上诉人蒲开俊，于蒲礼成加害刘沐宇时，上前将刘沐宇拉住，究竟对于蒲礼成之杀人行为是否明知而有意使其发生，应有积极之证明，始足以资判断。兹查蒲开俊之拉住刘沐宇，据蒲开俊在原审及在本院历次讯问时，均称系解劝，并无其他用意。而蒲礼成先后供述，亦属相符。此外又无何种证据可以证明蒲开俊有帮助之情，而为蒲礼成所未知，于不觉之中得以便利杀害。是蒲开俊非明知蒲礼成有杀人故意，而拉住刘沐宇，使蒲礼成发生杀人事实，已可认定。其犯罪事实既未经积极证明，上诉人蒲开俊自难负共同杀人罪责。原审依刑法第二十八条、第二百七十一条第一项论罪处刑，不免失入。此部分上诉为有理由。

（三）凶刀没有部分。查刀为刘沐宇所有，已据证人谢海清证明（本年三年月二十三日侦查笔录，谢海清供“这把刀是刘沐宇的”），依刑法第三十八条第三项前段规定，不得没收。原审予以没收，实属违误。检察官关于此点，提起上诉，洵有理由。

据上论结，依刑事诉讼法第三百六十条、第三百六十一条第一项前段，判决如主文。

上案经本院检察官胡文蔚莅庭执行职务。

中华民国二十五年□月□日

贵州高等法院刑庭

审判长推事　何锡清　印

推事　胡天锡　印

推事　鲍方汜　印

上正本证明与原本无异。

书记官　杨新坞

中华民国二十五年□月□日

14 贵州高等法院刑事判决二十五年上字第一八号

上　诉　人: 贵阳地方法院检察官。

陈戴氏,女,年二十五岁,贵阳县人,陈惠民之妾。

陈见昌,男,年二十八岁,正安县人,住贵阳陕西路。

选任辩护人: 吕齐昌,律师。

附带民事诉讼原告人: 洪寿钦,男,四十八岁,黔西县人。

诉讼代理人: 刘　淦,律师。

附带民事诉讼被告: 陈戴氏,年龄、籍贯见前。

陈见昌,同上。

陈惠民,年龄、籍贯未详。

刘信之,同上。

刘从华,同上。

傅启同,同上。

董希仁,同上。

王渭滨,同上。

徐相臣,同上。

江银洲,同上。

上诉人因恐吓案件,不服贵阳地方法院中华民国二十五年六月二十七日第一审判决,提起上诉,本院判决如下:

主文: 原判决关于陈戴氏、陈见昌罪刑部分撤销。陈戴氏、陈见昌均无罪。附带民事诉讼原告之诉驳回。

理由: 本案理由分别说明如下:

（一）陈戴氏、陈见昌刑事部分。查陈惠民恐吓洪寿钦银元五千元，据被害人洪寿钦称，如何拘押刑所、镣铐相加，如何假排队伍鼓号，并举作杀人状态，令随从送酒面到卡，如何经刘信之调解，于夜间由周公生祠小门送入银元，莫不指供历历。且黔西县抄送刘信之呈，该刘信之亦称陈惠民曾罚有洪寿钦银元二千五百元。又证人杨继虞在原审业经证明交付银元属实。是陈惠民对于本案犯罪，固有重大嫌疑。但陈戴氏、陈见昌对于陈惠民实施恐吓之际，是否有帮助行为，应依证据认定。兹查原审本年六月二十四日审判笔录载“问：既请陈太太在安家吃饭，马上就在安家说的钱吗？洪寿钦答：此时并不得说钱，到九月十一日由刘信之去说成五千元，我才预备”等语，是陈戴氏并未参与说钱，已属明甚。又证人杨继虞述称：“点收钱时我出去写保状，只有刘信之在后，不知他如何交涉。”查蔡银舟供亦相同，且刘信之抄呈内已明言“缴与陈惠民罚款大洋二千五百元”，是陈戴氏、陈见昌参与点收银元，并无证明。而陈惠民命排队伍、送酒面，实施恐吓之际，该陈戴氏、陈见昌又未在场帮助，原审遽以恐吓从犯论罪，不免失入。至陈戴氏收酬劳费二百元，陈见昌收酬劳费一百元、烟一百五十两，是否成立罪名，既未经原审判决，本院自无审究之余地。

（二）附带民事诉讼部分。查刑事诉讼谕知无罪之判决，应以判决将附带民事诉讼原告之诉驳回，此为刑事诉讼法第五百零七条第一项前段所明定。本件陈戴氏、陈见昌既谕知无罪，则洪寿钦对此部分所提起之附带民事诉讼，自应驳回。又附带民事诉讼之判决，应以刑事诉讼判决所认定之事实为据，刑事诉讼法第五百零四条前段规定甚明。本件刑事诉讼关于陈惠民、刘信之、刘从华、傅启同、董希仁、王渭滨、徐相臣、江银洲等部分，既未经判决，即不得对之附带提起民事诉讼，是原告之诉，显不合法，亦应驳回。

据上论结，本件上诉为有理由，依刑事诉讼法第三百六十一条第一项前段、第三百五十六条、第二百九十三条第一项、第五百零六条第一项、第五百零七条第一项前段，判决如主文。

上案经本院检察官胡文蔚莅庭执行职务。

中华民国二十五年□月□日

贵州高等法院刑庭

审判长推事　何锡清　印

推事　胡天锡　印

推事　丁　珩　印

上正本证明与原本无异。

书记官　杨新坞

中华民国二十五年□月□日

15 贵州高等法院刑事判决二十五年上字第二一号

上　诉　人： 罗明先，即罗明轩，男，年二十八岁，住贵阳月亮井。

指定辩护人： 黄世焕，律师。

上诉人因杀人案件，不服贵阳地方法院中华民国二十五年六月十三日第一审判决，提起上诉，本院判决如下：

主文： 原判决撤销。罗明先伤害致人于死，处有期徒刑四年，褫夺公权四年。

事实： 缘罗明先之妻王素贞，不安于室，与军人马吉昌等往来，罗明先屡加劝戒，终不改悔，因而夫妇失和，素贞迭次声言离婚。本年五月丨五日，王素贞预书就离婚字据，迫令罗明先同往乐群路媒人家画押，时已入夜，行至沙井坎，素贞住站不走，搜索明先身上，拖扯不放，罗明先忿极，即抽出身带小刀戳伤王素贞左膀、左乳、小腹等部位，挣脱而逃。由该处警察将王素贞送至露德医院医治，因小腹一伤过重，医治不愈，至同月二十二日王素贞即请其戚曹谢氏雇人力车一辆，坐往他处医院寻医，因车摇动太甚，半途毙命。经检察官验明伤痕，填具验断书附卷，侦查起诉。原审依刑法第二百七十一条第一项、第五十九条，处有期徒刑五年。罗明先不服，提起上诉。

理由： 本件上诉人因与其妻王素贞不睦，离婚未协，一时气忿，用小刀戳伤王素贞左膀、左乳、左小腹各部位，因而身死，已据上诉人历次供认不讳。惟据上诉人意旨称，因奸夫随行于后，王素贞回头，咳声即闻，后面脚声渐来，上诉人为防御计，始取出小刀杀伤，等语。但查上诉人在侦查庭时，并未供有奸夫在后随行情形，迨原审讯问时始称听得背后有脚声，先后异词，显系捏饰以为主张，行使防御推卸之地步，此项辩解殊难认为真实。惟查杀人罪之成立，须具有使人生命丧失之故意，故杀人与伤害人之区别，当以下手时是否明知或预见足以致人于死亡为断。至被害人受伤部位如何，虽可认定事实之资料，不能为区别杀伤绝对之标准。本件上诉人实施加害时，并无相当证据，可以证明其有使王素贞生命丧失之意思。要不能以小腹为致命部位，遂推测上诉人有使人生命丧失之故意。且上诉人在原审及本院庭讯时均称“我没有安心杀死他”云云，其为仅有伤害之意思，尤足认定。王素贞受伤在医院医治已逾六日，因伤重他徙，被车摇动以致毙命，是伤害之原因与死亡之结果，其关系显有联络。上诉人对于王素贞死亡之结果，应负责任，无待赘言。原审不以伤害致人于死论罪，而依刑法第二百七十一条第一项之杀人罪处断，不免失入。再上诉人因妻淫荡不协，一时气忿，致触法网，其犯罪情状，实可悯恕，特予减轻其刑二分之一，从轻科处。

据上论结，本件上诉非尽无理由，依刑法第二百七十七条第二项前段、第五十九条、第五十七条第三款第八款、第三十六条、第三十七条第二项，刑事诉讼法第三百六十一条第一项前段、第二百九十一条前段，判决如主文。

上案经本院检察官胡文蔚莅庭执行职务。

中华民国二十五年八月十日

贵州高等法院刑庭

审判长推事　何锡清　印

推事　胡天锡　印

推事　鲍方汜　印

上正本证明与原本无异。

书记官　何运凯

中华民国二十五年□月□日

16 贵州高等法院刑事判决二十五年上字第三六号

上诉人： 赵海清，男，年五十岁，贵阳县人，住头桥。

郭云先，男，年五十岁，贵阳县人，住头桥。

马德华，男，年四十五岁，贵阳县人，住头桥。

马老四，男，年二十岁，贵阳县人，住头桥。

上诉人因伤害案件不服贵阳地方法院中华民国二十五年八月四日第一审判决，提起上诉，本院判决如下：

主文： 上诉驳回。

事实： 缘黄培卿与赵海清、郭云先、马德华、马老四等同在头桥街上居住，赵海清等以黄培卿修建房屋，有碍公厕出入，即往干涉未协，于本年七月十六日由该地联保主任，饬赵海清往唤黄培卿理剖，赵海清乃约郭云先等同往，走至街中，互相叫骂，郭云先、马德华、马老四即共同将黄培卿右眼胞、脊背、右膁肋各部位殴伤，红色微肿。黄培卿自诉于贵阳地方法院，经该院判决，郭云先、马德华、马老四各处罚金三元，赵海清谕知无罪。被告等均不服，提起上诉。

理由： 本案理由分别说明如后：

（一）马老四部分。该上诉人共同伤害黄培卿在原审法院讯问时，虽未将犯罪行为明白陈述，但已承认拉扯，且经被害人黄培卿指供，该上诉人殴伤情形，历历甚明，已经检察官验明，右眼胞，有拳伤一处，青紫色，微肿。脊背，有拳伤二处，紫红色，微肿。右膁肋，有脚踢伤一处，微红色，填单在卷。是该上诉人应负共同伤害罪责，毫无可疑。既据黄培卿合法告诉，原判决依刑法第二百七十七条第一项，处罚金三元，原无不合。上诉理由，殊难认为成立。又该上诉人，经本院送达传票，指定期日审讯，已由该上诉人收受，于送达证书内盖章，乃届期竟不到庭。兹依刑事诉讼法第三百六十三条，不待陈述，径行判决。

（二）郭云先、马德华部分。查原审法院八月五日审判笔录载“推事宣读主文，谕知判决理由，如果不服，于送达判决书后十日内上诉。问郭云先，答服。问马德华，答服”云云。是该上诉人于宣示判决时，已表示舍弃上诉权，依法不得提起上诉，应认为上诉权已经丧失。

（三）赵海清部分。查被告上诉，系就处刑之判决，为求自己利益之救济方法。若未经原判决处刑，即于上诉人无不利之处，实无可为上诉之余地。本件赵海清既经原审法院谕知无罪之判决，依上说明，实无提起上诉之必要。此部分上诉为无理由。

据上论结，依刑事诉讼法第三百五十九条、第三百六十条，判决如主文。

上案经本院检察官胡文蔚莅庭执行职务

中华民国二十五年九月五日

贵州高等法院刑事庭

审判长推事　何锡清　印

推事　胡天锡　印

推事　梁兆麒　印

上件证明与原本无异。

书记官　杨新坞　印

中华民国二十五年□月□日

17 贵州高等法院刑事判决二十五年上字第三一号

上诉人即附带民事诉讼上诉人：王甦耽，男，年五十六岁，贵阳县人，住新桥，闲居。

诉讼代理人：项　鹏，律师。

被　告：刘以庄，男，年五十二岁，桐梓县人，田家巷，闲居。

上诉人因窃盗罪及附带民事诉讼案件，不服贵阳地方法院中华民国二十五年七月二十四日第一审判决，提起上诉，判决如下：

主文：上诉驳回。

理由：查刑法第三百二十条第二项之罪，系以意图不法之利益而窃占他人之不动产，为成立要件。若不动产物权系因移转而取得，纵令移转时有瑕疵，则不动产物权取得人，就其取得范围行使权利，亦只负民事上之责任，不能认为不法利益而拟以窃占不动产之罪名。本件被告刘以庄得买萧荣光田家巷房业，与上诉人王甦耽房业毗连，此业在萧荣光未卖之先，王甦耽曾与萧荣光因经界纠纷，曾经贵阳地方法院民事简易庭于十九年元月（未载日期）判决，其主文前段载“王甦耽左边厢房偏西，应以距离地脚石一尺二寸以内，为王姓界；一尺二寸以外，为萧荣光所有”等语，确定后尚未执行完毕，萧荣光即于同年废历腊月二十三日立契卖与刘以庄，指抵王甦耽地脚石为界，竟将判决主文所载之距离一尺二寸，包括在所卖界址之内，刘以庄遂于本年五月就萧荣光所指地界砌墙，此为双方不争之事实。兹所审究者，即被告刘以庄砌墙，将王甦耽经判决确定所有之距离地脚石一尺二寸地界进占，能否构成犯罪，是已。依上开说明，被告刘以庄于萧荣光移转田家巷房业时而取得物权，纵令移转时界址有瑕疵，但为被告所不知，而就其取得范围，行使权利，要难负刑事之罪责，原审法院依刑事诉讼法第二百九十三条第一项，谕知无罪之判决，其附带民事诉讼部分，依同法第五百零七条第一项前段，驳回原告之诉，均无不合。本件上诉为无理由，依刑事诉讼法第三百六十条，判决如主文。

上案经本院检察官胡文蔚莅庭执行职务。

中华民国二十五年八月二十六日

贵州高等法院刑庭

审判长推事　何锡清　印

推事　胡天锡　印

推事　丁　珩　印

上正本证明与原本无异。

书记官　印

中华民国二十五年□月□日

18 贵州高等法院刑事判决二十五年上字第一八号

上　诉　人：贵阳地方法院检察官

陈戴氏，女，年二十五岁，贵阳县人，陈惠民之妻。

陈见昌，男，年二十八岁，正安县人，住贵阳陕西路。

选任辩护人：吕齐昌，律师。

附带民事诉讼原告人：洪寿钦，男，年四十八岁，黔西县人。

诉讼代理人：刘　淦，律师。

附带民事诉讼被告：陈戴氏，年龄籍贯见前。

陈见昌，同上。

陈惠民，年龄籍贯未详。

刘信之，同上。

刘从华，同上。

傅启同，同上。

董希仁，同上。

王渭滨，同上。

徐相臣，同上。

江银洲，同上。

上诉人因恐吓案件不服贵阳地方法院中华民国二十五年六月二十七日第一审判决，提起上诉，本院判决如下：

主文：原判决关于陈戴氏、陈见昌罪刑部分，撤销。陈戴氏、陈见昌，均无罪。附带民事诉讼原告之诉，驳回。

理由：本案理由分别说明如下：

(一)陈戴氏、陈见昌刑事部分。查陈惠民恐吓洪寿钦银元五千元,据被害人洪寿钦诉称,如何拘押刑所,镣铐相加;如何假排队武(伍),鼓号并举作杀人状态,令随从送酒面到卡;如何经刘信之调解于夜间,由周公生祠小门送人银元,莫不指供历历。且黔西县抄送刘信之呈,该刘信之亦称"陈惠民曾罚有洪寿钦银元二千五百元"。又证人杨继虞在原审业经证明交付银元属实。是陈惠民对于本案犯罪固有重大嫌疑,但陈戴氏、陈见昌对于陈惠民实施恐吓之际,是否有帮助行为,应依证据认定。兹查原审本年六月二十四日审判笔录载"问:既请陈太太在安家吃饭,马上就在安家说的钱吗?洪寿钦答:此时并不得说钱,到九月十一日由刘信之去说五千元,我才预备"等语,是陈戴氏并未参与说钱,已属明甚。又证人杨继虞述称"点收钱时我出去写保状"。又有"刘信之在后,不知他如何交涉",查蔡银舟供亦相同,且刘信之抄呈内已明言"缴与陈惠民罚款大洋二千五百元",是陈戴氏、陈见昌参与点收银元,并无证明。而陈惠民命排队伍,送酒面,实施恐吓之际,该陈戴氏、陈见昌又未在场帮助,原审以怨(恐)吓从犯论罪,不免失入。至陈戴氏收酬劳二百元,陈见昌收酬劳一百元、洋烟一百五十两,是否成立罪名,既未经原审判决,本院自无审究之余地。

(二)附带民事诉讼部分。查刑事诉讼谕知无罪之判决,应以判决将附带民事诉讼原告之诉驳回,此为刑事诉讼法第五百零七条第一项前段所明定。本件陈戴氏、陈见昌既谕知无罪,则洪寿钦对此部分所提起之附带民事诉讼,自应驳回。又附带民事诉讼之判决,应以刑事诉讼判决所认定之事实为据,刑事诉讼法第五百零四条前段规定甚明。本件刑事诉讼关于陈慧民、刘信之、刘从华、傅启同、董希仁、王渭滨、徐相臣、江银洲等部分,既未经判决,即不得对之附带提起民事诉讼。是原告之诉,显不合法,亦应驳回。

据上论结,本件上诉为有理由,依刑事诉讼法第三百六十一条第一项前段、第三百五十六条、第二百九十三条第一项、第五百零六条第一项、第五百零七条第一项前段,判决如主文。

上案经本院检察官胡文蔚莅庭执行职务

中华民国二十五年八月十八日

贵州高等法院刑庭

审判长推事　何锡清　印

推事　胡天锡　印

推事　丁　珩　印

上正本证明与原本无异。

书记官　杨新坞　印

中华民国二十五年九月□日

19 贵州高等法院刑事判决二十五年上字第五一号

上　诉　人：袁汝安，即颜汝安，男，年三十四岁，贵阳县人，住安顺多乡，当闾长。

指定辩护人：黄世焕，律师。

上诉人因杀人案件，不服贵阳地方法院中华民国二十四年六月二十九日第一审判决，提起上诉，本院判决如下：

主文：原判决关于袁汝安罪刑部分撤销。袁汝安无罪。

理由：查上诉人能否构成共同杀人罪，应以王福兴等入杨金玉家，杀害阙太兴、阙老么二人，是否为上诉人所预见以为断。本件周铭川系正乡长，派副乡长王福兴、闾长袁汝安，同往杨金玉家捕匪。到达后，袁汝安把守后门，王福兴入室将阙大兴、阙老么二人杀害。其事实固属明瞭，但上诉人袁汝安对于杀人事实是否预见，应有确切之证明。卷查二十三年七月十七日周铭川在侦查庭述称“该匪等（指阙大兴、阙老么）经民调查确实，方知会工副乡长去拿的”。又十月九日述称“氏未曾去，是托付王副乡长去缉拿，希望捉活的，并不得有意教他们格毙”等语。核与上诉人在本院述称“我到周乡长处，周乡长说派我去捉匪”（二十四年八月十三日庭讯），又称“他（指周乡长）只同我讲过捉匪的事，没有讲过杀匪的事”（本年十月六日庭讯），各语实相符合。是上诉人同至杨金玉家，只知道捉匪，不知杀人，已足证明。迨王福兴入门，将阙大兴、阙老么二人杀害，上诉人适在后门把守，尤不能证明其有杀人事实之认识。原审法院以上诉人持炮守门，认为共犯，依旧刑法第四十二条、第二百八十二条第一项论罪处刑，不免失入。

上案经本院检察官胡文蔚莅庭执行职务

中华民国二十五年十月八日

贵州高等法院刑庭

审判长推事　何锡清　印

推事　鲍方汜　印

推事　梁兆麒　印

上件证明与原本无异。

书记官

中华民国二十五年十月□日

20 贵州高等法院刑事判决二十五年上字第五六号

上诉人即附带民事诉讼原告人: 陶周氏,女,年六十岁,开阳县人。

陶文安,男,年二十二岁,开阳县人,业农。

陶文端,男,年四十二岁,开阳县人,业农。

选任辩护人: 杨殿藩,律师。

上诉人即附带民事诉讼原告人,因抢夺及伤害案件,不服开阳县政府中华民国二十五年五月十一日第一审判决,提起上诉,并附带提起民事诉讼,本院判决如下:

主文: 原判决关于陶周氏、陶文安、陶文端罪行部分,及抢夺之物,照数追回部分,均撤销。陶周氏、陶文安共同伤害人之身体,各处有期徒刑九月。陶周氏缓刑二年。附带民事诉讼驳回。

事实: 缘陶秀书先娶妻周氏,继妻吴氏。周氏生子文安,吴氏生子文烈。秀书殁后,遗有产业,由文烈经管。文烈娶妻墙氏,生子腾芳及女云莲。文烈病殁,墙氏随带子女再嫁与王树森为妻,陶姓族人引以为耻。陶文安遂以"苟合成婚、透漏霸产"等情,投报区公所,请求理剖。正传理间,陶周氏、陶文安各持木棒,于本年国历三月三十日至王树森家,将王墙氏(即陶墙氏)殴打,左额后一伤浮肿,左脑后一伤皮破血流,浮肿形式如小酒杯大。右发际一伤,浮肿皮破血流,均系木器伤。左右膀各一伤,右肩膀一伤,左手大指背一伤,均紫赤色。右背肋一伤,紫红色,均微浮,俱系木器伤。右手腕一伤,微浮,系□致伤。左右膀后各一伤,紫赤色,微浮,系木器伤。小腹近左一伤,微浮,系踢伤。经原县政府验明,填单附卷,王树森即以"无端抄掳、负伤綦重"等情,并附粘贴失单,列举失去洋烟谷子等物多件，具诉陶文安、陶文端、陶安士、陶光祖、陶周氏、陶老四、陶老二、陶相全等，于开阳县政府审理判决，依刑法第三百二十五条一、二两项，处陶周氏、陶文安、陶文端有期徒刑各三年，陶周氏缓刑三年。被告等不服，提起上诉。

理由：本案理由分别说明于下：

（一）抢夺部分。查告诉人王树森在原审县政府所开失单，计失洋烟八百余两、谷子七十二石、铜元六十千、腊肉八十余斤、猪油四十余斤、苞谷一石五斗、黄豆一石，此外，尚有衣服、坛、碗、盆、锅、箱柜各物，数量甚巨，自非二百余人不能一次搬移罄尽，但所指名告诉人者，仅陶文安等八人及佣工等数十人，而所述抄掳情形，又仅一次。以数十人之力，而能一次尽举失单所列各物，实不近情。是上诉人陶周氏、陶文安、陶文端对于本案抢夺部分，其犯罪嫌疑，实不足以证明。原判决依刑法第三百二十五条第一项，论罪处刑，并判令将抢夺之物照数追回，不免率断。

（二）伤害部分。（甲）陶周氏部分。查该上诉人在上诉理由书内，已述明“与王墙氏抓扭推跌”，并经陶文安到庭陈述“母亲陶周氏与嫂墙氏抓闹”等语，是陶周氏伤害王墙氏之身体，已足证明。惟伤害程度，就验单所载情状，系普通伤害，核与刑法第十条第四项所列各款之重伤情形不符。原判决认为重伤，实属错误。且宣告缓刑，以受二年以下有期徒刑之之宣告者为限，刑法第七十四条规定甚明。原判决既处有有期徒刑三年，乃竟予以缓行，既属违法。兹查该上诉人经本院合法传唤，无正当理由不到庭，依刑事诉讼法第三百六十三条，不待其陈述，迳行判决。

（乙）陶文安部分。该上诉人虽不承认有共同伤害王墙氏行为，但据陶腾芳在原审县政府述称“陶文安就整我家妈（指陶墙氏）几脚，拉在门槛上，担起就打，一个拿柯木棒”等语，已足证明该上诉人伤害王墙氏属实。王墙氏受伤程度既非重伤，该上诉人构成刑法第二百七十七条第一项之罪，既经王树森合法告诉，自应依法论拟。原判决认为重伤，依刑法第二百三十五条第三项处断，实属失入。

（丙）陶文端部分。查王墙氏被殴时，虽据陶腾芳述称“陶文端同去”，但未指实陶文端如何下手，此外又无证人可以证明该陶文端有共同实施伤害行为，是陶文端对于此部分犯罪嫌疑，实难证明。再查附带民事诉讼，须因犯罪而受损害之人，始得提起，此为刑事诉讼法第四百九十一条所明定。本件上诉人陶周氏、陶文安、陶文端请求判令王树森、王墙氏返还契约家财等物，该王树森、王墙氏究系成立何种罪名，未经判决，则民事诉讼无所附丽，即不得附带提起。上诉人等此项请求，显不合法，应予驳回。

据上论结，本件上诉为有理由，依刑法第二十八条、第五十七条第一款、第七十四条第一款、第二百七十七条第一项，刑事诉讼法第二百九十三条第一项、第三百六十一条第一项前段、第五百零六条第一项，判决如主文。

上案经本院检察官胡文蔚莅庭执行职务。

中华民国二十五年十一月七日

贵州高等法院刑庭

审判长推事　漆　璜

推事　何锡清

推事　梁兆麒

上正本证明与原本无异。

书记官

中华民国二十五年十一月□日

21 贵州高等法院刑事判决二十六年上字第一四八号

上诉人: 黄高氏,女,年四十二岁,贵阳县人,住朱市巷。

上诉人因伤害及毁损案件不服贵阳地方法院中华民国二十六年二月八日第一审判决,提起上诉,本院判决如下:

主文: 上诉驳回。

事实: 缘于民国二十五年废历十二月十三日,高黄氏至李华仙家索取会款,华仙因会款纠葛,已诉于贵阳地方法院民庭未结,不承认偿还,彼此指则(责),语言争嚷,继则高黄氏以手抓伤华仙鼻准、上唇吻、右手臂等处,因而毁损华仙玻璃四块,扯破华仙衣襟,华仙告诉原法院检察处,验查明确,提起公诉,经原法院集讯判决,处高黄氏拘役十日,高黄氏不服,提起上诉。

理由: 本案上诉人状称以及在庭供述,均谓李华仙任意侮辱,对于伤害李华仙以及毁损衣襟、玻璃各情事,则狡不承认。但查原卷,上诉人于原检察处已供认"将李华仙伤害,并将玻璃打毁四块,衣襟扯破少许"各语。又经验明李华仙鼻准、上唇吻、右手臂等处,均有伤痕,以及毁损衣物,填单附卷有案,自不能任其狡展。至称侮辱各节,无论属实与否,既未经第一审判决,自不得提起上诉。原判以上诉人触犯刑法第二百七十七条第一项,及第三百五十四条之罪,依第五十五条之规定,从第二百七十七条第一项处断,并无不合,上诉无理由。

基上论结,依刑事诉讼法第三百六十条判决如主文。

上案经本院检察官周光鼎莅庭执行职务。

中华民国二十六年三月四日

贵州高等法院刑庭

审判长推事　漆　璜

推事　何锡清

推事　梁兆麒

上正本证明与原本无异。

书记官　杨新坞

中华民国二十六年□月□日

22 贵州高等法院刑事判决二十六年上字第一七六号

上诉人：本院检察官。

被　告：傅恩光，即傅竹岩，又名傅焜，男，年四十一岁，广顺县人，住县城中街，邮政代办。

上诉人因侵占案件不服广顺县兼理司法县政府中华民国二十六年一月十九日第一审判决，提起上诉，本院判决如下：

主文：原判决关于傅恩光罪刑部分撤销。傅恩光隐匿邮件，意图为自己不法之所有，连续侵占公务上所持有之物，从一重处有期徒刑一年又二月。

事实：缘傅恩光系充广顺县邮政代办，自民国二十五年六月以后，连续隐匿未粘贴邮票之平信三十七件、挂号信三件、公文十四件，所收邮资，悉为侵蚀。又经办小款汇票之存据，区内者计欠第八号及自第十号至第十八号，区外者计欠第二六七号至二七二号，并有区内空白小款汇票七张，区外空白小款汇票十三张，均为隐匿。计亏欠汇款一百六十元，汇费及规定费八元八角，资本票款七元六角八分，共亏公款一百七十六元四角八分，经贵州邮政巡员唐钟璜至该代办所查明属实，函送广顺县政府审理判决，呈送覆判，由本院检察官提起上诉。

理由：被告傅恩光经本院庭讯，虽不承认有隐匿邮件、亏欠公款情事，但经贵州邮区巡员唐钟璜于民国二十五年十月十八日夜间，经凭区保，在该代办所搜获日久未发未粘邮票平信三十七件、挂号信三件、公文十四件，逐一开列清单，送交县政府附粘卷内可查，并经查明上项邮件，其发邮日期，多在六七月内（见广顺县县长陈继宗哿代电），则被告辩称“迟发日期不过一两班”之语，殊非真实。既将邮件隐匿数月之久，而又未粘邮票，则所收获之邮资为其侵蚀，不待辩而自明。又小款汇票之存据，区内者欠第八号及自第十号至第十八号，区外者欠第二六七号至第二七二号，区内空白小款汇票欠七张，区外空白小款汇票欠十三张。虽辩称“系九月六日夜被盗损失”，但经原县政府传唤甲长余锦章、谭洪章到庭质讯，均称“九月六日傅恩[光]报失盗，但窗子打开，全无盗口，其失数概未报明，此后亦未闻其清理”。是被告被盗一节，显系捏词掩饰，实不足信。至亏欠公款一百六十元，汇费及规定费八元八角，资本票款七元六角八分，共亏欠公款一百七十六元四角八分，被告仅承认亏欠七十七元二角二分，其数目虽有出入，然亏欠究属实在。是被告隐匿信件公文，意在侵占邮资；隐匿小款汇票之存据及空白小款汇票，意在侵占汇款、汇费、规定费，情节甚属显然，其以隐匿邮件为方法，而达侵占之目的，自应从一重处断。原判决依刑法第五十五条、第一百三十三条、第三百三十六条(误为第三百六十六条)第一项，论罪处刑，尚无不合。惟侵占行为，并非一次，自六月以后至十月十八日经巡员发觉以前，以概括侵占之意思，反复而为同一之行为，原判决未依连续犯处断，不免疏漏。次查被告系以教读为业，家非优裕，生计艰难，因而就其生活状况审酌，科刑自应从轻。

据上论结，本件上诉为有理由，依刑法第五十五条、第五十六条前段、第五十七条第五款、第一百三十三条、第三百三十六条第一项，刑事诉讼法第三百六十一条第一项前段、第二百九十一条前段，判决如主文。

上案经本院检察官周光鼎莅庭执行职务。

中华民国二十六年三月十一日

贵州高等法院刑庭

审判长推事　漆　璜

推事　胡天锡

推事　何锡清

上件证明与原本无异。

书记官　杨新坞

中华民国二十六年三月□日

23 贵州高等法院刑事判决二十六年上字第一三六号

上诉人即自诉人：李慎安，男，年六十一岁，四川人，住遵义县第八区，商。

被　告：唐金山，男，五十岁，四川人，住同上，商。

唐续周，男，二十六岁，同上。

唐银轩，未到。

上诉人因窃盗案件不服遵义地方法院中华民国二十五年十二月十日第一审判决，提起上诉，本院判决如下：

主文：上诉驳回。

理由：按犯罪事实，应依证据认定之，刑事诉讼法第二百六十八条，已有明文规定。本案上诉人李慎安以被告唐金山等窃其烟土，因其侄媳发现唐继周在陈光汉烟馆内售卖烟土。又查知被告唐金山有烟土一百余两，即疑此项烟土为上诉人被窃之物，乃自诉唐金山等于遵义地方法院，经该院命其举证，即供称"有当地保长罗树清及陈光汉可以证明"，卷查罗树清在该院供称"李慎安失窃是实，是否唐金山等所窃，我不知情，李慎安说唐家愿赔偿他四十元，我没有向唐家说（问），唐家亦没有向我说"。又卷查陈光汉在该院供称"唐继周卖烟于我是实，不知是否窃的"各等语，均不能证明被告等有窃盗之嫌疑。即该上诉人李慎安在本院讯据供称"闻众人说这个窃贼是不远的，我之烟土染有鸡屎，我之侄媳行过陈光汉门口，闻门内人云，烟有鸡屎，迨我去看烟已下锅"，又称"十月初六日那天，我遇见唐继周进城卖烟转来，以此种种情形，我的烟土是他偷的"等语，皆属揣度猜想之词，亦不能确切证明被告等有窃盗之事实。至该上诉人李慎安对于被告唐银轩并［无］此揣度之词，亦无法陈述，更无犯罪之嫌疑可言。原审认为不能证明犯罪，将唐金山、唐继周、唐银轩一并谕知无罪，尚无不合。本案上诉殊无理由。

据上论结，爰依刑事诉讼法第三百六十条、第二百九十八条，判决如主文。

上案经本院检察官庄子云莅庭执行职务

中华民国二十六年三月十八日

贵州高等法院刑庭

审判长推事　漆　璜

推事　何锡清

推事　梁兆麒

上件证明与原本无异。

书记官　杨新坞

中华民国二十六年三月□日

24 贵州高等法院刑事判决二十六年上字第一七〇号

上诉人：黄王氏，女，年三十八岁，贵阳县人，住中街，商。

上诉人因诬告案件，不服贵阳地方法院中华民国二十六年三月十日第一审判决，提起上诉，本院判决如下：

主文：上诉驳回。

事实：缘刘绍清有贵阳中街瓦房二间，于民国十二年冬月初八日，佃与黄镜清居住，每月佃租洋十元，押佃洋二十元，立有佃约为据。至民国二十一年旧历六月，佃租加为十六元，押佃加为五十元，由黄镜清另立佃约为据。二十二年，黄镜清身故，其妻黄王氏仍照原约继续居住，因积欠佃租太多，除将押佃五十元扣抵外，尚欠五十三元，绍清屡索未获，乃于民国二十五年三月报请公安局第二分局，限期令黄王氏迁移。黄王氏逾限不迁，绍清诉经公安局，将黄王氏传讯拘押，旋即释出。黄王氏遂于是年十月二十三日，具状以诈欺取财、伪造佃约等情，列刘绍清为被告，向贵阳地方法院自诉。所诉内容，系以民国十二年黄镜清所立佃约，系押佃一百元。绍清现在提出之佃约，系押佃五十元，认为伪造。经原法院审理，证明刘绍清提出之佃约，系属真实，并无伪造行为，谕知无罪之判决。黄王氏不服，提起上诉，经本院审理，认上诉无理由，予以驳回，确定在案。刘绍清即向原法院提起诬告之诉，经审理判决，处黄王氏有期徒刑三月，黄王氏不服，提起上诉。

理由：查上诉人自诉刘绍清伪造佃约，既经贵阳地方法院及本院判决谕知刘绍清无罪，确定在案。是刘绍清所提出民国十二年冬月黄镜清初立之佃约及民国二十一年六月黄镜清另立之佃约，均属真实，并非伪造，无待烦言。惟上诉人是否成立诬告罪名，应以上诉人自诉时，是否明知刘绍清无伪造佃约事实而告诉，有图刘绍清受刑事处分之意思为断。兹查上诉人欠付刘绍清房租五十三元，经刘绍清追索，上诉人最初并未否认。继诉经公安局谕令照数给付，亦未申述异议。并请稻根香之主人薛守正作担保，有本院二十五年度民事上字第五六一号上诉卷宗内薛守正之上诉状，足以证明。查薛守正上诉理由称“黄王氏与刘绍清，因租房纠纷，去岁起诉公安局案下，斯时黄王氏欠刘绍清租金五十三元，民当时在公安局担保欠租，系以稻根香名义盖章”。是上诉人所欠房租，除将押佃五十元扣抵外，尚欠五十三元，已属明甚。不然上诉人既知故夫黄镜清交有押佃一百元，即可正当主张照数扣抵，而房租则无所谓欠付，何以当时不为主张，何以又请薛守正担保。是上诉人明知押租仅有五十元而非一百元，刘绍清并无伪造佃约事实，因挟被公安局霸押之恨，乃虚构事实，向法院自诉，其情节已属明瞭。迨经检察官诘问：“你告刘绍清是什么意思？”答“我告他的意思，是告他伪造佃约，请办他的罪”（见二十五年十一月五日侦查笔录）。其有使他人受刑事处分之意思，亦属显然。上诉人应成立诬告罪，毫无疑义。原判决依刑法第一百六十九条第一项，处有期徒刑三月，尚无不合。

据上论结，本件上诉为无理由，依刑事诉讼法第三百六十条判决如主文。

上案经本院检察官庄子云莅庭执行职务。

中华民国二十六年四月十二日

贵州高等法院刑庭
审判长推事　漆　璜
推事　胡天锡
推事　何锡清

上正本证明与原本无异。

书记官
中华民国二十六年四月□日

25 贵州高等法院刑事判决二十六年上字第一七一号

上　诉　人：李绍成，男，三十一岁，大定县人。

选任辩护人：熊永龙，律师。

上诉人因诈欺案件不服清镇县司法处中华民国二十六年三月八日第一审判决提起上诉，本院判决如下：

主文：原判决关于李绍成罪刑部分撤销。李绍成以诈术骗取他人财物，减处有期徒刑十月，褫夺公权二年。

事实：缘上诉人李绍成于本年二月一日，自贵阳返大定原籍，行经清镇县茅票山地方，缺乏川资。遇素识之王少成及一不知姓名者，共同商议，以丢包诈术，骗人财物，遂同行至该县城南大桥上。至（王）少成以布包石子，伪作银物，置于道上，适有乡民曾树云售卖粮食回家，路过该处见地下布包，以为内系财物，正拾取在手，王少成即上前谓"汝今拾得他人财物，我说过见亦应分润"，曾树云恐再遇他人，愈更纠纷，急以随身所带之大洋四元七角、盐三斤，一并给与王少成，即自行返家，王少成遂分给上诉人一元七角，各自分散。曾树云回家发见布包内石子，始知被骗，即回城内各处寻找。在新市场遇见上诉人，适该县驻军士兵在街市巡查，曾树云即上前报告，遂将上诉人拘获，送经清镇县司法处，判决有期徒刑一年又六月，褫夺公权三年。上诉人不服，提起上诉到院，兹经审理，应即判决。

理由：查上诉人李绍成伙同在逃之王少成及一不知姓名者，用布包石子，伪作银物，以欺罔曾树云，使其陷于错误，而将随身所带之大洋四元七角、盐三斤，交付王少成。该上诉人因而分得一元七角，其诈欺取财之构成要件，实已具备。本院庭讯时，虽坚不吐实，但卷查原审供词，该上诉人直认“伙同丢包骗取财物”不讳，自未便任其狡辩，而希图脱卸刑责。惟其犯罪之动机，系因川资缺乏，而犯罪后仍将所骗之四元七角，如数返还曾树云，则该上诉人犯罪之情状，不无悯恕。原审量刑实嫌稍重，自应予以纠正，减处有期徒刑十月，褫夺公权二年。

总上论结，本件上诉，尚难认为全无理由，爰依刑法第二十八条，第三百三十九条第一项，第五十七条第一款、第十款，第五十九条，第三［十］七条第二项，第三十六条，刑事诉讼法第三百六十一条第一项前段、第二百九十一条前段，判决如主文。

上案经本院检察官周光鼎莅庭执行职务。

中华民国二十六年四月十五日

贵州高等法院刑庭

审判长推事　漆　璜

推事　何锡清

推事　梁兆麒

上件证明与原本无异。

书记官

中华民国二十六年四月□日

26 贵州高等法院刑事判决二十六年上字第一七四号

上诉人：杨张氏，女，年六十七岁，遵义县人，住贵阳通衢街。

上诉人因毁损案件不服贵阳地方法院中华民国二十六年三月二十七日第一审判决，提起上诉，本院判决如下：

主文：原判决关于处刑部分撤销。杨张氏损坏他人之物，处罚金二元，如易服劳役，以一元折算一日。附带民事诉讼上诉驳回。

事实：缘杨张氏家，常有绥靖公署之火夫数人，前往煮饭。本年三月七日夜十二时，被巡查队瞥见，即入内盘查。杨张氏疑为宋周氏报告，遂至宋周氏家质问，彼此口角，杨张氏即将宋周氏柜上之土瓶一个，掀倒地下损坏。适有在宋周氏家吃酒之谢少清，因土瓶掀倒划伤其手，起身走避，致将前面之酒坛及煤油桶翻到，酒油溢出。宋周氏遂以毁损等情，向贵阳地方法院提起自诉，并附带请求赔偿损害，嗣经判决，杨张氏不服，提起上诉。

理由：查上诉人在原审法院及本院均称"仅与宋周氏口角"，至对于损坏土瓶情形，则坚不承认。但被害人宋周氏已将上诉人掀倒土瓶，致将谢少清之手划伤，因而翻到酒坛、煤油各情，指供历历。并由原法院传唤证人谢少清讯问，据称"我将酒坛子（即土瓶）抱着，老奶（指杨张氏）遂将酒坛子推倒，我因去抱，伤着我的手，接连撞翻油桶是实"，尤足以证明上诉人毁损宋周氏之土瓶属实。原审法院据宋周氏为刑法第三百五十七条之告诉，依同法第三百五十四条，处罚金二元，原无不合。惟谕知罚金，应于主文内记载易服劳役折算之标准，此为刑事诉讼法第三百零一条第三款所明定，原判决未予记载，不免疏漏。至附带民事诉讼部分，原判决以损坏之物，仅一土瓶，判令赔偿法币八角，自属适当。

据上论结,依刑法第五十七条第九款、第三百五十四条、第四十二条第二项前段,刑事诉讼法第三百六十一条第一项前段、第二百九十一条前段,判决如主文。

上案经本院检察官周光鼎莅庭执行职务。

中华民国二十六年四月二十三日

贵州高等法院刑庭

审判长推事　漆　璜　印

推事　梁兆麒　印

推事　何锡清　印

上正本证明与原本无异。

书记官　杨新坞　印

中华民国二十六年四月□日

27 贵州高等法院刑事判决二十六年上字第一七八号

上诉人：吴炳奎，男，年三十四岁，四川人，住亚元坊，拉车。

上诉人因窃盗案件不服贵阳地方法院中华民国二十六年四月三日第一审判决，提起上诉，判决如下：

主文：上诉驳回。

事实：缘亨利田记黄包车长伕周栋廷，于本年三月一日将所拉之黄包车，置放于铜像台侧烟馆门口，即进烟馆内吸烟。上诉人吴炳奎将此车私行窃去，周栋廷乃约同周鸿顺各处寻找。至三月五日，始在头桥魏瀛洲家拿获，其车胎已由吴炳奎抵与魏姓，所有车壳亦在羊关坡上寻获。周栋廷遂将吴炳奎，送由省会公安局，转送贵阳地方法院检察处侦查属实，案经该院判决，吴炳奎不服，提起上诉。

理由：本案上诉人吴炳奎，在原审虽不供认有窃盗周栋廷所拉之包车情事，然将车胎抵与魏瀛洲，得洋数元，业已自白，并经魏瀛洲在原审证明属实。又查该上诉人在原审辩称"周栋廷已将车钱拉得，将车教我去拉一趟，我拉到青岩转来，找不到周栋廷，我即拉与万玉清，万玉清拉去数日未回，我在头桥将万玉清寻获，即在头桥魏姓处歇宿。次日起来，万玉清跑了，车胎被他抵与魏姓，得洋九角。我加抵洋二元七角"等语，亦经魏瀛洲在原审证明，车胎为上诉人所抵，并无万玉清其人，足证该上诉人在原审辩称各节，均属虚构，全非事实。迨该上诉人提起上诉，于本院庭讯时，复据供称"我对于本件，实在不是偷，我与周栋廷、周鸿顺都是同乡，都有老亲与家小的。于是商量去租一架车子，拿去卖了，各分得几文，拿去供养老幼，迨我将车拖去，他又向我说车子是有保人的，恐怕走不脱，叫我拖来还他。因吃些伙食，才将车胎押了，他们反过来告我，一面叫我一人承认“这是大家商量做的，不是我一人所偷”等语。核与原审供词，完全变更，揣其用意，无非欲将周栋廷、周鸿顺诬为共犯，以泄其告诉之忿，则该上诉人拘押在所，不唯无悛悔态度，且欲捏造事实，希图更加陷害，其犯罪之情状，实无可悯恕者。且查该上诉人，曾犯窃盗罪，执行完毕，未及一年。兹又窃取周栋廷包车，实系累犯，原审依刑法第三百二十条第一项，并依同法第四十七条加重二分之一，处有期徒刑二年，并依同法第二十七条第二项，褫夺其第三十六条公权三年，尚无不合。

综上论结，本案上诉殊无理由，依刑事诉讼法第三百六十条，判决如主文。

上案经本院检察官庄子云莅庭执行职务。

中华民国二十六年四月三十日

贵州高等法院刑庭

审判长推事　漆　璜　印

推事　何锡清　印

推事　梁兆麒　印

上件证明与原本无异。

书记官　杨新坞　印

中华民国二十六年五月□日

28 贵州高等法院刑事判决二十六年上字第一六四号

上诉人即自诉人：刘光华，男，年四十六岁，遵义县人，商。

委任代理诉讼人：熊永龙，律师。

被　告：李焕文，男，年五十八岁，遵义县人，商。

傅少舟，未到。

范和尚，同上。

李和尚，同上。

蒲世昌，同上。

冉仪伯，同上。

唐国屏，同上。

上诉人因抢夺案件不服遵义地方法院中华民国二十六年二月二十七日第一审判决提起上诉，本院判决如下：

主文：原判决撤销。李焕文、傅少舟、范和尚、李和尚、蒲世昌、冉仪伯、唐国屏，均无罪。

理由：按刑法之抢夺罪，须具备意图为自己或第三人不法所有，及抢夺他人所有物之二要件，始能构成之。本案上诉人刘光华与刘厚卿为异母兄弟，至今尚系同屋居住，并未分爨。先是恒泽寺和尚衣食无着，地方人民于民国十五年为之成一积金会，以资接济。本地习惯，每成立一会，须有殷实保人或用相当契据以供担保。被告李焕文、范和尚为该会之保人。当交会款之期，保人须负责如数交付。刘光华之兄刘厚卿，为该会会角之一，即应照会规按期交款。乃该刘厚卿因母亲于民国二十二年死亡，又因多病，遂将家中产业契据，交与刘光华接管。自刘光华接管之后，仅得一饱，甚至零星用费，亦分文不给，以致刘厚卿无款交会，自系实情。而被告李焕文、范和尚责任所在，安得听其不理，乃邀同傅少舟、范和尚报经联保主任，派人监视，在佃户刘荣开家量得稻谷十八石，分四次按照市价变卖交会，并非意图为自己或第三人不法所有，自难构成抢夺罪名。而刘光华以李焕文等抢夺稻谷罪，诉经遵义地方法院判决，刘光华不服，提起上诉。本院讯据刘厚卿证明，李焕文、傅少舟、范和尚量谷变价交会属实。至于李和尚、蒲世昌、冉仪伯、唐国屏等，并未在场，尤属波及无辜。该被告傅少舟、范和尚、李和尚、蒲世昌、冉仪伯、唐国屏，经合法传唤，无正当理由不到，依刑事诉讼法第二百九十八条，不待其陈述，迳行判决。李焕文等既均不能证明犯罪，应一并谕知无罪。查本案事实，原审并未审究明瞭，遽予判决，自属不合，应将原判决撤销，自为判决。

基上论结，本件爰依刑事诉讼法第三百六十一条第一项前段、第二百九十三条第一项、第二百六十三条，判决如主文。

上案经本院检察官周光鼎莅庭执行职务。

中华民国二十六年五月十四日

贵州高等法院刑庭

审判长推事　漆　璜　印

推事　何锡清　印

推事　梁兆麒　印

上件证明与原本无异。

书记官

中华民国二十六年五月□日

29 贵州高等法院刑事判决二十六年上字第一六三号

上 诉 人：本院检察官。

被 告 人：杨胜贵，男，年三十二岁，安龙县人，农。

指定辩护人：黄世焕，律师。

上诉人因杀人案件不服安龙县兼理司法县政府中华民国二十五年一月八日第一审判决，提起上诉，本院判决如下：

主文：原判决关于杨胜贵罪刑部分撤销。杨胜贵无罪。

理由：按刑事诉讼，系采实质的真实发现主义，故犯罪事实，必须有确实证据证明之，始得加以认定。本件董毛氏于民国二十四年废历九月初七日夜间，被人殴伤致死，其夫董正星以明殴毙命等情，具诉杨胜贵于安龙县政府。据称"因与娄恒标诉争产业，杨胜贵心颇不服，以洋三十元，买王维长、黄老三，将其妻毛氏殴毙，业经黄老三之母黄张氏对众真供不讳，又有度长毛亲眼得见"等语。但黄张氏于二十四年十月十日在原审状称"将氏捉至伊宅（指娄恒标家），非刑吊打，勒氏咬诬系杨胜贵请王维长、黄老三同谋，若氏不允，要将氏置于死地"。又同年十一月十三日，经原审传唤黄张氏到案述称"娄董两家，拉氏去，用枪头杵氏，教氏活口咬杨家（指杨胜贵），说杨姓拿洋三十元请黄老三杀的"，是黄张氏对众所称"杨胜贵以钱三十元买王维长、黄老三殴毙董毛氏"之语，系受胁迫，始如此陈述，其非真实，不辨自明。度长毛证言，查县卷二十四年十月十九日供单，载有"度长毛供'八岁（点）[①]，我见得杨胜贵持斧子，黄老三、王维长一同进屋去打董毛氏'"之语，但是日名单，并未列有度长毛，而供词末行，又未经度长毛

① 此处"度长毛"为姓名，"供"为口供，"八岁"应有误，似应为"八点"。

画押，或按指印，则被告攻击原审始终未传度长毛到案，自属可信。既度长毛已举家他徙，不知所在，致无从传质，是此项人证事实上已难调查，自不得不就被告所提出之证据以为判决之基础。据被告述称“二十四年废历九月初七日夜间，我在家并未出去，那夜李科仲并在我家歇，初八才转去，他在县里曾出有证明书的”。当经本院依刑事诉讼法第一百八十二条第一项前段，嘱托安龙县司法处讯问证人李科仲，嗣据制作讯问笔录送院，查笔录载“问：二十四年废历九月初七日，到杨胜贵家吗？答：九月初七日上午，他到区公所缴款，下午到索汪买盐，路过我家坐，吃晚饭后才同一路到他家的。到他家后，我们大家捆扎苞谷，他没有走那里去，是在同一屋扎苞谷，我是同杨胜贵一床睡的，他睡后没有起来，我在翌日天亮洗脸后，坐一下才回家的”，已足证明被告是夜在家歇宿，并未往董正星家，对于董毛氏实施伤害。原判决采取黄张氏及度长毛之证言，认被告构成杀人罪，依刑法第二百七十一条第一项，处有期徒刑十年又四月，实属失入，本件上诉为有理由。

据上论结，被告犯罪不能证明，依刑事诉讼法第三百六十一条第一项前段、第三百五十六条、第二百九十三条第一项，判决如主文。

上案经本院检察官周光鼎莅庭执行职务。

中华民国二十六年五月十九日

贵州高等法院刑庭

审判长推事　何锡清　印

推事　胡天锡　印

推事　梁兆麒　印

上正本证明与原本无异。

书记官

中华民国二十六年五月□日

30 贵州高等法院刑事判决二十六年上字第一八八号

上诉人： 萧周氏，女，五十二岁，四川安岳县人，住贵阳新桥。

上诉人因妨害家庭案件，不服贵阳地方法院中华民国二十六年四月九日第一审判决，提起上诉，本院判决如下：

主文： 原判决关于萧周氏罪刑部分撤销。萧周氏意图营利而收受藏匿被诱略人，处有期徒刑四月。

事实： 缘曹荣昇住贵阳南华路，其子曹春发，年三岁余。本年一月三十日夜间八时，独自出外游玩，在比邻鼎震济纸烟店门首瞌睡，被刘玉成抱至次南门外北五省义园，以待其家长寻访时，借此吃报口饭钱。次日送至萧周氏家，萧周氏允为收受藏匿，并云“要收留钱拾元”，曹荣昇因春发走失，遍寻不获，即出报口钱五元，遣人沿街鸣锣喊叫。刘玉成闻知，遂向曹荣昇报告曹春发所在地，荣昇先给刘玉成钱五角，由刘玉成引导至萧周氏家，将曹春发寻获，报由警察第五分局呈送省会警察局，函送贵阳地方法院审理判决，处刘玉成有期徒刑二年，褫夺公权三年，确定执行。处萧周氏有期徒刑六个月，萧周氏不服，提起上诉。

理由： 本件被略诱人曹春发，系在上诉人家内寻获，事实本极明瞭。乃上诉人辩称，当刘玉成抱春发来时，上诉人并未在屋，但经刘玉成在原审及本院均一致质证，当日确系亲手将曹春发交与上诉人，且上诉人曾云“须要收留钱十元”。此项共同被告不利于已之陈述，审判上自得采为证据，自不容空言抵赖，图免罪责。是上诉人意图营利而收藏被略诱人，其犯罪行为，已属显然。原判决依刑法第二百四十三条第二项处断，原无不合。惟向曹荣昇报告曹春发所在地，仅系刘玉成一人，上诉人并未前往报告，则上诉人部分，尚难认为于裁判宣告前指明被诱人所在地，因而寻获，原判决依同法第二百四十四条减轻其刑，实属错误。但查上诉人系因刘玉成将曹春发送至，临时允为收藏，与前供同谋划而收藏被诱人者，究属不同，犯罪情状，显可悯恕，特酌减轻其刑二分之一，以示平允。

据上论结，本件上诉为有理由，依刑法第五十七条第一款、第五十九条、第二百四十三条第一项，刑事诉讼法第三百六十一条第一项前段、第二百九十一条前段，判决如主文。

上案经本院检察官庄子云莅庭执行职务。

中华民国二十六年五月十八日

贵州高等法院刑庭

审判长推事　何锡清　印

推事　胡天锡　印

推事　梁兆麒　印

上件证明与原本无异。

书记官　杨新坞　印

中华民国二十六年□月□日

31 贵州高等法院刑事判决二十六年第一四二号

上诉人即自诉人： 傅裕林，男，六十三岁，四川巴县人，卖药。

被　告： 祝周氏，年三十一岁，遵义县人，住芝麻坪。

上诉人因窃盗案件不服遵义地方法院中华民国二十五年十二月三日第一审判决提起上诉，本院判决如下：

主文： 原判决撤销。祝周氏无罪。

理由： 按刑事诉讼，系采实质的真实发现主义，故犯罪事实，必须有确实证据证明之，始得加以认定，否则即应谕知无罪。本件上诉人在原审自诉"祝周氏窃其洋烟、药材、猪油等物"，经原审传唤祝周氏到案讯问，祝周氏极端否认，谓系向上诉人索讨房租，故以此抵赖。迨本院请（讯）上诉人以祝周氏有无索讨房租情事，则称曾有此事，并据联保主任程志华呈称"祝周氏向傅裕林，追讨房租，裕林不惟不与，反谓周氏窃伊药材、猪油，以此抵赖，经职集剖，询其原因，乃股匪来场所失之药"等语。是上诉人所失物件，并非祝周氏窃取，已可证明，乃上诉人坚执在祝周氏家等寻获猪油罐一个，即认定洋烟、药材各物，均为祝周氏所窃。姑无论猪油罐虽在祝周氏家，而猪油是否为祝周氏所窃，尚待确实证据以资证明，尤不能以祝周氏收藏油罐而遂推测洋烟、药材均被其窃取。上诉人除此猪油罐外，又不能提出其他确实证据，以证明祝周氏有窃取洋烟、药材行为，原审法院谕知祝周氏无罪，原无不合。惟理由栏内，未依证据认定，而徒以自诉人经合法传唤，无正当之理由不到庭，均为情虚，即将被告谕知无罪，未免率略。至被告祝周氏经合法传唤，无正当之理由不到庭，依刑事诉讼法第三百六十三条规定，不待其陈述，迳行判决。

据上论结，本件上诉虽无理由，但原判决确系不当，依刑事诉讼法第三百六十一条第一项前段、第三百五十六条、第二百九十三条第一项，判决如主文。

上案经本院检察官庄子云莅庭执行职务

中华民国二十六年六月十五日

贵州高等法院刑庭

审判长推事　何锡清　印

推事　胡天锡　印

推事　梁兆麒　印

上件证明与原本无异。

书记官

中华民国二十六年六月□日

32 贵州高等法院刑事判决二十六年上字第一九二号

上诉人即自诉人：程兴洲，男，年四十三岁，定番县人，农。

程敬先，男，年四十二岁，定番县人，农。

程德甫，男，年二十三岁，定番县人，农。

选任辩护人：项　鹏，律师。

被　告：舒老三，未到。

舒治安，男，三十岁，定番县人，商。

上诉人因伤害案件不服定番县司法处中华民国二十六年三月十六日第一审判决，提起上诉，本院判决如下：

主文：原判决关于程兴洲、程敬先、程德甫罪刑部分撤销。舒治安自诉不受理。其他上诉驳回。

事实：缘被告舒治安于本年元月二十五日，安葬其父灵柩于上祖所买之惹脚坡地方，上诉人程兴洲等，以该地系族人所有，乃约集族人多人，聚集该地，阻止安葬，初则彼此口角，继则互相抓拉，卒至互相殴打。舒老三因尾脊骨、腰部、右脚、右手受伤红肿，乃复约集同去葬坟之人保卫、六等，上前殴打程兴洲之兄弟三人，为被告舒老三等用小刀、锄棒各物，伤害程仲先大腿与头部、腰部，伤害程德甫左大腿与两手，伤害程敬先右腿。因此两造均至定番县司法处喊报验伤补诉（节录原审事实栏），当经该处验明舒老三、程仲先、程德甫、程敬先伤痕，填单附卷，并于三月十六日判决，以程兴洲、程敬先、程德甫弟兄三人聚众伤害舒老三之所为，各处有期徒刑二月又十日，准予易科罚金，以一元抵折一日。又以舒老三聚众伤害程兴洲、程敬先、程德甫等之所为，处以有期徒刑二月又十日，准予易科罚金，以一元抵折一日。程兴洲、程敬先、程德甫不服，提起上诉。

理由：按刑事诉讼法第三百十一条前段规定，犯罪之被害人得提起自诉。第三百十二条规定，提起自诉，应向管辖法院提出自诉状为之。本案因互相殴打，以致两造均受有伤害。由舒老三犯罪言之，则程兴洲、程敬先、程德甫为犯罪之被害人。由程兴洲、程敬先、程德甫犯罪言之，则舒老三为犯罪之被害人。所谓被害人者，系以因犯罪而直接被害之人为限，是被害人以外之任何人，不得提起自诉。且欲提起自诉，应提出自诉状为之。查第一审卷宗，舒老三并未提出自诉状，仅有其弟舒治安之元月不填日期诉状二纸，内述舒老三受伤情形，显与刑事诉讼法第三百十一条、第三百十二条所规定不合，不得认为已提起自诉。故关于舒治安自诉部分，依法不予受理。然舒老三受伤属实，尚可另行起诉。又舒治安当两造互殴之时，尚未到场，本院讯据程兴洲等供称无异，自不负何刑责。至于舒老三经本院合法传唤，无正当之理由不到，但原审认定舒老三约集同去葬坟之人保卫、六等上前殴打，自难任其狡卸刑责，原审依刑法第二百七十七条第一项之罪，判处有期徒刑二月又十日，尚无不合。上诉人提起上诉，殊无理由。

综上论结，本件依刑事诉讼法第三百六十一条第一项前段、第三百二十六条、第三百六十条，判决如主文。

本案经本院检察官庄子云莅庭执行职务。

中华民国二十六年六月十七日

贵州高等法院刑庭

审判长推事　漆　璜　印

推事　何锡清　印

推事　胡天锡　印

上正本证明与原本无异。

书记官　杨新坞　印

中华民国二十六年□月□日

33 贵州高等法院刑事判决二十六年上字第二〇五号

上诉人：张永祥，男，年三十岁，贵阳县人，住飞机场，种菜。

上诉人因妨害名誉案件不服贵阳地方法院中华民国二十六年五月二十二日第一审判决，提起上诉，本院判决如下：

主文：原判决撤销。张永祥散布文字指摘，足以毁损他人名誉之事，处拘役三十五日。张永隆自诉不受理。

事实：缘张永祥为张怠云之侄，张李氏为张怠云之妾。张永隆为张怠云之养子，年十四岁。张怠云病殁，张李氏将有变卖产业偿还债务之举，张永祥粘贴启事于通衢，内容有“不肖子孙”“外姓人冒作先父继子”等语。又于本年四月三十日，在《革命日报》登载启事，内容有“先父在日，家有使女一名，名李发妹，即今之张李氏，先父收之为妾”等语。张李氏、张永隆认为侮辱，提起自诉，经贵阳地方法院判决，张永祥不服，提起上诉。

理由：上诉人在通衢粘贴启事，及在《革命日报》登载启事，业经承认，惟对于启事内所载使女李发妹一节，则称实有其事，并非虚构，不能谓为侮辱。姑无论张李氏否认曾为使女，究竟是否使女，尚待证明。纵令所谓使女，能证明其为真实，但涉于私德，而与公共利益无关，仍不能脱卸罪责。既据张李氏为刑法第三百十四条之告诉，原审法院依同法第三百一十条第二项处断，原无不合。惟犯罪动机系因争产，情尚可宥。原判决处以有期徒刑二月，量刑究嫌甚重。又张永隆年仅十四岁，显然无行为能力，依刑事诉讼法第三百十一条但书规定，不得提起自诉。原判决未予谕知不受理，亦属不当。本件上诉为有理由。

据上论结，依刑法第三百一十条第二项、第五十七条第一款，刑事诉讼法第三百六十一条第一项前段、第二百九十一条前段、第三百二十六条，判决如主文。

中华民国二十六年六月二十四日

贵州高等法院刑庭

审判长推事　何锡清　印

推事　胡天锡　印

推事　梁兆麒　印

上件证明与原本无异。

书记官

中华民国二十六年六月□日

34 贵州高等法院刑事判决二十六年上字第二〇九号

上　诉　人：李树成，男，年四十八岁，贵阳县人，住通衢街。

指定辩护人：黄世焕，律师。

上诉人因杀人未遂案件，不服贵阳地方法院中华民国二十六年六月十二日第一审判决，提起上诉，本院判决如下：

主文：原判决撤销。李树成伤害人之身体，处有期徒刑三月。

事实：缘刘么妹原患重病，孑然无依，为李树成收养，医治痊愈，遂成姘妇，已同居二年有余。近因刘么妹嫌树成年老，意欲另嫁，致与树成时相吵闹。本年五月二十七日午前八时，刘素贞来向么妹索雪花膏，树成因此又与刘么妹口角。继而抓扭，随手拾得桌上裁纸刀，将么妹脊背、腰臀、臂腿等部位戳伤，由省会警察局第三分局函送贵阳地方法院检察处，经刘么妹以言词向检察官告诉，原审法院认为成立杀人未遂罪，判决有期徒刑二年六月，不服，提起上诉。

理由：按杀人罪之成立，须具有使人生命丧失之故意，故杀人与伤害人之区别，当以下手杀伤之时，是否有使人生命丧失之意思以为断。至被害人受伤部位如何，虽可供认定事实之资料，不能为区别杀伤绝对之标准。本件上诉人，用裁纸刀戳伤刘么妹，在原审法院及本院历经自白，并经原审检察官验明刘么妹“脊背有刀伤一处长五分，宽三分，皮破血出微肿。腰有刀伤二处，长均五分，宽三分，俱皮破血出微肿。右臂有刀伤一处，长五分，宽三分，皮破血出微肿。左臀有刀伤三处，长均五分，宽三分，俱皮破血出微肿。左腿有刀伤一处，长六分，宽四分，俱皮破血出微肿”，填单附卷，亦与事实相符，是上诉人犯罪情节，固极显然。惟上诉人历次陈述，均称“并不是居心杀死她”,此外又无何种证据,可以证明上诉人下手时,有使刘幺妹生命丧失之意思。原判决以脊背腰各部位,均系致命伤,讵不知刀为杀人之具,乃遑忿一时,任意乱戳各情,遂推定上诉人有杀人之故意,依上说明,自难认为允当。是上诉人之加害刘幺妹,既不能证明有杀人之意思,当然以普通伤害论,原判决依刑法第二百七十一条第二项处断,自属错误。本件既据被告人刘幺妹在侦查中述称:“我告李树成”,应认为告诉合法,惟查上诉人对于刘幺妹始有收养之德,继有同居之爱,幺妹遽然负恩,离而他嫁,自不免有所忿激。其犯罪情状,实可原宥,应予从轻处刑。

据上论结,本件上诉为有理由,依刑法第二百七十七条第一项、第五十七条第三款,刑事诉讼法第三百六十一条第一项前段、第二百九十一条前段,判决如主文。

上案经本院检察官周光鼎莅庭执行职务。

中华民国二十六年七月二日

贵州高等法院刑庭

审判长推事　何锡清　印

推事　胡天锡　印

推事　梁兆麒　印

上正本证明与原本无异。

书记官

中华民国二十六年七月□日

35 贵州高等法院刑事判决二十六年上字第二〇八号

上诉人即被告: 谢莜珮,男,二十七岁,云南人,住贵阳市双槐树。

罗子安,男,年四十五岁,贵阳县人,住六区小河乡。

上诉人因妨害自由及恐吓案件,不服中华民国二十六年六月十一日贵阳地方法院第一审判决,提起上诉,本院判决如下:

主文: 原判决撤销。罗子安无罪。谢莜珮不受理。

理由: 本院理由分别说明如下:

(一)关于罗子安无罪部分。按刑事诉讼法系采实质的真实发现主义,故犯罪事实,必须有确实证据证明之,始得加以认定。本案被告罗子安在本院庭供,坚不承认有捆缚及处罚罗培信情事,质讯证人罗树先、罗茂三、罗朝景等,均供"因罗培信他填水井,我就报告罗子安保长,捆他及罚他钱的事,我完全不知道,我亦没有看到捆他"。复讯罗培信之子罗明齐供"因我老人去淘水井,查丈员谢莜珮看到了,就说你淘水井怎么不报告我呢?就叫罗树先喊我老人去,将我老人捆起,我说一下,连我都要捆,他先说是要罚我三百块钱,迨后又说定罚七十块钱,还是李炽昌写的字,限四天拿钱,随后谢主任又带人拿取,连枪来,他说如果不拿钱就要拿炮,将我们敲了"各语,对于被告罗子安毫未攻击,有妨害自由及恐吓情事。卷查二十六年六月一日原法院庭讯笔录,载证人姚新臣供"查丈员亲手捆罗培信,绳子是查丈员解罗树先家的桶索捆的,他们到罗子安家罚钱的情事,我没有去,不晓得"等语,亦系证明查丈员谢莜珮捆缚罗培信,对于被告罗子安并未提及有犯罪之嫌疑。又同年五月八日侦查笔录载,李炽昌供"我去的时间,没有看见,听到人说没有打,因为他触怒查丈员,所以查丈员用绳系了一下,但是我去的时间,没有看见”各词。对于罗子安未说及有捆缚罗培信之语，是被告罗子安对于罗培信毫无证据，足以证明有犯罪事实。虽证人罗茂三于同年五月二十六日在原法院供“罗子安同查丈员带罗树先等来捆起去的”。又同年五月八日证人李炽昌在原法院检察处供“查丈员主张处罚，保长罗子安也说处罚”各语，并未指明罗子安如何共同捆缚，如何共同处罚，实不能认为有确实证据，亦不得认定为有犯罪嫌疑。原判认被告罗子安共同妨害罗培信身体之自由，实施恐吓，勒令具限罚款各情，依刑法第三百零二条第一项、第三百四十六条第三项论罪，又依同法第一百三十四条前半段，及同法第二十八条、第五十五条、第五十七条七九两款，并依同法第三十七条二三两项，处罗子安有期徒刑一年，褫夺公权一年，殊属失入，上诉不能不认为有理由。

（二）关于谢莜珮不受理部分。按检察官得于审判期日，以言词追加起诉，应以与本案相牵连之犯罪或本罪之诬告罪为限，刑事诉讼法第二百四十四条规定甚明。所谓相牵连之犯罪，系指该罪之方法或结果上有牵连关系而言，与同法第七条之牵连案件，迥不相同。原法院检察官对于谢莜珮犯罪部分，未依刑事诉讼法第二百四十三条第一项提出起诉书，仅于本年六月一日，在原法院审判时，口头追加起诉。依上说明，显系起诉之程序违背规定，原法院未予谕知不受理之，判决实属不当。

综上论结，依刑事诉讼法第三百六十一条第一项前半，第二百九十三条第一项，第二百九十三条第一款，判决如主文。

上案经本院检察官周光鼎莅庭执行职务。

中华民国二十六年七月九日

贵州高等法院刑事庭

审判长推事　何锡清　印

推事　胡天锡　印

推事　梁兆麒　印

上正本证明与原本无异。

书记官

中华民国二十六年七月□日

36 贵州高等法院刑事判决二十六年上字第二号

上诉人即自诉人：张王氏，女，年五十岁，贵阳县人，住白沙井。

被　告：张家达，男，年十七岁，贵阳县人，住马站街。

上诉人因伤害案件，不服贵阳地方法院中华民国二十六年六月十六日第一审判决，提起上诉，本院判决如下：

主文：上诉驳回。

理由：按刑事诉讼系采实质的真实发现主义，故犯罪事实，须有确切证据积极的证明，始得加以认定，否则谕知无罪之判决。本件上诉人在原审自诉，张家达、方和尚、张方氏等，本年五月二十七日午前八时，将上诉人由床上拖下，殴打一次，又复抓至街上，沿街朋打各情。经检察官验明，该上诉人左臂有手指捏伤一点，青色微肿，填单在卷，是上诉人既系被人朋殴，且连续二次，何以仅有左臂捏伤一处，已不近情。至左臂之伤，上诉人在原审自侦查至审判，均未指明系何人所加害。迨本院庭讯，则指称系张家达所……[1]

① 原刊缺页，下缺。

37 贵州高等法院刑事判决二十五年上字第八一号

上　　诉　　人: 贵阳地方法院检察官。

孙戴氏,女,年三十八岁,安顺县人。

指定辩[护]人: 王　敉,律师。

上诉人因妨害风化案件,不服贵阳地方法院二十五年十一月十四日第一审判决,提起上诉,本院判决如下:

主文: 原判决撤销。孙戴氏意图营利,引诱良家妇女与他人奸淫,处有期徒刑一年。

事实: 孙戴氏因贫无生计,图诱青年妇女,在其家内秘密卖淫。与李素贞素识,李素贞又认识张谢氏。本年旧历八月,李素贞有事,至张谢氏家,适沈冬妹在彼闲坐。沈冬妹系谢结义姨侄女,遂与李出外找寻住房。遇孙戴氏于大十字,约李素贞偕沈冬妹,于原日午后四时,至家一叙。届时李素贞即约沈冬妹同去,孙戴氏即留沈冬妹在彼歇宿,即介绍客人与之奸宿,得钱分用,已历数日。会沈冬妹与在孙家女伴出外看戏,被张谢氏撞遇,仍将送至孙戴氏家,照旧留客奸宿。次日,张谢氏向孙戴氏索分夜合资未获,遂以"引诱卖淫、聚赌抽头"等情,报由第四分局解送省会公安局,转送贵阳地方法院核办。经审理判决,检察官与孙戴氏均不服,先后提起上诉。

理由: 本案沈冬妹被诱在孙戴氏家秘密卖淫,先后留客数夜,所获各夜合资,孙戴氏均分得使用各情,已经该孙戴氏在第一审供认,(略供"她家二妹认得陈家,喊起她去,得五块钱,她拿两块送我。江家拿五块钱送她,也拿两块钱送我。孙家讲三块钱,说第二[天]拿,他二姨妈问要这三块钱,才发生事情,我也是做错了这一回,请官厅原谅我,我是听错了人家的话，拿床借人家，人家拿钱送我”），即在本院亦供认“我做错了这回的事，一共得了他的四块钱是实”等语，犯罪事实极其明瞭。所当审究者，为孙戴氏究系解（触）犯刑法第二百四十一条第二、第三两项之罪，抑系构成同法第二三一条第一项罪刑，及沈冬妹究系李素贞起意引诱，抑系该孙戴氏意图营利，投（授）意李素贞，将其诱至家内卖淫，是已。按刑法第二四一条第二项，系就意图营利，或意图使被诱人为猥亵之行为或奸淫。而犯同条第一项之罪者，以为规定条文意义规定[①]，均系各别，即意图营利而犯略诱未满二十岁之男女脱离家庭罪，或意图使被诱人为猥亵之行为或奸淫而犯略诱未满二十岁之男女脱离家庭罪，是已。沈冬妹未满十六岁，固得依该条第三项拟处，但和诱原因非单纯意图营利，系以奸淫之方法而达营利之目的。质言之，即系意图营利，引诱妇女与他人奸淫，犯罪情节显与刑法第二四一条第二项规定之意义不符。原判依同法第二四一条第二项、第三项科处，自属错误。况本案犯罪规定，既有专条（刑法第二三一条），亟应通（适）用拟处。借令沈冬妹年龄虽仅未满十四岁，该条既无年龄限制，自不应以年龄关系，适用与事实不符之法条科处，以致失入。至沈冬妹被诱，讯据孙戴氏虽坚执为李索（素）贞所为，但据沈冬妹在本院及原审侦公判各情，将如何与李素贞在大十字撞遇孙戴氏，该孙戴氏令李素贞于原日午后四时，约至其家内，如何与李素贞按时前去，被孙戴氏留住，即行介绍客人奸宿，各情一致供述，历历如绘。该孙戴氏既不能提出反对证佐，则供为李素贞引诱，显系避重就轻。惟沈冬妹一经被留，即安然居处，听凭留客奸宿不拒，而该沈冬妹姨母张谢氏，复有索分夜合资情事。是孙戴氏心术虽属可恶，犯情觉（当）与其引诱卖淫者，微有不同，量刑自不宜过重，以示平允。依上所述，本案上诉均有理由，依刑事诉讼法第三百六十一条第一项前段，将原判决撤销，自为判决。

综上论结，依刑法第二百三十一条第一项、第五十七条第一款、第十款，刑事诉讼法第二百九十一条前段，爰为判决如主文。

上案经本院检察官周光鼎莅庭执行职务。

① 原文此处表述，疑似有误。

中华民国二十五年十二月十六日

贵州高等法院刑事庭

审判长推事　漆　璜

推事　何锡清

推事　胡天锡

上正本证明与原本无异。

书记官

中华民国二十五年十二月□日

38 贵州高等法院刑事判决二十五年上字第九三号

上诉人：莫言先，即莫元轩，男，年二十六岁，贵阳县人，住泥窝，农。

被告即自诉人：陈永清，男，年五十四岁，贵阳县人，住泥窝，农。

陈复仙，男，年四十三岁，贵阳县人，住尖坡，农。

上诉人因抢夺案件不服贵阳地方法院中华民国二十五年十一月第一审判决，提起上诉，本院判决如下：

主文：上诉驳回。

理由：按刑法上抢夺罪之成立，系以意图为自己或第三人不法之所有为要件。若系债权人将债务人之物拦留，俟债务清偿后返还，显非意图为不法之所有，即难成立抢夺罪名。本件上诉人莫言轩，借得被告陈复仙银洋十四元，经陈复仙屡索未偿，业经上诉人承认属实（莫言轩本年十一月六日在原审法院供称“借有陈复仙十几块钱，是事实”等语），而陈复仙之拦留马匹及所驼之谷，意在抵押债务，俟上诉人清偿债务后，即将马匹及谷返还，亦经陈复仙当庭述明，并查陈复仙拦获马匹及谷，即送交保长陈云章，亦经陈云章到庭证明，尤足证陈复仙对于所拦留之马匹及谷，确无为自己所有之意思，其不负抢夺之罪，毫无疑义。又上诉人所称“有国币三十元藏于马料袋内”等语，姑无论其纯系空言，毫无证据以资证明。且银钱何等重要，不藏身旁，而竟置于极不谨慎之处所，已属不太近情。是此项主张，实难凭信。至陈永清部分，上诉人在原审自诉，仅称“报知闾长陈永清，而闾长置之不理”等语。是陈永清并无犯罪嫌疑，岂可以置之不理而遂谓为共同犯罪。此部分上诉，尤无理由。原审法院认为不能证明被告犯罪，将陈永清、陈复仙谕知无罪之判决，自系合法。

据上论结，本件上诉为无理由，依刑事诉讼法第三百六十条，判决如主文。

上案经本院检察官周光鼎莅庭执行职务。

中华民国二十五年十二月二十九日

贵州高等法院刑事庭

审判长推事　漆　璜　印

推事　何锡清　印

推事　胡天锡　印

上正本证明与原本无异。

书记官

中华民国二十[五]年□月□日

39 贵州高等法院刑事判决二十五年上字第八六号

上诉人: 王士林,男,年六十岁,贵阳县人,住隆昌乡,农。

李子恒,男,年五十六岁,贵阳县人,住隆昌乡,农。

杨子恒,男,年五十岁,贵阳县人,住石板镇,农。

被　告: 向佩弦,男,三十四岁,贵阳县人,住中街,贵阳县科长。

刘少荣,男,年二十岁,贵阳县人,住石板哨,农。

上诉人因妨害自由案件不服贵阳地方法院中华民国二十五年十一月十日第一审判决,提起上诉,本院判决如下:

主文: 原判决关于王士林自诉部分撤销。王士林自诉不受理。李子恒、杨子恒上诉驳回。

理由: 查刑事诉讼法,系采实质的真实发现主义,故认定犯罪事实,应凭证据,此为刑事诉讼法第二百六十八条所明定。本件被告向佩弦、刘少荣是否有私行拘禁上诉人李子恒、杨子恒情事,应有确切证据,积极证明其有教唆或实施行为,始足以为论罪之依据。兹查上诉人惟一攻击之点,系谓被区长押解进城,乃向佩弦指使。质之向佩弦,则极端否认,据称“系县长刘剑魂用电话,命周秘书转饬区长解送”等语,证以贵阳县本年十一月五日致贵阳地方法院公函,称“当经传集两造到案讯明”云云,是上诉人李子恒、杨子恒系被贵阳县长传讯,而非向佩弦用电话命区长押解,已足认定。纵令在县政府被禁属实,则向佩弦并不负如何责任。至谓刘少荣与向佩弦同谋,尤属空言攻击,毫无证据。原审法院认为犯罪不能证明,对于被告向佩弦、刘少荣谕知无罪之判决,自无不合。至诉争煤矿部分,不属刑事范围,未便予以审究。本件关于李子恒、杨子恒上诉部分,认为无理由。关于王士林上诉部分，查提起自诉须因犯罪而直接被害之人，始得为之，刑事诉讼法第三百十一条规定甚明。上诉人既未与李子恒、杨子恒同被拘禁，则对于本案并非直接被害之人，依法不得提起自诉。原审法院认为自诉合法，并予以受理，实属违误。

据上论结，依刑事诉讼法第三百六十一条第一项前段、第三百六十条、第三百二十六条，判决如主文。

上案经本院检察官周光鼎莅庭执行职务。

中华民国二十五年十二月十七日

贵州高等法院刑事庭

审判长推事　漆　璜

推事　何锡清

推事　梁兆麒

上正本证明与原本无异。

书记官

中华民国二十五年十二月□日

40 贵州高等法院刑事判决二十六年上字第七八号

上　诉　人：本院检察官。

被　　　告：赵光宇，男，年二十五岁，都匀县人，住孕罗寨，业农。

指定辩护人：杨殿藩，律师。

上诉人因杀人案件不服兼理司法都匀县政府中华民国二十五年九月二十四日第一审判决提起上诉，本院判决如下：

主文：原判决关于赵光宇罪刑部分撤销。赵光宇杀人减处有期徒刑九年。

事实：缘赵光宇与赵光华系属亲兄弟，分居多年。其兄赵光华未有职业，乃于去年废历又三月初六日夜，在赵光宇家行窃。适值是日夜，赵光宇往放秧田水未回屋，赵光华剥壁暗入光宇卧室，其妻罗氏睡熟不觉。及至光华将被盖扯去，复开衣帽声响，惊醒罗氏，随问是谁，光华不答，当即喊有强盗。正遇光宇由放田水返来，闻其妻喊强盗之声，直闯门入内，光华亦奔出卧室，暗藏立灶屋内，光宇驱入灶屋，光华随拾棒打伤光宇左手，光宇持有梭镖，顺手杀光华右腰一镖，约有五六寸深，当即毙命。寻即持灯照看，始认明系兄光华，翌日即将埋葬。越二月，该区区长以案关人命，即扭光宇解送都匀县政府，讯后判赵光宇杀旁系尊亲属，处有期徒刑十年，呈送覆判到院，经检察官审核，认为应行提起上诉。

理由：本案据被告在本院庭讯自白："他（指其兄赵光华）来偷我，我因去看田水转来，得闻我妇人在喊强盗，我走起去看，他就打我一棒，打在我的左手上，又未出声，我不知是他，随将我看田水右手拿的镖子，送他一镖，就杀死了。"又供："杀死后我就点灯来看，才见杀的是他（指赵光华），我母亲说他不学好，现在不杀呢……已经杀了，可以备棺装起去埋就是。”又供“实在没有奸的这事，乃是偷我，我的铺盖和其他的东西，都与我拿出来了，所以知道是偷”各等语。复讯其妻罗氏，又卷查在原县其母李氏所供相同，是赵光宇杀人行为，业已自白，而此项自白，又与事实相符，自可采为证据，并据述称“我走起去看，他就送我一棒，打在我的左手上，又未出声，我不知道是他，随将我看水右手所拿的镖子送他一镖，就杀死了”。查卷赵应贤在原县供“光宇拿镖杀光华右腰约有五六寸深，当即死其家中灶下”等语。其下手时具有杀人之决心，于此已足证明，惟被害人赵光华于黑夜窃盗，复持棒伤人，自属现在不法之侵害。该被告为防卫自己，持梭镖杀被害人腰部五六寸深，登时毙命，不得谓非过当，原审依刑法第二百七十一条第一项处断，固无不合，惟引用同法第二十三条不免疏漏。

基上论结，依刑事诉讼法第三百六十一条第一项前段，第二百九十一条前段，刑法第二百七十一条第一项，第二十三条但书，第五十七条三、四、十各款，判决如主文。

上案经本院检察官胡文蔚莅庭执行职务。

中华民国二十六年元月二十五日

贵州高等法院刑事庭

审判长推事　何锡清　印

推事　胡天锡　印

推事　梁兆麒　印

上件证明与原本无异。

书记官

中华民国二十六年元月

41 贵州高等法院刑事判决二十六年上字第一〇八号

上诉人：黄王氏，女，年三十八岁，贵阳县人，住中街。

被　告：刘绍清，男，年四十六岁，贵阳县人，住中山路。

上诉人因被告伪造佃约嫌疑案件，不服贵阳地方法院中华民国二十五年十二月十二日第一审判决，提起上诉，本院判决如下：

主文：上诉驳回。

理由：按犯罪事实，应依证据认定之，刑事诉讼法第二百六十八条，已有明文规定。本案据上诉人诉称“其夫黄镜清于民国十二年所立之佃约，系押佃一百元，每月佃洋十六元。今被告揭出之佃约，仅有五十元之押佃，并未盖有其夫黄镜清之私章，且与其夫黄镜清之笔迹不符，系属伪造”等情，经原审判决，提起上诉。查上诉人在第一审与本院庭讯时，均供述佃约系其夫黄镜清所写，则被告所呈之佃约，是否伪造，应以该约是否为黄镜清生前之笔迹为断。兹核阅上诉人所呈之簿据，至民国十九年正月以后，登账之笔迹，与被告所呈二十一年佃约之笔迹均甚相似，其民国年月等字尤为酷肖，足证此佃约为上诉人之夫黄镜清所写给被告者，并非被告伪造。既非伪造，则未盖私章，随时可以补正，毫未影响于佃约之内容。盖双方在未诉讼以前，均认定该佃约有效，各自行使权利或履行义务，计已数年矣。今因上诉人欠租不交，被告意欲令其退佃，乃指佃约为伪造，殊非法律所许，情理所容。原审认为不能证明犯罪，将刘绍清谕知无罪，自系合法。

基上论结，上诉殊无理由，依刑事诉讼法第三百六十条，判决如主文。

上案经本院检察官周光鼎莅庭执行职务。

中华民国二十六年一月十六日

贵州高等法院刑事庭

审判长推事　漆　璜　印

推事　何锡清　印

推事　胡天锡　印

上件证明与原本无异。

书记官

中华民国二十六年元月

42 贵州高等法院刑事判决二十六年上字第一〇七号

上　诉　人：僧照云，男，年五十三岁，四川人，贵阳扶风寺僧。

僧了伦，男，年四十九岁，贵州清镇县人，贵阳扶风寺僧。

选任辩护人：熊永龙，律师。

上诉人因杀人案件不服贵阳地方法院中华民国二十五年十二月十四日第一审判决，提起上诉，本院判决如下：

主文：原判决撤销。僧照云、了伦共同杀人未遂，各处有期徒刑二年又六月。

事实：缘僧了伦、僧本仁、僧照云同为贵阳扶风寺僧。该寺住持，原为本仁。本年废历三月，佛教会令僧性祥前往接充，即将该寺契据提往东山寺收管，有占据扶风寺意思，僧本仁等已忿不能平。至十月十五日（废历九月初一日）性祥复借佛教会势力，约同东山寺僧多人，将本仁、了伦、照云驱逐下山。本仁等尤忿不可遏，于同日下午八时，本仁执小尖刀，照云执马刀并带小尖刀，了伦执木棒，同至寺中，意在将性祥杀死以泄积忿。本仁先入与性祥攀谈，照云、了伦继至，照云即用马刀砍去，性祥伸手扭住马刀，于互扭时，将性祥右耳轮画伤一条，本仁即用小尖刀向性祥身上戳去，照云复抽出尖刀，亦同向性祥身上杀去，致将性祥右肩甲戳伤一处，皮破血流，长五分、宽三分；左肩甲戳伤一点去粗皮；左腰戳伤一处，皮破血流，油膜出，长八分、宽三分；脊背戳伤一点去粗皮，同时了伦用木棒将性祥右肘打伤一处，红色微肿。僧仁品、僧仁礼隔房听打杀声，即上前将照云之马刀夺获，并将照云捉住，了伦、本仁乘隙逃逸，仁品等亦将照云释放。该地联保主任袁树清闻信，于次晨至寺内寻照云等未见，乃于扶风寺之佃户处，将照云寻获，命人看守。十六日(即废历九月初二日)晨六时，僧海方已至贵阳地方检察院喊报，至十时，袁树清始将照云解送到院。十一月四日，省会公安局亦将了伦缉获，函解到院，经检察官验明伤痕，填单附卷，性祥旋即医治全愈。侦查起诉，原审法院判决后，照云、了伦均不服，提起上诉。

理由：上诉人等共同加害僧性祥情形，在原审法院及本院，历经承认。兹所当审究者，即上诉人等之犯意，系杀人，抑系伤害，是否行使防卫权，及上诉人僧照云能否认为自首，上诉人僧了伦能否认为帮助，是已。查照云二十五年十月十九日，在侦查中状称："心怀不平，因此不计一身利害，手持刀刃，寻该恶僧性祥相拼，自首官厅，以伸大义。"又于同年十二月十一日在原审法院述称："因他(指性祥)来接山上住持，并运动公安局将子孙撵出，我们寒心，才想杀他的。"是杀害性祥，已具有决心。再证诸了伦在侦查中所供："因为性祥借佛教会的势力，要霸占扶风寺，并将我们赶走，我们觉得饿死也是死，没有住处也是要死，气极了，就同他(指性祥)打架。"又供："我们被他驱逐，无住无吃，才自动的杀他，实在是我同本仁、照云三人的意思杀他。"尤足认定上诉人等之加害性祥，其犯意系在杀人而非伤害。且就上开各供观察，上诉人等事前显系有组织、有计划，实非临时起意杀人。原判决认为防卫行为过当，依刑法第二十三条但书，减轻其刑，实属错误。被害人性祥被杀伤后，业已医治全愈，则上诉人等应负杀人未遂责任，毫无疑义。惟查上诉人照云杀人后，预备逃亡，即被联保主任袁树清缉获，于十月十六日午前十时接解送法院，已在僧海方报案之后(僧海方系十六日午前六时至法院喊报，见侦查卷附粘法警赵炯浓报告书)，显与自首要件不合，原判决依刑法第六十二条前段处断，不免违误。复查刑法上之帮助犯，系指对于正犯之犯罪事实，加以助力者而言。若事前既经同谋，临时又共同实施，自应以正犯论。本件上诉人了伦既述称："是我同本仁、照云三人的意思杀他"，显系事前同谋，而持棒殴击(据性祥称我右肘的伤是了伦打的)，自属共同实施杀人之行为。原判决不依正犯处断，乃引用刑法第三十条第二项，以从犯论亦属失出。并查原判决对于了伦部分处刑，系依刑法第二十六条前段，第三十条第二项，第二十二条但书三种递减，但极度仅能减至十月有期徒刑，乃竟宣告有期徒刑七月，尤属违法。马刀一柄，在侦查中讯了伦时问："照云拿什么东西"，答："他拿扶风寺的马刀砍他"，是马刀并非属于犯人，原判决予以没收，于刑法第三十八条第三项前段规定，显有违背。兹查上诉人等因寺庙被人占据，生活无着，忿而杀人，其犯罪情状，实可悯恕，应依刑法第五十九条，减轻其刑，且犯罪时所受刺激甚深，量刑自当从轻，以示平允。

据上论结，依刑法第二十八条，第二十六条前段，第五十九条，第七十条，第五十七条第三款，第二百七十一条第一项第二项，刑事诉讼法第三百六十一条第一项前段，第三百六十二条但书，第二百九十一条前段，判决如主文。

上案经本院检察官胡文蔚莅庭执行职务。

中华民国二十六年一月二十日

贵州高等法院刑事庭

审判长推事　漆　璜　印

推事　何锡清　印

推事　胡天锡　印

上件证明与原本无异。

中华民国二十六年元月□日

43 贵州高等法院刑事判决二十六年上字第八三号

上　诉　人：本院检察官。

被　　　告：石高氏，女，年四十一岁，都匀县人，住包阳。

石老金，女，年十六岁，都匀县人，住包阳。

高树田，男，年三十八岁，都匀县人，农。

指定辩护人：罗时辙，律师。

上诉人因杀人案件不服都匀县政府中华民国二十五年七月二十九日第一审判决，提起上诉，本院判决如下：

主文：原判决撤销。石高氏连休伤害致人于死，处有期徒刑十二年，褫夺公权八年。石老金连续伤害直系血亲尊亲属致死，处有期徒刑十二年，褫夺公权八年。高树田无罪。

事实：缘石高氏系石吴氏之子妇，石老金系石高氏之女，即石吴氏之孙女。有高老金者，因烧炭常至石高氏家，与石老金熟识，有通奸嫌疑。石吴氏见而厌恶，斥责高氏、老金母女，高氏、老金即向吴氏殴打，吴氏忿甚，乃身披黄钱至包阳场，逢人呼冤。高氏、老金复于二十五年废历正月二十七日，将吴氏殴打，次日吴氏因伤身死。案经原审县政府验明伤痕，填单附卷，判决后，呈送覆判，本院检察官不服提起上诉。

理由：查杀人罪之成立，须具有使人生命丧失之故意，故杀人与伤害之区别，当以下手时有无证据证明其使人生命丧失之意思为断。至被害人受伤部位如何，虽可为认定事实之参考，但不能为杀人与伤害绝对的区别标准。本件被告石高氏、石老金历经原审县政府及本院研讯，虽坚不承认有加害石吴氏情事，但据证人王陈氏述称："我儿子九龄向我说，石高氏、石老金打他的老奶，我才晓得的，所以打老奶，是因为高老金与石老金有不正当行为，为老奶不愿意，说他，她母女才打的。”是被告之加害石吴氏，实有重大嫌疑。再证以石木匠所称：“石吴氏因石高氏两母女打她，她就来到我家，请我去劝说石高氏，我就去劝。据石高氏说，不曾打，是她自已跌倒的。”尤足以认定石高氏、石老金确有共同加害石吴氏之行为，虽据辩称“石吴氏系跌倒”，但经原县承审员赵章莅场证明：“仰面左顴一伤约六分，宽四分；左腋一伤，横长约一寸，宽五分；左腰一伤，皮捲，围圆约八分，深透内，木器尖伤；右肘窝一伤，长约一寸七分，宽一寸二分；左臂一伤，长约二寸，宽一寸六分；左手腕一伤，长约九分，宽六分；右手腕一伤，长约二寸五分，宽一寸八分；右肘窝一伤，长约二寸，宽一寸四分；右臂一伤，长一寸三分，宽八分；左膝一伤，横长一寸六分，宽约八分；左肋胁一伤，长约一寸，宽约一寸七分；右膝一伤，横长约一寸二分，宽九分；右肋胁一伤，长约一寸，宽七分；合面右腰一伤，长约一寸三分，宽八分。以上各伤，均紫红肿，系木器伤，委系生前因伤毙命。”全身计十四伤之多，与跌伤情状，绝不相类。况诘以跌伤何处，据答“仅跌伤头部及膝盖三处”，是被告以跌伤为辩解实难置信。舍此又不能提出其他反证，显系空言抵赖，图免刑责，自应采取王陈氏、石木匠之证言认处，被告石高氏、石老金系因石吴氏斥责石老金与高老金有不正行为，并披黄钱沿途呼冤，遂挟忿加害，致构成犯罪事实。且两次殴打，亦经石木匠到庭证明，自系连续犯罪。惟加害时，如认其有使石吴氏丧失生命之意思，则无证据以资证明。虽左腰一伤，深透内，其伤痕较重，然不能即据此系有杀人之意思。是被告仅能成立伤害致人于死罪，毫无疑义，原判决认为杀人，实属失入。又石老金为石吴氏之孙女，系对于直系血亲尊亲属犯刑法第二百七十七条第二项前段之罪，依第二百八十条规定，应加重其刑二分之一。惟查该被告系辛酉年八月十五日出生，犯罪时尚未满十五岁，依同法第十八条第二项，减轻其刑二分之一。至高树田部分，虽告诉人吴世隆攻击其主谋杀人，但纯系空言，并无确切证据以证明其有教唆行为，原判决以教唆杀人论罪，不免率断。本件犯罪之动机，无可宽宥，量刑自不应过轻。

据上论结，本件上诉为有理由，依刑法第五十六条前段、第十八条第二项、第二百七十七条第二项前段、第二百八十条、第七十一条第一项、第五十七条第一款、第三十六条、第三十七条第二项，刑事诉讼法第三百六十一条第一项前段、第三百五十六条、第二百九十一条前段、第二百九十三条第一项，判决如主文。

上案经本院检察官周光鼎，莅庭执行职务。

中华民国二十六年一月二十六日

贵州高等法院刑事庭

审判长推事　漆　璜　印

推事　何锡清　印

推事　梁兆麒　印

上件证明与原本无异。

书记官

中华民国二十六年一月□日

44 贵州高等法院刑事判决二十六年上字第五八号

上诉人： 本院检察官。

被　告： 尹少臣，男，年二十四岁，遵义县人，住第八区，业农。

上诉人，因窃盗案件，不服遵义县政府中华民国二十五年八月十八日第一审判决，提起上诉，本院判决如下：

主文： 原判决撤销。尹少臣无罪。

理由： 本案据被告在本院庭供，坚不承认有窃盗王夏氏之银物情事。卷查在原县前后庭讯，均未供有行窃王夏氏银物之语。据告诉人王夏氏在本院以及在原县供述："去年废历五月十七的天，早饭后，王夏氏赶场，托负（付）我与她看屋，我妻子见后墙撬得有一个洞，当时来喊我，我来看时，见尹老四由楼上跳下跳（逃）脱，由门奔出，我随同追有里把多路远。"又供"刘海风都认得到"各语，继由原县传刘海风庭讯"问：罗发德那天追偷的那个人，你认得么？认不到是那个"等语。是王夏氏所供"系罗发德看见尹少臣行窃"，罗发德供"系其妻周氏看见尹老四（尹少臣）逃脱，我随同追喊，有刘海风认得"。刘海风供："认不到。"查以上各供词，均不相符，又无其他确证，殊不足以证明被告有窃盗情事，该尹少臣实不能负刑责。原审未加详查研究，亦未引用何法条，遽判被告赔偿王夏氏洋三十八元，免究治罪等语，殊有未合，上诉有理由。

据上论结，依刑事诉讼法第三百六十一条第一项前段，第二百九十三条［第］一项，判决如主文。

上案经本院检察官胡文蔚莅庭执行职务。

中华民国二十六年二月二日

贵州高等法院刑事庭

审判长推事　漆　璜

上件证明与原本无异。

书记官

中华民国二十六年二月□日

45 贵州高等法院刑事判决二十六年上字第一二九号

上诉人：本院检察官。

周凤昌，男，年三十六岁，清镇县人，住葫芦井，农。

被　告：陈洪发，男，年二十四岁，清镇县人，住条子场，佣工。

上诉人因窃盗案件不服清镇县政府中华民国二十五年十二月十二日第一审判决，提起上诉。本院判决如下：

主文：原判决撤销。陈洪发连续盗窃，处有期徒刑八月，褫夺公权二年。周凤昌无罪。

事实：缘陈洪发曾在周凤昌之兄周凤朝家佣工，于上年废历六月间，潜入周凤朝室内，窃取包肚一个，内有大洋六元六角，复于废历七月十四日夜，又到周凤朝家，窃取鸦片烟土一块，周凤昌当时闻声追赶，陈洪发即将烟土弃之于地，乘间逃逸。次日，遂将该陈洪发拿获，送交该县第三区公所管押。适是夜该处南门外失火，区公所员丁均须前往救火，所内无人看管，该区长周继贤即将陈洪发交与同被拘留之杜万顺保出。陈洪发到杜万顺家后，又到周凤昌家，意欲恳求周凤昌仍回周家佣工，因周凤昌外出，即在周凤昌家歇了一夜。嗣闻区公所责令周万顺交人，该陈洪发又潜逃无踪，经杜万顺派人寻获送回区公所。该所所员郭西梧断令“周凤昌赔偿杜万顺损失洋二十五元”，周凤昌不允。该区公署遂以“周凤昌私藏盗犯，两方取利”等情，连同窃犯陈洪发一并解经清镇县政府，判处陈洪发有期徒刑二年，褫夺公权三年。周凤昌有期徒刑三年，褫夺公权五年。周凤昌不服，提起上诉，本院检察官亦提起上诉。

理由：本案分为两部分，论断于后：

(一)陈洪发连续盗窃罪部分。查陈洪发于上年六月间,窃取周凤朝包肚一个,大洋六元六角。复于废历七月十四日夜,窃取周凤朝鸦片烟土一块。因被失主追急,中途抛弃,仍为失主拾回,各情。其在原审与本院庭讯时,均直认不讳,陈洪发应构成连续窃盗罪,原审依刑法第三百二十条第一项,及同法第五十六条拟处,尚无不合。惟该陈洪发于杜万顺保出之后,又到周凤昌家,意欲恳求仍回周家佣工,嗣闻区公所责令保人交人,又潜逃无踪,迨寻获审讯,均自白不讳。察其经过,实属毫无智识,而其犯罪情状,殊为可悯。依刑法第五十七条第七款、第十款,及第五十七条,应予酌量减轻,原审判处有期徒刑二年,褫夺公权三年,量刑未免失入。

(二)周凤昌部分。按犯罪事实,应依证据认定之。查陈洪发于杜万顺保出之后,曾到周凤昌家歇了一夜,讯据周凤昌供称"是时并未在家"。质之陈洪发,所供亦同,则周凤昌并未教唆陈洪发躲避,已属显然。又查阅杜万顺状称"周凤朝、周凤昌拉去该民之马三匹,区公所所员郭西梧断令'周凤昌赔伊损失洋二十五元',周凤昌不允"等语,实为周凤昌无罪之反证。盖周凤朝于窃案发生数日后,业已物故。而马匹之价值,以极劣者而论,每匹亦值三四十元,周凤昌以其兄被窃六元六角,即拉去保人杜万顺之马三匹,殊难置信。且区公所断令赔洋二十五元,尚不允许,此足以证明拉马三匹,全非事实。即代兄向区公所催赔赃物,亦属人情之常,并不负何刑责。原审认为成立诈欺罪,判处有期徒刑三年,褫夺公权五年,仅凭杜万顺之空言攻击,以为周凤昌之犯罪事实,殊属率断。

基上论结,本案上诉,尚有理由,自应予以纠正,依刑法第三百二十条第一项、第五十六条、第五十七条第七款第十款,第五十九条、第三十六条、第三十七条第二项,刑事诉讼法第三百六十一条第一项前段、第二百九十三条第一项,判决如主文。

上案经本院检察官胡文蔚莅庭执行职务。

中华民国二十六年二月二十日

贵州高等法院刑事庭

审判长推事　漆　璜　印

推事　何锡清　印

推事　梁兆麟　印

上正本证明与原本无异。

书记官

中华民国二十六年二月□日

46 贵州高等法院刑事判决二十六年上字第三九号

上诉人：王炳清，男，年四十八岁，贵阳县人，住乐群路。

上诉人因妨害公务案件不服贵阳地方法院中华民国二十六年一月二十日第一审判决，提起上诉，本院判决如下：

主文：原判决关于刑事部分撤销。王炳清除去公务员查封之标示，处罚金十元，如无力完纳，以一元折算一日易服劳役。

事实：缘上诉人王炳清因欠钱安廷债款，经判决确定，应还本利法币七百余元，由贵阳地方法院强制执行，派执达员郑少康持布告及封条，于民国二十五年十二月二十四日上午十时，前往查封上诉人所有乐群路房屋，将布告贴于壁上，封条二张，分贴于大门左右上方。上诉人旋将布告封条除去，经执达员郑少康查悉，报由原法院院长函送检察官侦查，于二十六年一月五日，传唤上诉人侦讯后，上诉人始将布告封条粘贴。原审法院依刑（判）法第一百三十九条，处拘役十五日，上诉人不服，提起上诉。

理由：上诉人对于除去贵阳地方法院查封房屋之布告及封条，虽辩称："执达员粘贴时，未用麦浆，系取粉馆粉贴，因而脱落"，但查执达员查封时，系在二十五年十二月二十四日，而上诉人复贴时，则在二十年一月五日以后，案经上诉人之同屋居住人文吉安，于侦查中述明："现在告示不见了"，何以当日不援（拾）复贴，乃延十余日，维检察官侦查后，始行复贴。且据执达员郑少康、萧勋臣本年一月八日报称："遵谕前往王炳清门首看明，现贴封条布告，各处皱缩，系扯后复贴，痕迹不同"，尤足证明封条布告，系除去，并非脱落。上诉理由，殊难认为成立。原审法院依刑法第一百三十九条处断，固无不合，惟查上诉人于除去后，仍自行粘贴，其犯罪之态度，究非甚恶，原判处以拘役，殊难谓当。

据上论结，依刑法第五十七条第十款、第五十八条前段、第四十二条第一项第二项，第一百三［十］九条，刑事诉讼法第三百六十一条第一项前段、第一百九十一条前段，判决如主文。

上案经本院检察官周光鼎莅庭执行职务。

中华民国二十六年二月二十二日

贵州高等法院刑事庭

审判长推事　何锡清

推事　胡天锡

推事　梁兆麒

上件证明与原本无异。

书记官

中华民国二十六年三月□日

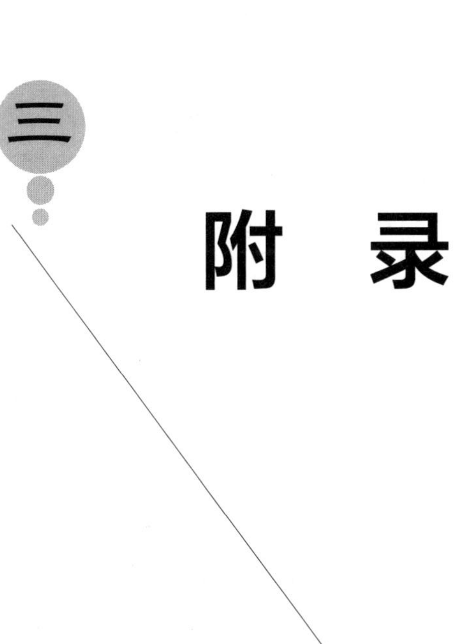

三 附 录

1 贵阳地方法院民事判决二十四年诉字第一六〇号

原　　　告：周海昌，年四十五岁，贵阳县人，永安车行经理。

诉讼代理人：杨殿藩，律师。

被　　　告：吴泽培，年四十八岁，贵阳县人，永安车行经理。

诉讼代理人：刘　淦，律师。

当事人间请求给付垫款事件，本院判决如下：

主文：被告应清理永安车行，偿还原告垫款大洋九千三百零四元二角。诉讼费用由被告负担。

事实：原告称民国二十年集资开办永安车行，经众股东推任经理，接收股本二万元，只购汽车二辆，继经众会议添购一辆，由原告借款支付。二十一年二月停止营业，消算账目，车行尚欠原告垫款大洋九千二百一十七元，殊被告将经理职权夺取，无故拘禁原告于公安局，置原告借垫款之款于不理，请予究追，以维血本，等语，当经提出合同章程、营业总簿、流水簿、月结单、花账单、手折、清单、报纸各件，请求核算，等语，辅佐人律师主张将簿据发交商会，由两造邀集永安车行查账员，同往清算，即可解决，云云。

被告经合法传唤不到场，诉讼代理律师辩称“周海昌（原告）的账目是永安车行全体股东反对，不是吴泽培（被告）一人反对，吴泽培前充经理，今已卸职，能否承受诉讼还是问题，不如由周海昌召集股东开会决议，只要众人承认，吴泽培也并无意思，他（指原告）要他的垫款，只要有收处他去收就是”云云。

理由：按最高法院上字第七九二号判例，开合伙商店之经理人，其代理关系原不因合伙解散而即将于消灭。原告先充永安车行经理，业经卸职，被告续任经理，即永安车行之法定代理人。永安车行既负有原告债务，应即为之清理，负责偿还，虽合伙解散，被告之代理关系原不归于消灭。至被告又复卸职与否，尤不当过问，被告诉讼代理人主张原告自行召集股东追收垫款，于法殊嫌无据。查原告主张垫款九千二百一十七元，请求被告给付，本院嘱托贵阳商会核算，据该会函开六月十日午后一时开会清算，先期函知车业同业公会派职员李明辉、郭香泉莅会参加，同时通知当事人周海沧(即周海昌、原告)、吴泽培暨车行(永安车行)查账员周矩卿、刘守诚、罗兆熊、杨家员(周霭吾代)等到场清算，在周海沧经理期内，自民国二十年五月开幕日起，至二十一年二月底止，照车业同业公会逐月实收实付方法，按月清算，收付两抵结果，周海沧垫大洋九千三百零四元二角。质之当事人双方，亦表示接受，相应将清算结果奉覆。再本会公函正清缮间，据永安车行股东代表吴泽培声述意见，查来函已在清算完结之后，用特照抄送陈用备参考，后附吴泽培抄函一件，函内略称(前略)"贵会答覆法院，仅据车业公会核算，周海沧垫款九千余元(中略)，请将周海沧种种不合之处列入文内，虽案经和解，不能问伊赔偿，而经理不称职，亦应受名誉上之处分"，后列永安车行股东代表吴泽培启，六月二十二日商会函覆后，本院复饬两造到会复算，复准函开，准贵院函送总簿八本、流水簿二十本、折子一个、月结单一张、账单一张到会，业定期本月十六人清算，并先通知该当事人到场，去后据去吏报称，吴泽培声称"永安车行账目系该行众人之事件，我不能到会算账"，云云，相应检同原送簿记账单各件备函送还等由，本院复加核算车业同业结算数目尚属确实，依最高法院上字二八五五号判例，原告已尽举证责任，被告就其反对主张应付举证之责，被告既不到场，对于原告主张又不能提出相当之反证，应即根据原告提出证据以为判决基础，依民事诉讼法第三百八十一条及七十八条判决如主文。

本判决如有不服，得上诉贵州高等法院，上诉期间二十日自送达正本之翌日起算。

中华民国二十四年十一月□日

贵阳地方法院民事庭

推　事　吴绳武

书记官　裴叔向

上件证明与原本无异。

中华民国二十四年十一月□日

2 贵州高等法院职员录

职别	姓名	别号	性别	年龄	籍贯	现在通讯地址	永久通讯处	备考
院　长	漆　璜	鹿门	男	四五	江西宜丰	贵州高等法院	南昌高家井十一号	
民事庭庭长	傅启奎	致和	男	四一	江西清江	贵阳金沙坡六十一号	同左	一字仲文
推　事	鲍方汜	匡桓	男	三九	原籍江苏，寄居贵州安顺	贵阳金沙坡二十五号	安顺石板房永安镇	
推　事	梁兆麒	莜甫	男	五〇	原籍江苏仪征，寄居贵州遵义	贵阳三山路二十三号	同左	
推　事	丁　珩	菁斋	男	四一	湖南常德	贵州高等法院	常德东门外皇经阁下街丁南书堂	
刑事庭厅　长	何锡清	康侯	男	五五	广东达县	贵阳四川路五十二号	同左	
推　事	胡天锡	申之	男	五五	贵州开阳	贵阳金沙坡五十号	开阳县城余炳章转	
推　事	杨毓明	子著	男	四二	原籍江西吉安，寄居贵州贵阳	贵阳三块田三十六号	同左	
书记官	夏灿春	叔民	男	四二	贵州贵阳	贵阳成都路二十七号	同左	
民事科主科书记官	胡仿周	以字行	男	五〇	江西金溪	贵阳长春巷二十九号	同左	
书记官	王锟声	啸秋	男	二四	贵州贵阳	贵阳南明路四十八号	同左	
刑事科书记官	夏季民	以字行	男	四〇	贵州贵阳	贵阳和平路八十号	同左	
文牍科主科书记官	杨芝光	协群	男	五五	贵州贵阳	贵阳正新街一十二号	同左	
书记官	梁友鹤	以字行	男	三二	贵州黔西	贵阳双槐树八十号	同左	

续表

职别	姓名	别号	性别	年龄	籍贯	现在通讯地址	永久通讯处	备考
会计科主科书记官	尹协华	舜若	男	三〇	江苏丹徒	贵阳晋禄寺八十五号	同左	
书记官	曾国玺	荣全	男	三四	湖南长沙	贵阳南通路一十八号	同左	
书记官	章曾墀	子丹	男	三一	江西黎川	贵州高等法院	黎川章家大屋	
监狱科书记官	严　端	晋侯	男	三〇	贵州贵阳	贵阳圆通寺四十五号	同左	
统计科书记官	范光枬	柱臣	男	三六	贵州贵阳	贵阳都市桥三十号	同左	
管卷室书记官	唐岳崧	以字行	男	四〇	湖南长沙	贵阳红边门外六十七号	同左	
收发室书记官	张之武	寰僧	男	四〇	江西莲花	贵州高等法院	江西萍乡南门外大吉祥店	
候补书记官	刘富灿	积光	男	二三	贵州贵阳	贵阳铁匠街一十五号	同左	
学习书记官	聂开英	以字行	男	一九	四川武胜	贵阳顺城街五十四号	同左	
录事	吕重华	以字行	男	三二	广西桂林	贵州高等法院	同左	
	李仲莹	以字行	男	三九	江西南昌	贵阳南京路五十四号	同左	
	李峻峰	以字行	男	三二	江苏江宁	贵阳白果路一十二号	同左	
	冉绍三	以字行	男	二二	山东曲阜	贵阳通商路二十三路	同左	
	王树勋	以字行	男	四八	浙江萧山	贵阳双井巷一十九号	同左	
	王绍田	以字行	男	五〇	贵州贵阳	贵阳大马槽三十号	同左	
	颜炎明	以字行	男	一九	广东番禺	贵阳福德街二十二号	同左	
	王叔珍	以字行	男	一九	贵州贵阳	贵阳南通街	同左	
	刘辅民	以字行	男	二二	贵州贵阳	贵阳大井坎	同左	
	吴　俊	世勋	男	三五	湖南常德	贵阳普定路一百三十五号	同左	

续表

职别	姓名	别号	性别	年龄	籍贯	现在通讯地址	永久通讯处	备考
录事	杨应鹏	伯群	男	三七	江西新淦	贵阳连升台十八号	同左	
	洪季常	以字行	男	二〇	江西吉安	贵阳次南门外徐家坝十号	同左	
	赵炜辉	以字行	男	二二	江西南昌	贵阳文化路二十三号	同左	
	王定华	静吾	男	二八	江西南昌	贵阳广东路六十七号	同左	

3 贵州高等法院检察处职员录

职别	姓名	别号	性别	年龄	籍贯	现在通讯地址	永久通讯处	备考
首席检察官	徐世雄	策群	男	四三	江西南昌	本院	南昌系马椿	
检察官	胡文蔚	豹卿	男	四五	贵州	贵阳黔明路一一〇号	同左	
	周光鼎	绍文	男	四二	湖南祁阳	贵阳西湖路四十二号	贵阳大南门外周乡贤祠	
主任书记官								
书记官	黎泽华	云鹄	男	三六	湖南湘潭	本院	贵阳颜家巷三号宋宅转交	
	刘嘉麟	佐周	男	四九	贵州贵阳	贵阳北大路二一六号	同左	
候补书记官	周建侯	以字行	男	五五	江西淦县	贵阳三才路七十号	开阳县城余炳章转	
录事	罗德民	自新	男	四二	江西南昌	贵阳汇灵桥六十号	同左	
	车　俊	尉清	男	四二	原籍江西临川，寄籍贵州贵阳	北五显庙街高家坎子八九号	同左	

4 贵阳地方法院职员录

职别	姓名	别号	性别	年龄	籍贯	现在通讯地址	永久通讯处	备考
院长	欧阳樛	木初	男	五二	江西彭泽	本院	江西彭泽城内县后街	
庭长	吴绳武	克斋	男	六二	贵州威宁	贵阳双槐树十七号	同左	
刑庭推事	易孙谋	翼承	男	五九	江西南昌	本院	南昌	
候补推事	郑守昌	莜溪	男	五二	贵州盘县	贵阳龙泉街朱家巷十一号	盘县	
民庭推事	宋　毅	之远	男	四六	贵州贵阳	贵阳飞山庙十四号	同左	
推事	熊永煊	灿东	男	三二	贵州贵阳	西成路七十号	同左	
推事	曾庆贤	思齐	男	三〇	贵州贵阳	三山路	同左	
推事	熊　弼	湘铭	男	四四	四川华阳	贵阳竹筒井四十号	同左	
推事	刘尧年	季方	男	四二	贵州贵阳	贵阳南京路	同左	
候补推事	何谭易	子哲	男	三〇	江西湖口	本院	江西湖口流澌桥叶正昌转	
书记官	邓太年	以字行	男	二七	江西	本院	南昌	
文牍科主科书记官	余厚卿	以字行	男	三八	江西南昌	本院	南昌	
文牍科收发书记官	何　浩	瀚如	男	四四	湖北德安	本院	湖北德安府北平林市	
文牍科管卷书记官	宋天騣	述湘	男	四七	贵阳贵阳	通商路三十八号	同左	
会计科主科书记官	黎济邦	以字行	男	三四	江西清江	本院	江西清江黎圩	
庶务书记官	欧阳光	烈武	男	三七	江西彭泽	本院	彭泽	

续表

职别	姓名	别号	性别	年龄	籍贯	现在通讯地址	永久通讯处	备考
民事科书记官	裴叔向	以字行	男	二七	贵州贵阳	仓后街三九号	同左	
书记官	汤志坚	书樵	男	四八	贵州广顺	老东门倪家巷	同左	
书记官	杨能训	轮迅	男	二六	贵州贵阳	正新街十二号	同左	
书记官	赵景昌	霁轩	男	四一	贵州贵阳	福德街	同左	
书记官	田许含	彦宏	男	四一	贵州遵义	院前街	遵义团溪	
候补书记官	余焕文	以字行	男	二三	贵州贵阳	文化路	同左	
候补书记官	万用修	懋堂	男	三三	贵州贵阳	飞山庙	同左	
刑事科主科书记官	刘国琛	彬儒	男	三三	江西临江	金沙坡	同左	
书记官	熊恩祥	纯武	男	五〇	四川华阳	三山路	同左	
统计科书记官	戴玉生	以字行	男	三二	贵州遵义	螺蛳湾	同左	
不动产登记处主任书记官	刘光镕	慎微	男	四〇	贵州贵阳	次南门珠市巷	同左	
录事	杨荟章	以字行	男	五〇	江西临江	贵阳鲍家坡一五九号	同左	
	樊明义	仲康	男	三〇	江西临江	本院	同左	
	谢希武	以字行	男	二五	湖南衡州	北门世杰路	同左	
	曹志书	以字行	男	三三	贵州贵阳	北大桥	同左	
	萧汝光	静波	男	三二	贵州贵阳	福建路八十号	同左	
	黄文林	以字行	男	四〇	贵州贵阳	中山路一八一号	同左	
	严鹤龄	以字行	男	二二	江西抚州	贵阳和平路第十一号	同左	
	黄丹丛	以字行	男	三四	江西彭泽	本院	彭泽	
	王锡兹	以字行	男	二八	湖南衡阳	贵阳河西路四十五号	同左	
	吴祖泽	以字行	男	二八	贵州贵阳	九道坎三十三号	同左	
	宋邦浄	肖君	男	二三	贵州贵阳	太平桥三十八号	同左	
	徐正修	以字行	男	六九	贵州贵阳	北门花家桥	同左	
	杨启麟	树声	男	四〇	贵州贵阳	皂角井八号	同左	

5 贵阳地方法院检察处职员录

职别	姓名	别号	性别	年龄	籍贯	现在通讯地址	永久通讯处	备考
首席检察官	萧　伟	坦初	男	四七	江西赣县	本院	本县幡龙墟	
检察官	谢福颐	阶	男	三四	江西奉新	本院	本县三溪街	
检察官	李光泽	以字行	男	三七	湖南新化	田家巷五十四号	贵州老黄平西门正街	
候补检察官	林鹤年	瑞年	男	三四	江西分宜	本院	本县承志堂	
主任书记官	郭士钧	以字行	男	三五	江西南康	本院	本县三江乡	
书记官	吴继周	绳伯	男	二七	江西南昌	南华路一八六号	同左	
书记官	车育元	开祥	男	三四	江西金溪	普定路十六号	本县黄坊村	
书记官	杨芝祥	星阁	男	三一	贵州贵阳	正新街十二号	同左	
录事	罗觉非	越凡	男	三〇	江西临川	普定路七十九号	同左	
录事	舒言师	以字行	男	五六	贵州贵阳	威西路六十一号	同左	
	戎　英	绍诗	男	二四	贵州瓮安	大南门外沿城路四十号	本县南大街	
	赵　桜	雨生	男	三〇	贵州贵阳	半壁街八号	同左